LÜZZ

© David DeSteno, 2021
© Buzz Editora, 2025
Todos os direitos reservados.
Esta edição foi publicada mediante acordo com Simon & Schuster, Inc.

Título original: *How God Works: The Science Behind the Benefits of Religion*

Publisher ANDERSON CAVALCANTE
Coordenadora editorial DIANA SZYLIT
Editor-assistente NESTOR TURANO JR.
Analista editorial ÉRIKA TAMASHIRO
Estagiária editorial BEATRIZ FURTADO
Preparação LEANDRO RODRIGUES
Revisão OLÍVIA TAVARES e GABRIELE FERNANDES
Projeto gráfico ESTÚDIO GRIFO
Assistente de design LETÍCIA DE CÁSSIA

*Nesta edição, respeitou-se o novo Acordo Ortográfico
da Língua Portuguesa.*

Dados Internacionais de Catalogação na Publicação (CIP)
(Câmara Brasileira do Livro, SP, Brasil)

DeSteno, David
*Como Deus funciona: A ciência por trás dos benefícios
da religião* / David DeSteno
Tradução: Reinaldo José Lopes
1ª ed. São Paulo: Buzz Editora, 2025
224 pp.

Título original: *How God Works: The Science Behind the
Benefits of Religion*
ISBN 978-65-5393-420-7

1. Comportamento social 2. Deus – Conhecimento
3. Fé (Cristianismo) 4. Psicologia e religião 4. Religião
e ciência I. Tema

Índice para catálogo sistemático:
1. Psicologia da religião

Aline Graziele Benitez, Bibliotecária, CRB 1/3129

Todos os direitos reservados à:
Buzz Editora Ltda.
Av. Paulista, 726, Mezanino
CEP 01310-100, São Paulo, SP
[55 11] 4171 2317
www.buzzeditora.com

Como Deus funciona

David DeSteno

Tradução:
Reinaldo José Lopes

A ciência por trás dos benefícios da religião

Para minha família

Uma nota sobre pronomes — 9

Introdução: A jornada diante de nós — 11
Os -ismos só atrapalham • Ferramentas de trabalho •
Religioprospecção • O bálsamo da crença •
A solidão é um inferno • A partida

1. Infância: Acolhendo e unindo — 31
Cuidado em primeiro lugar • Abrindo as nuvens

2. Os anos de formação:
Aprendendo o certo e o errado — 49
A palavra de Deus • Dando um empurrãozinho em direção à virtude

3. Ritos de passagem: Ser adulto não é fácil — 71
Construindo um adulto • Pela dor • Pelo cérebro •
Medalhas de mérito

4. Transcendendo os vinte e os trinta anos de idade:
Amor, conexões e (talvez) êxtase — 91
O tantra não é para tartarugas • Místicos, monges e cogumelos •
Pegue a minha mão

5. Tarefas da maturidade I: A manutenção do corpo — 115

Doses de reforço • Tome seu remedinho • Deus ajuda a quem se ajuda

6. Tarefas da maturidade II: A manutenção da alma — 141

És pó e ao pó voltarás • Consertando a alma

7. Dizendo adeus: Tudo que é vivo morre — 157

Atravessando o véu • Como lidar com o luto

Epílogo — 179

Três caminhos • Juntando as peças

Agradecimentos — 193
Notas — 195
Índice remissivo — 213

UMA NOTA SOBRE PRONOMES

Para quem está escrevendo sobre Deus, os pronomes podem ser um problema. Pensei em usar "elu",* como se costuma fazer com alguma frequência hoje quando não há certeza sobre o gênero, ou para incluir todos os possíveis. Mas, ao escrever sobre diferentes religiões, algumas delas tendo uma única divindade, outras incluindo várias, isso também acabou ficando confuso. No fim das contas, decidi usar uma estratégia em duas partes, a qual espero que você entenda como um modo de respeitar tanto a natureza incognoscível de Deus (ou dos deuses) quanto as visões que religiões específicas têm sobre o divino. Quando estiver falando do Deus judaico-cristão ou dos deuses de maneira geral, vou usar "Ele" e "eles", respectivamente. Mas, quando abordar a divindade de uma religião específica, usarei o pronome que essa fé normalmente adota.

---

* No original, "they". (N. T.)

INTRODUÇÃO

A jornada diante de nós

Qual é a melhor maneira de criar uma criança para que ela seja uma boa pessoa? Quais são as nossas responsabilidades em relação à família, aos amigos e à comunidade? Como lidar com uma doença séria? É possível encontrar alguém para amar e, se conseguir isso, como tocar a vida quando essa pessoa morre? Como encontrar alegria e sentido na vida — especialmente em tempos difíceis — e como compreender o fim inevitável desta jornada?

São essas as perguntas que tiram o sono das pessoas. Elas atingem o âmago do que significa ser humano. E, portanto, também me mantêm acordado à noite. Não só porque estou tentando descobrir, assim como milhões de outros, de que modo posso viver uma boa vida. Mas também porque, nos últimos trinta anos, o foco de minha carreira tem sido encontrar maneiras de ajudar as pessoas a se tornarem mais corretas, mais compassivas e mais resilientes enquanto trilham a estrada da vida.

Isso pode soar surpreendente, já que não sou sacerdote, terapeuta ou coach. Sou um cientista e pesquisador. Costumo conduzir experimentos psicológicos. E pouca gente esperaria encontrar o sentido da vida por meio de pesquisas científicas e trabalhos de laboratório.

Durante milênios, a maioria das pessoas recorreu a sacerdotes, ministros, rabinos e imãs para ajudá-las a lidar com a tristeza e a perda, o nascimento e a morte, a moralidade e o significado. E muitos ainda se voltam para uma fé tradicional ou buscam novos tipos de espiritualidade para enfrentar os desafios e as oportunidades que a vida lhes apresenta.

Mas, ao longo das últimas décadas, a ciência também começou a encontrar maneiras de ajudar as pessoas a lidar com essas questões.

Os psicólogos, como eu, estudam coisas como generosidade, empatia, resiliência e perdão. E, conforme os cientistas aprendem mais sobre os fatores que ajudam a fomentar esses sentimentos e comportamentos, também conseguimos sugerir medidas práticas que as pessoas podem adotar para melhorar sua vida.

Essa abordagem baseada em dados pode parecer contrária à religião. De fato, embora eu tenha sido criado como católico, não dei muita atenção à fé durante a maior parte de minha vida adulta. Tal como muitos outros cientistas, simplesmente acreditava que ela era irrelevante para o meu trabalho.

Contudo, ao longo dos anos, conforme eu continuava a estudar cientificamente as questões que me fascinavam — sobre como melhorar a condição humana, por exemplo —, fiquei surpreso ao perceber que muitas das respostas que ia encontrando estavam em sintonia com as ideias religiosas. O que me surpreendeu ainda mais foi notar que certos aspectos das práticas religiosas, mesmo quando retirados de seus contextos espirituais, tinham um impacto profundo sobre as mentes das pessoas.

Minha equipe de pesquisa descobriu, por exemplo, que ser grato a alguém (ou a Deus) possibilitiva que as pessoas se tornassem mais honestas e generosas com os outros — não apenas com aqueles que eram importantes para elas, mas também com estranhos. Verificamos que apenas algumas semanas de meditação faziam as pessoas se tornarem mais compassivas — mais dispostas a deixar o conforto para ajudar aqueles que sofriam alguma dor e mais capazes de se controlar diante daqueles que, em outras circunstâncias, provocariam nelas reações violentas. Para nossa surpresa, constatamos que até elementos simples de muitos rituais religiosos, como movimentos e cantos realizados em conjunto, levavam as pessoas a se sentirem mais ligadas, mais comprometidas, umas com as outras.

Outros pesquisadores observaram que as práticas religiosas podem reduzir a ansiedade, amenizar a depressão e até melhorar a saúde física. De fato, muito do que psicólogos e neurocientistas estavam revelando sobre como mudar as crenças, os sentimentos e comportamentos das pessoas — de que modo as apoiar quando se entristecem, ou ajudá-las a encontrar conexões e a felicidade — parecia ecoar ideias e técnicas que as religiões já usavam havia milhares de anos. Cada vez mais intrigado, percebi que nós, cientistas, estávamos "descobrindo" coisas que outras pessoas tinham compreendido e aplicavam havia muito tempo.

Foi então que caiu a ficha: estávamos colocando o carro na frente dos bois. Percebi que a surpresa que eu e meus colegas sentíamos ao encontrar evidências dos benefícios da religião era um sinal de nossa arrogância — derivada de uma ideia comum entre os cientistas: a de que todas as religiões eram supersticiosas e, portanto, traziam poucos benefícios práticos. Contudo, como vim a descobrir, e conforme este livro mostra, os líderes espirituais muitas vezes sabiam — de maneiras que nós agora conseguimos confirmar cientificamente — como ajudar as pessoas a viver melhor. Os cientistas sociais subiram no bonde só agora, querendo sentar na janelinha.

Ironicamente, mais ou menos na época em que comecei a pensar assim, uma batalha cultural mais ampla entre a ciência e a religião estava pegando fogo de novo. Crenças fundamentalistas retratavam a ciência como uma fonte de informação distorcida ou mesmo mal-intencionada. Cientistas de renome argumentavam o contrário: a religião não só era errada, mas também perigosa. O movimento do Novo Ateísmo, liderado por pensadores eminentes como Richard Dawkins, Daniel Dennett, Steven Pinker e Sam Harris, praticamente pintava a religião como uma praga que impedia a iluminação da mente.

Mas, ao analisar os resultados dos meus estudos e de outros pesquisadores, observei uma relação mais nuançada entre a ciência e a religião. O que vi foram duas abordagens usadas para entender como melhorar a vida das pessoas e que frequentemente são complementares.

Não me entenda mal. Acredito firmemente que o método científico é uma coisa maravilhosa. Sua estrutura oferece uma das melhores maneiras de testar ideias sobre o funcionamento do mundo. Porém, quando a questão é refletir sobre como ajudar as pessoas a atravessar os desafios da vida, nós, cientistas, não deveríamos começar do zero. Assim como antiguidade não é sempre sinônimo de sabedoria, também não é sinônimo de ingenuidade.

Acredito que essa abordagem faz sentido do ponto de vista intuitivo. Quando a questão é organizar a experiência humana, seria estranho se milhares de anos de pensamento religioso não tivessem muita coisa a oferecer. Como disse, faz muito tempo que as pessoas se voltam para líderes espirituais e comunidades religiosas em busca de orientação sobre como viver bem. E, mesmo nesta nossa época cada vez mais laica, há uma boa razão para as pessoas continuarem a fazer isso. Por todo o mundo,[1] aqueles que participam regularmente de práticas religiosas relatam um bem-estar maior do que aqueles que não o fazem. No entanto, é fácil não perceber o ponto-chave aqui. Dizer que você é religioso não tem grande efeito sobre a saúde e a felicidade. É o fato de *ser* religioso — participando dos rituais e práticas de uma fé — que faz a vida ficar melhor.

Se retiramos a teologia — visões sobre a natureza de Deus, a criação do Universo e coisas do tipo — da prática cotidiana da fé religiosa, a maioria dos debates que estimulam a animosidade entre a ciência e a religião acaba evaporando. Fazendo isso, o que sobra é uma série de rituais, costumes e sentimentos que de certa forma são, eles próprios, o resultado de experimentos. Ao longo de milhares de anos, esses experimentos, realizados no contexto complicado do cotidiano e não em laboratórios estéreis, levaram à criação do que poderíamos chamar de tecnologias espirituais — ferramentas e processos pensados para acalmar, comover, convencer ou afetar a mente de alguma forma. É nisso, na repetição de orações, na imobilidade da contemplação, nas mãos unidas para celebrar ou prantear, nas danças, nos cantos, nos movimentos e posições do corpo, que (de forma real ou metafórica) podemos ver Deus agindo. Ignorar esse conjunto de conhecimentos é atrasar o progresso da própria ciência e limitar seus potenciais benefícios para a humanidade.

Mas, antes que possamos dar início a esse caminho, é preciso remover uma possível barreira.

Os -ismos só atrapalham

Teísmo, deísmo, ateísmo. Quando o assunto é religião, seguir qualquer tipo de -ismo, com exceção do agnosticismo, exige que adotemos uma visão estreita a respeito de Deus. Se você é teísta, acredita em um deus específico, do tipo intervencionista — um deus disposto a ter um relacionamento com você, e a quem é possível apelar. Se é deísta, acredita que Deus criou o Universo, mas desde então, não interveio em nada. Se é ateu, Deus simplesmente não existe para você, e fim de papo. Estamos todos aqui graças às leis da física e da biologia, e também graças a lances de sorte dos dados probabilísticos lançados continuamente depois do Big Bang. E, se é agnóstico, sua escolha é não fazer uma escolha.

É importante levar em conta, porém, que qualquer -ismo — até mesmo o ateísmo — depende, em parte, da fé. Se você escolhe ser ateu, é por ter fé nos princípios da ciência — a fé que diz que o acaso nos favoreceu neste canto do Cosmos. Até Richard Dawkins,[2] talvez o mais conhecido defensor atual da ausência da intervenção de Deus na criação, admite sem problemas que não é capaz de ter certeza absoluta de que Deus não existe. Uma vez que não existe nenhum consenso científico sobre como testar a presença da atuação de Deus, trata-se de uma questão que nenhum tipo de análise empírica é capaz de resolver. Portanto, até para o ateu mais estrepitoso, a crença de que Deus não existe é uma questão de fé, e não um fato passível de ser comprovado.

Algo parecido vale para as teologias religiosas. Quando o que vemos no mundo parece contradizê-las de forma absoluta, pode ser difícil defendê-las. Por essa razão, com o passar dos séculos, muitas religiões se tornaram mais abertas à ciência. A Igreja católica, um dos muitos exemplos desse processo, agora ensina que a ciência pode enriquecer a compreensão humana sobre a vida na Terra, até mesmo de maneiras que desafiam interpretações estritas de seus próprios textos. Os católicos são encorajados, por exemplo, a enxergar o livro bíblico do Gênesis como uma narrativa metafórica, se o desejarem. Os budistas tibetanos adotam uma postura parecida. O dalai-lama tem mostrado uma abertura constante à ciência como fonte de conhecimento, chegando a financiar com regularidade estudos sobre os efeitos neurológicos da meditação. Certa vez, ele chegou a dizer[3] que, se a ciência for capaz de provar que a reencarnação não existe, os budistas tibetanos deveriam abandonar essa ideia. É claro que, logo depois, ele brincou afirmando que não achava que evidências definitivas fossem surgir tão cedo.

Tal como outros rótulos ideológicos que empregamos — liberal, conservador, libertário, socialista —, os -ismos religiosos podem ser úteis para identificar crenças. Mas também podem acabar interrompendo o diálogo quando são absorvidos de forma obsessiva demais. Não deveríamos imaginar que discordamos a respeito de qualquer política governamental simplesmente porque divergimos nos aspectos mais gerais de filosofia política. Isso também vale para as crenças religiosas. Ateus e budistas podem discordar sobre a realidade da reencarnação, por exemplo, mas concordar no que diz respeito ao valor da meditação ou sobre como ajudar as pessoas a enfrentar o luto.

Portanto, ao menos agora, gostaria de pedir que você deixasse os seus -ismos de lado. Não há necessidade de abandoná-los: todos nós temos o direito de formar nossas próprias ideias sobre Deus. Mas, para os temas que serão o foco deste livro — investigar como as tecnologias religiosas podem dar apoio às pessoas ao longo da vida —, a maioria desses -ismos não importa. Para usar uma tecnologia, nem sempre é necessário entender como ela foi desenvolvida. Você não precisa saber como os microchips do seu celular funcionam, ou mesmo quem os desenvolveu, para poder se conectar com seus amigos país afora. O mesmo se aplica aos rituais e às práticas religiosas.

Não estou dizendo que aquilo em que você acredita não importa. Como veremos neste livro, a crença é importante. O que estou falando é que tentar descobrir como e por que as ferramentas da religião funcionam na mente não exige que se resolva o enigma da existência de Deus e de seu possível papel no desenvolvimento da fé. A única coisa necessária é a disposição para testar essas técnicas e práticas: será que elas mudam o modo como agimos e nos sentimos, será que afetam os níveis de saúde e de felicidade? E, se tiverem esses efeitos, como podemos adaptá-las para que tragam ainda mais benefícios? Os -ismos não ajudam a responder essas perguntas — na verdade, em geral, até atrapalham.

Quero deixar claro que não sou um apologista da religião. Meu objetivo não é argumentar que ela é sempre uma coisa boa. Reconheço, sem tergiversar, que as crenças religiosas têm sido usadas para motivar e justificar atos horrendos de violência e abuso, para perpetuar muitas formas de discriminação e desigualdade, além de estimular as pessoas a adotar muitos tipos de comportamento irracional.

Mas, tal como acontece com a maioria das tecnologias, o valor da religião depende das intenções daqueles que a usam. Sim, algumas das ferramentas da fé podem ser utilizadas para propósitos malignos. No entanto, isso não é motivo para condenar essas práticas como um todo, especialmente quando há fartas evidências de que outros itens do instrumental das religiões podem favorecer os traços mais nobres das pessoas.

As tecnologias espirituais, assim como quaisquer outras, são poderosas. Podem destruir sociedades ou podem fortalecê-las. É por isso que precisamos entender como usar da melhor maneira as ferramentas úteis, ao mesmo tempo que combatemos as nocivas.

Ferramentas de trabalho

Os rituais são práticas observáveis que ajudam a definir uma religião. Alguns deles acontecem diariamente, outros uma vez por semana, anualmente, ou, em alguns casos (como funerais e casamentos), apenas em momentos específicos da vida. Embora alguns podem nos parecer bastante familiares, a tentativa de definir exatamente o que faz com que algo seja um ritual é espinhosa. Alguns deles usam símbolos, outros não. Alguns envolvem preces ditas em voz alta, outros são conduzidos em silêncio. Há até aqueles que parecem imitar elementos da vida cotidiana. Afinal, o que diferencia ficar sem comer de um jejum religioso? Qual a diferença entre acender uma vela no shabat — o sábado, dia do descanso semanal do judaísmo — e acender uma vela quando a energia elétrica acaba?

A melhor definição de "ritual" que já li vem do trabalho da eminente estudiosa das religiões Catherine Bell.[4] Os rituais, argumenta ela, são um conjunto de ações projetadas para serem especiais — destacando, diferenciando e privilegiando o que está sendo feito. Fazer com que certos atos passem a sensação de ser formais, usar símbolos, evocar emoções, empregar a repetição — todas essas são maneiras possíveis de demarcar essa condição especial. Mas nada disso é estritamente necessário. A simples ação de declarar que atos específicos são especiais já faz com que ganhem novo significado. Eles passam a atrair a nossa atenção, imaginação e, às vezes, nossas esperanças, de uma forma que os meros hábitos não são capazes de fazer, e, assim, alteram a maneira como ações que poderiam parecer corriqueiras afetam a nossa mente.

Em essência, quase todos os rituais buscam trazer algum tipo de mudança. Ao alterar o modo como nossas mentes codificam e processam informações, a maneira como movimentamos nosso corpo no espaço e em relação a outros corpos, assim como os valores e expectativas que temos sobre nós mesmos e sobre quem está à nossa volta, os rituais influenciam nossas crenças, comportamentos e elos com os outros. Ao fazer isso, ajudam-nos a experimentar alegria, a lidar com a dor, a ter perseverança para atingir objetivos difíceis e a nos recuperar de perdas dolorosas.

Nós, seres humanos, sempre buscamos desenvolver tecnologias que nos dessem algum controle, ou pelo menos a sensação de controle, diante dos desafios que a vida impõe. Pesquisadores como eu dedicam sua vida profissional a entender por que as pessoas pensam ou sentem determinadas coisas, e, nos casos em que esses pensamentos ou ações são indesejáveis, buscam ajudá-las a mudar. Conduzimos experimentos para verificar se certo tipo de droga ou terapia alivia a ansiedade ou a dor. Avaliamos "empurrõezinhos", ou seja, abordagens que exigem que as pessoas se incluam em um determinado programa ou saiam ativamente dele, com o objetivo de ajudá-las a economizar para a aposentadoria ou a se tornarem doadoras de órgãos. Projetamos e avaliamos algoritmos sociais e de paquera, além de plataformas que ajudam a conectar pessoas que, do contrário, poderiam se sentir isoladas. O tempo todo, nossa meta é satisfazer o desejo urgente que as pessoas têm de encontrar "aplicativos da vida real" com base científica, fazendo com que se tornem mais inteligentes, saudáveis e felizes.

Tudo isso é uma maravilha. Temos sorte de estar vivos numa época em que a taxa de descobertas e o fluxo de informações são os mais rápidos de todos os tempos. Mas, durante milhares de anos, os seres humanos estiveram desenvolvendo ferramentas fora dos limites estritos do método científico. Havia experimentação, mas num sentido mais coloquial da palavra. Grosso modo, testávamos coisas que, de alguma maneira, pareciam promissoras e esperávamos para ver o que aconteceria. Foi assim que muitos rituais religiosos surgiram. A mudança é um elemento importante até mesmo no caso das religiões bem estabelecidas. Todas as numerosas seitas e denominações do cristianismo, do islamismo, do judaísmo e do budismo derivam das mudanças e da evolução no interior dessas fés — mudanças que se refletem não só em seus dogmas, mas também em suas práticas.

Novos rituais, no entanto, podem emergir ainda mais rapidamente. No Vale do Silício,[5] uma empresa chamada Ritual Design Lab [Laboratório de Design de Rituais] usa um slogan promissor em seu site: "Você nos conta o seu problema. Nós criamos um ritual para você". E não é uma empresa mambembe: entre seus clientes estão a

Microsoft, o Airbnb e a SAP. Eles oferecem até um aplicativo, o Idea-POP, para ajudar você a criar seus próprios rituais.

Seguindo uma linha parecida, se uma pessoa precisa de um ritual que a ajude a se preparar para os desafios emocionais de uma mastectomia preventiva, ou de uma oração para crianças que vivem em campos de refugiados, ou mesmo de uma orientação para uma cerimônia funerária de um animal de estimação muito querido, o site Ritualwell traz sugestões derivadas do movimento do judaísmo reconstrucionista. Algumas dessas ideias serão atraentes para muita gente; outras podem não parecer tão interessantes. Mas as melhores propostas — aquelas que funcionam — serão cada vez mais usadas.

A ciência passou a reconhecer o poder especial contido nos rituais. Experimentos recentes[6] mostraram que até um conjunto arbitrário de ações, quando ritualizado, pode ajudar. Vejamos o caso das dietas, por exemplo. Alguns pesquisadores convidaram pessoas que estavam tentando perder peso a participar de um experimento com cinco dias de duração. Pediram a metade dos participantes que, quando se preparassem para comer, primeiro cortassem a comida em vários pedaços, depois rearranjassem esses pedaços nos pratos formando um padrão simétrico e, por fim, batessem os talheres três vezes em cada pedaço de comida antes de dar a primeira mordida. Aos outros participantes, pediram que simplesmente pensassem com cuidado sobre o que estavam comendo.

Por mais surpreendente que possa parecer, durante os cinco dias, as pessoas que realizaram o ritual sugerido pelos pesquisadores consumiram, em média, 224 calorias a menos do que aquelas que pararam para pensar sobre o que estavam comendo. Algo semelhante aconteceu até mesmo quando os cientistas ofereceram uma tentação a pessoas preocupadas com a saúde, sugerindo trocar cenouras por chocolate. Aqueles que realizaram um ritual — desta vez, dando batidinhas numa mesa, respirando fundo e fechando os olhos — apresentaram probabilidade 25% maior de escolher uma cenoura em vez de um doce de chocolate. Mais uma vez, um ritual inventado na hora ajudou as pessoas a melhorar seu autocontrole.

Esses certamente não são os melhores rituais para ajudar as pessoas a fazer dieta ou jejum. São simplesmente um indício de que alguns tipos de ações podem afetar nossos desejos e comportamentos. A grande questão, claro, é: quais dessas ações têm essa capacidade?

Quais rituais — quais combinações de elementos — funcionam melhor? E é aqui que as religiões contam com uma grande vantagem inicial. Elas fizeram um "controle de qualidade" das tecnologias que têm utilizado ao longo dos séculos.

Nenhum ritual é perfeito desde o início. Mas eles precisam surgir de alguma maneira. Portanto, muitas vezes as pessoas começam fazendo escolhas que são influenciadas pela teologia e pelos símbolos. A mistura resultante é um conjunto de práticas que frequentemente combina crenças, canções, orações ou movimentos que dialogam com a mente e o corpo em vários níveis diferentes — alguns deles são compreensíveis, outros não. No entanto, com o tempo, os rituais mudam para aprimorar seus efeitos, levando ao controle de qualidade que acabei de mencionar.

Os budistas, por exemplo, desenvolveram diferentes práticas de meditação, com diferentes propósitos. Algumas práticas têm o objetivo de fortalecer a capacidade de atenção, enquanto a finalidade de outras é cultivar a compaixão. Mas, em diversos casos, foram sendo feitos ajustes nesses rituais, considerando quão bem eles alcançaram os fins desejados. Mesmo em religiões muito centralizadas e hierárquicas, como o catolicismo, as mudanças que vêm de cima têm o objetivo de atender melhor às necessidades dos fiéis.

Considerando a onipresença e a variedade de rituais e de práticas religiosas, é surpreendente que a ciência ainda não tenha se encarregado de examinar os efeitos deles de forma mais ampla e cuidadosa. Uma exceção importante, observada ao longo da última década, são as práticas de mindfulness, ou atenção plena. Agora sabemos, graças a uma ampla base de dados, que a meditação traz vários benefícios. Ela aumenta a capacidade de atenção,[7] diminui a ansiedade e o estresse e até favorece o comportamento compassivo em relação a outros. Mas nada disso seria novidade para os pensadores religiosos que, séculos atrás, desenvolveram técnicas de contemplação. Foi isso o que eles decidiram fazer desde o início.

Não há razão para pensar que a meditação seja a única prática criada pela religião que pode ter benefícios cientificamente verificáveis. Ela é uma ferramenta entre as muitas que várias tradições têm usado. Só reconhecemos seus benefícios porque o dalai-lama estimulou os cientistas a estudá-la. Foi ele que a colocou em posição de vanguarda. A pergunta que deveríamos fazer, portanto, é: qual será a mindfulness do futuro? Qual será a próxima tecnologia espiritual que poderemos usar para melhorar a vida das pessoas? Se estivermos dispostos a procurar direito, vamos encontrá-la.

Religioprospecção

Este livro busca fazer com a religião o que já foi feito com sucesso em outras áreas, com o objetivo de trazer melhora significativa para a vida dos seres humanos. Consideremos o campo da medicina. Faz décadas que a ciência farmacêutica estuda métodos tradicionais de cura em busca de medicamentos e abordagens que possam ajudar a tratar doenças. Em meados do século XX, por exemplo, os cientistas tinham a capacidade técnica de produzir novos fármacos, mas não ideias suficientes sobre quais, exatamente, deveriam produzir. Foi então que muitas empresas farmacêuticas enviaram cientistas em missões de bioprospecção — procurando remédios tradicionais de culturas ao redor do mundo que pudessem levar para testes em seus laboratórios.

Na década de 1950, o pesquisador Gordon Svoboda, que trabalhava para a companhia farmacêutica Eli Lilly, colocou a pervinca-rosada (um arbusto perene adornado com delicadas flores cor-de-rosa de cinco pétalas) em uma lista de candidatos a medicamento. Embora originalmente nativa de Madagascar, nos anos 1700 e 1800 a planta se espalhou para o Sudeste Asiático, a Europa e a Jamaica por meio do comércio, e muitas culturas acreditavam em seu potencial de combater a diabetes. Interessados na possibilidade, os cientistas da Lilly passaram a examinar a composição química da planta.

De fato, o arbusto continha substâncias que ajudavam o corpo a regular o açúcar presente no sangue (embora essas moléculas não tenham sido encontradas até bem mais tarde), mas foram dois outros compostos que realmente despertaram o interesse dos cientistas. Tais substâncias — a vincristina e a vimblastina — pareciam destruir proliferações de glóbulos brancos, comuns em cânceres como leucemia e linfoma de Hodgkin. Por meio de testes[8] e desenvolvimento contínuos, os cientistas transformaram essas substâncias em medicamentos que ajudaram a aumentar de 10% para 90% a taxa de sobrevivência diante desses tipos de câncer.

Há uma infinidade de exemplos como esse, em que concepções mais antigas e tradicionais colaboraram para o desenvolvimento de novos e eficazes tratamentos. Mas, se esses cientistas não estivessem dispostos a investigar ideias tradicionais, teriam perdido a oportunidade de encontrar terapias com grande possibilidade de eficácia. E isso é tão verdadeiro hoje quanto era na década de 1950. A bioprospecção não é a única maneira de encontrar curas, é claro, mas já está provado que é muito eficaz.

Embora a maioria das pessoas esteja aberta à prospecção de novos produtos de origem biológica para curar o corpo e o cérebro, essa mesma receptividade não se estende aos "produtos psicológicos". Uso essa expressão para designar as crenças, práticas e rituais que afetam a mente humana. Várias culturas podem ter descoberto "ferramentas" químicas que melhoram o bem-estar biológico; o mesmo pode ter acontecido com as psicológicas — ferramentas que estão inseridas em contextos espirituais. Mais uma vez, a origem de tais ferramentas não é essencial para determinar o quão úteis elas são. Tanto faz se alguém acredita ou não que Deus pôs a pervinca-rosada na Terra para ajudar suas criaturas a se curar, isso não afeta o sucesso das substâncias da planta no combate ao câncer. O que levou a essa descoberta capaz de salvar vidas foi a receptividade a uma ideia, seguida de uma avaliação cuidadosa das evidências.

Chegou o momento da religioprospecção. Tal como acontece com os produtos de origem biológica, o aspecto promissor de algumas práticas pode ser apenas isto: uma promessa, sem qualquer evidência de efeito positivo. Mas muitas outras, tal como aconteceu com remédios tradicionais que deram origem a medicamentos modernos, podem nos surpreender com sua eficácia e até inspirar novas aplicações.

Há uma razão simples pela qual acredito que essa visão é a correta: a convergência. Não importa onde ou em que época vivemos, o caminho da vida, para a maioria das pessoas, passa pelos mesmos marcos. Nascemos; crescemos em uma comunidade e aprendemos suas regras; tornamo-nos adultos e procuramos alguém com quem nos conectar; amamos; formamos famílias; envelhecemos; pranteamos os que perdemos e encaramos a perspectiva de nosso próprio falecimento. Durante milênios, as coisas funcionaram desse jeito. E, para cada um desses momentos marcantes, para cada um desses pontos cheios de significado, alegria ou terror, as religiões, mundo afora, desenvolveram rituais e práticas que nos ajudam a seguir em frente.

Todas as crenças contam com uma cerimônia para recepcionar uma nova vida na comunidade, com um conjunto de práticas para instilar a moralidade nos jovens e ajudá-los a fazer a transição para a vida adulta, e também com rituais para criar laços entre as pessoas, para aquietar suas ansiedades, curar seus corpos, consolar suas almas e acalmá-las no momento da morte. Mais de 80% da população do mundo[9] se identifica com a religião em algum grau, continuando, desse modo, a abraçar as ferramentas que tais tradições oferecem.

Nas páginas que se seguem, convido você a fazer essa caminhada pela vida comigo, observando o que várias religiões já descobriram sobre como seguir esse caminho com mais êxito. Vamos descobrir que há semelhanças notáveis nas ferramentas que as religiões oferecem, mas, talvez mais importante, também identificaremos algumas diferenças claras entre elas. Será que os rituais xintoístas realizados antes e depois do nascimento de um bebê levam a melhores resultados para a mãe e a criança do que os rituais de nascimento de outras religiões? Será que a prática do *shivá*, o luto judaico, é melhor para aliviar a dor de uma família que perdeu alguém do que os rituais de outras fés? Perguntas como essas só podem ser respondidas se começarmos a examinar as práticas religiosas com um olhar científico.

Empregando as ferramentas oferecidas pela ciência — experimentação, análise de dados e outras —, podemos deixar de lado os debates sobre o significado teológico dos rituais e nos concentrar, em vez disso, na influência deles sobre o corpo e a mente. Por que, por exemplo, contemplar a morte colocando cinzas na testa ou meditar diante de um cadáver pode fazer com que nos tornemos mais compassivos? Por que o toque de um curandeiro é capaz de reduzir a dor? Por que cobrir os espelhos da casa durante momentos de luto pode ajudar a reduzir sensações de tristeza?

Vamos analisar como os rituais, práticas e sentimentos das religiões do mundo influenciam nossa mente de determinadas maneiras. Em alguns casos, as pesquisas sobre ideias e práticas religiosas específicas já existem. Em outros, vou "desmontar" as partes que compõem as crenças e rituais religiosos para mostrar como elas se encaixam no que a psicologia e a neurociência sabem sobre o funcionamento da nossa mente. E, ao longo desse processo, compartilharei insights sobre como certos aspectos dessas práticas podem ser adaptados para ajudar tanto pessoas não religiosas quanto aquelas de diferentes fés.

Nesse caminho de descobertas, dois temas vão aparecer o tempo todo: a crença e a conexão. Já que ambos desempenham um papel essencial na influência que a religião exerce sobre a saúde e a felicidade em todos os momentos da vida, quero destacá-los aqui, antes de começarmos a jornada.

O bálsamo da crença

No mundo desenvolvido, a maioria das pessoas leva uma vida saturada com o luxo de poder escolher. Os supermercados oferecem aproximadamente 47 tipos diferentes de cereais. A televisão traz duzentos canais, ou mais. Os aplicativos de paquera, mais perfis do que as pessoas jamais seriam capazes de avaliar. Mas talvez o que consideramos um luxo não seja nada do tipo. A capacidade de escolher, e as incertezas que a acompanham, às vezes pode até acabar sendo uma maldição.

Uma das descobertas mais importantes da neurociência nas últimas duas décadas é a de que a mente humana funciona como uma espécie de máquina de fazer predições. Ela não foi feita para simplesmente reagir a estímulos, mas também para antecipá-los. O que torna a mente tão adaptável e eficiente é a sua capacidade de imaginar o que acontecerá a seguir. E, embora não possamos saber com certeza as características de todas as mentes animais, provavelmente seja seguro dizer que os seres humanos estão entre as poucas espécies (se não a única) que conseguem efetivamente viajar no tempo desse jeito. Conseguimos simular o futuro, rodando os mais diferentes cenários na nossa cabeça. Também somos capazes de reviver o passado com enorme detalhamento — o que significa que somos capazes de experimentar de novo os prazeres ou as mágoas que resultaram de todas as escolhas que fizemos.

O fato de que a possibilidade de escolha pode ser uma maldição talvez pareça estranho, já que a maioria das pessoas acha que mais escolhas aumentarão a probabilidade de encontrar a opção exatamente ajustada para suas necessidades. Contudo, ainda que isso possa ser verdade quando a ideia é maximizar determinado resultado, a coisa não funciona assim se a ideia é maximizar o bem-estar de forma geral. Como os psicólogos já mostraram várias vezes, ter opções demais[10] pode causar mais insatisfação diante de qualquer escolha feita.

É precisamente porque não queremos escolher a opção errada que o fato de ter muitas opções pode nos levar à chamada "paralisia de escolhas". Tentar analisar tudo pode se tornar cansativo quando as opções que temos diante de nós ultrapassam uma pequena lista. O psicólogo Barry Schwartz[11] mostrou em vários trabalhos que as pessoas que ele chama de maximizadoras — aquelas que sempre querem encontrar a melhor opção em qualquer situação — tendem a ser menos felizes, menos otimistas e mais propensas à depressão e ao arrependimento do que os que sentem que opções boas o suficiente já servem.

Embora essas sejam descobertas importantes sobre como a mente funciona, você pode estar se perguntando o que elas têm a ver com a religião. Vamos pensar da seguinte forma. Se fazer simulações e ter arrependimentos sobre qual torradeira ou carro comprar pode evitar que nos sintamos mal — um fato a respeito do qual há amplas evidências —, o que acontece quando consideramos assuntos mais importantes? E se você estiver decidindo com quem se casar? Ou se é certo mentir para salvar seu emprego? Ou o que deve fazer para ajudar seu filho a se recuperar de uma doença? A incerteza nos campos da moralidade e do destino — campos nos quais as religiões são importantíssimas, para muitas pessoas — é desgastante não só porque exige que o cérebro simule muitíssimas opções, mas também devido às consequências emocionais envolvidas. E é aqui, como veremos, que a crença entra em jogo. Com a crença (de que Deus intervirá, de que um ritual vai trazer a cura, de que a escolha de nunca mentir ou trapacear garante os melhores resultados), vem a certeza. E, com a certeza, vem uma espécie de paz interior.

As ligações entre a fé e a diminuição da ansiedade podem até ser observadas no nível neurológico. Os cientistas demonstraram, por exemplo, como a crença acalma a atividade no córtex cingulado anterior (ACC, na sigla em inglês) — uma parte do cérebro associada ao que poderíamos chamar de experiências de "toque de alarme".

Quando nos sentimos irritados ou ameaçados, certos padrões de atividade no ACC se intensificam. São os mesmos padrões que aumentam sua presença nas pessoas que sofrem de distúrbios de ansiedade, e também são eles que acabam sendo reduzidos pelo uso de álcool e medicamentos como Valium e Xanax.

Quando os neurocientistas mediram a atividade do ACC em pessoas que eram confrontadas com decisões nas quais tinham cometido erros, os participantes com uma crença mais forte em Deus apresentaram menos atividade nessa área do cérebro do que os demais. Em outras palavras, as pessoas com essa crença tinham menos ansiedade,[12] no nível neurológico, por fazer escolhas perfeitas. De modo semelhante,[13] os pesquisadores também descobriram que fazer pessoas religiosas refletirem sobre sua fé antes de tomar decisões reduziu ainda mais a atividade do ACC diante de erros. Trocando em miúdos, pensar sobre Deus fez esse grupo ficar mais calmo.

O resumo da ópera é bastante claro: a sensação de certeza que vem da crença religiosa diminui as reações do cérebro diante dos erros e da incerteza em todas as áreas. Os "toques de alarme" do ACC ficam menos intensos, e é possível fazer escolhas com menos arrependimento. Essa é uma das muitas razões pelas quais as pesquisas associam a crença religiosa à diminuição do estresse na vida cotidiana.[14]

A crença não faz as pessoas se tornarem mais complacentes ou menos inteligentes. Ela simplesmente ameniza a tendência de muitos de nós a reagir de forma estressada, excessivamente desconfiada e crítica quando é preciso tomar decisões complicadas. Ao longo deste livro, veremos como o fortalecimento da crença, e a certeza que isso traz, podem ser fomentados por meio de práticas e rituais religiosos.

A solidão é um inferno

Outra questão importante que os rituais ajudam a enfrentar na vida das pessoas é a das conexões. Para os seres humanos, poucos estados são piores que a solidão. Somos seres sociais. Temos necessidade da companhia de outras pessoas. Só conseguimos prosperar trabalhando juntos e apoiando uns aos outros.

O preço pago pela falta de conexões fortes com outras pessoas é alto. No que diz respeito ao potencial para encurtar vidas, a solidão é tão perigosa quanto fumar.[15] Ela diminui a imunidade, piora inflamações e aumenta a pressão arterial, todos esses fatores associados a doenças do coração e diabetes.

É precisamente por causa dessas alterações perigosas para nossa saúde[16] que nosso cérebro, mesmo durante os estágios iniciais de isolamento, faz com que experimentemos a solidão como se fosse uma dor real. A religião, tal como muitas instituições sociais, é capaz de combater essa dor ao oferecer às pessoas oportunidades para ficar juntas. Muitas religiões têm, por exemplo, reuniões obrigatórias. Mas, diferentemente de outras instituições sociais, a capacidade que as religiões têm de criar conexões não se limita a esse calendário. Elas também conseguem criar elos significativos entre as pessoas por meio do poder dos próprios rituais. Veremos muitos exemplos dessa criação de elos nos capítulos seguintes; permita-me, porém, abordar um deles agora para evidenciar esse fato.

Aquilo que os psicólogos chamam de sincronia motora — a movimentação de partes do corpo no mesmo ritmo de outra pessoa — está presente em muitos rituais mundo afora. Às vezes é algo como se inclinar e balançar o corpo, às vezes trata-se de girar e dançar e, em outros casos, cantar e rezar em uníssono. Mas, seja lá quais forem os movimentos, eles funcionam como um indicador, para o cérebro, de que as pessoas que participam são parte de algo maior. O que acontece com elas é compartilhado. É um indicativo tão fundamental de que todos estão unidos[17] que até bebês de quinze meses já usam isso como forma de determinar quem está ligado a quem.

Para demonstrar os efeitos da movimentação sincronizada, a equipe do meu laboratório conduziu um experimento no qual cada participante tinha um parceiro — ambos colocavam fones no ouvido e, batendo as mãos, marcavam o ritmo que ouviam. Embora nenhum membro de cada par conhecesse o outro, algumas duplas ouviam ritmos sincronizados e batiam as mãos ao mesmo tempo. Outras duplas ouviam ritmos aleatórios, que não produziam sincronização alguma. Depois do exercício, perguntávamos aos membros das duplas como se sentiam em relação aos seus parceiros. Conforme tínhamos imaginado, aqueles que batiam as mãos no mesmo ritmo sentiram uma conexão maior entre si. E quando, depois disso, montamos uma situação na qual um membro da dupla precisava de ajuda para completar uma tarefa difícil, os parceiros que ficaram com a batida sincronizada mostraram uma probabilidade muito maior de oferecer ajuda um ao outro (49% dos casos) do que os dessincronizados (18% das duplas). Uma única experiência de movimento conjunto[18] fez as pessoas se sentirem suficientemente conectadas a ponto de quase triplicar a taxa de ajuda a um completo estranho. Muitos outros pesquisadores chegaram a resultados semelhantes.

Experimentos como esses provam um elemento comum aos rituais: mesmo quando são despidos de quaisquer incrementos teológicos, eles ainda são capazes de tocar a mente em um nível profundo. Mas isso não significa que combinar os elementos mais básicos dos rituais com a crença religiosa não seja capaz de aumentar ainda mais os seus efeitos. Em um trabalho muito sólido, uma equipe de pesquisadores da Victoria University, de Wellington, na Nova Zelândia, buscou investigar se os movimentos sincronizados podem ter um efeito ainda maior quando inspirados por elementos religiosos.

Os pesquisadores mediram os sentimentos de conexão e confiança, e também a cooperação propriamente dita, antes e depois de um grupo participar de um tipo de cântico associado à fé, de atos mais seculares de sincronização, como bater tambores ou cantar canções não religiosas juntos, ou de atividades como jogar pôquer, que as pessoas realizam juntas sem nenhum movimento síncrono. Embora os pesquisadores tenham descoberto que qualquer tipo de sincronia fazia as pessoas se sentirem mais próximas umas das outras,[19] confiando nos companheiros e cooperando mais com eles, a maioria desses efeitos foi amplificada quando a sincronia tinha algum elemento sagrado associado a ela — isto é, quando as pessoas entoavam cânticos de acordo com um ritual de sua fé. Explicando de outra maneira, a crença em que essa atividade fosse espiritualmente significativa — ou seja, de acordo com a definição de "ritual" de Bell, que se tratasse de uma atividade especial, diferente de algo do cotidiano — intensificou o impacto da sincronia sobre a mente das pessoas.

Diferentemente da participação regular nos rituais de uma religião, esses experimentos envolveram um único ato de sincronia. Assim, enquanto a capacidade de criar elos entre as pessoas é evidente, a magnitude e a longevidade de tais elos provavelmente serão ainda maiores quando essas práticas forem repetidas regularmente por aqueles que participam de cultos juntos.

As religiões do mundo todo parecem ter adotado a sincronia de forma convergente, como ferramenta para criar conexões. Séculos antes que os psicólogos sonhassem em estudar isso, quase todas as tradições religiosas adotaram esse processo como uma maneira de unir as pessoas — estimulando-as a se apoiarem e a reduzir o peso que a solidão traz ao corpo e à mente.

É claro que a sincronia é apenas uma das muitas ferramentas que a religião usa para esse fim. O argumento mais amplo que defendo é o de que as religiões já identificaram tecnologias eficazes, que precisam ser estudadas nos contextos complexos em que são utilizadas (e não apenas no ambiente mais restrito do laboratório) se quisermos mensurar de que modo elas reforçam umas às outras — como as crenças, os símbolos, as ações e os comportamentos de grupo podem funcionar de forma sinérgica para amplificar seu impacto conjunto. É nesse ponto que as religiões contam com uma grande vantagem inicial. É nesse ponto que elas tocam toda uma sinfonia psicológica, e não apenas notas isoladas e aleatórias que nos soam tranquilizadoras.

A partida

Com tudo isso em mente, é hora de começar nossa jornada pelos caminhos da vida, examinando como as religiões ao redor do planeta tentam facilitar essa travessia. Começando pelos desafios que o nascimento traz para pais e bebês, veremos como os rituais também guiam o desenvolvimento da moralidade nos anos de formação da infância, ajudam a atravessar os limiares que separam a infância da adolescência e da vida adulta, e auxiliam na busca por conexões amorosas entre pessoas e, talvez, até com algo maior; como curam nossas mentes e corpos na meia-idade e, finalmente, como ajudam a enfrentar a perda de entes queridos e nosso próprio e inevitável fim.

Ao longo do caminho, destacarei não apenas as incríveis convergências entre as religiões — uma prova dos desafios comuns que todos os seres humanos enfrentam —, mas também, conforme sugeri antes, o modo como algumas religiões podem ter aprimorado suas tecnologias de maneira ainda mais direcionada. Não é que os rituais de uma fé específica sejam superiores aos de outras, mas sim que, para desafios específicos, algumas religiões podem ter encontrado ajustes ou soluções que apertam os botões da mente de forma mais eficaz.

Ao apresentar esses elementos, meu objetivo não é fornecer uma visão totalmente abrangente de rituais do mundo todo. Seriam necessários muitos livros para essa tarefa. Em vez disso, selecionei exemplos que correspondem tanto às principais religiões globais quanto a crenças mais localizadas, que mostram com maior clareza como a religião pode nos beneficiar em vários momentos de nossa vida. Talvez você perceba que me concentrei um pouco mais nos ritos das grandes religiões. Não fiz isso por enxergá-las, de alguma forma, intrinsecamente melhores, mas porque elas abordam algumas questões de maior importância para as pessoas que vivem em sociedades modernas e complexas (o que já explica uma das razões pelas quais elas se espalharam pelo mundo). A moralidade é um desses elementos. Não é fácil se comportar mal quando se vive num vilarejo. Mas, em cidades maiores, um pouco mais de anonimato aumenta as possibilidades de trapacear ou roubar. As crises existenciais são outra questão-chave. Se o principal foco de sua vida é sobreviver de um dia para o outro, muitas vezes você não se dá ao luxo de refletir sobre o significado da vida ou de se preocupar se está no caminho certo.

Então, vamos partir.

1 INFÂNCIA:

Acolhendo e unindo

Allah é muitíssimo grande. Dou testemunho de que não há ninguém digno de ser adorado além de Allah. Dou testemunho de que Muhammad é o apóstolo de Allah. Venha orar. Venha para o êxito.

Seja no hospital ou, mais tradicionalmente, em meio a familiares do sexo feminino e amigas da família em casa, essas são as primeiras palavras que uma criança muçulmana ouve momentos após o nascimento. Quando a criança é apresentada ao pai pela primeira vez, ele a embala, cheio de carinho, e recita essas palavras, que constituem parte do *adhan*, ou chamado muçulmano à oração, no ouvido direito do recém-nascido.

Alguns momentos depois, outro familiar ou amigo próximo esfrega um pequeno pedaço de tâmara amolecida ou outro doce no céu da boca do bebê — um ritual conhecido como *tahnik*. A simbologia dessa ação é dupla. Tradicionalmente, a pessoa que oferecia a tâmara primeiro a amolecia em sua própria boca. Assim, a passagem da saliva para o bebê simbolizava a esperança de que as nobres características do adulto também seriam transmitidas a ele. A segunda simbologia do *tahnik* é a esperança de que a guloseima seja um presságio de boa sorte para a vida futura da criança — uma vida repleta de coisas doces.

Por mais bonito que seja o nascimento, ele marca também uma das maiores mudanças na vida de alguém. Para os bebês, é o início de uma jornada. Para os pais, é uma espécie de reinicialização — um evento que mudará profundamente sua rotina e prioridades. E, embora todos os envolvidos desejem que essa nova vida seja um sucesso, tal êxito não está garantido de jeito algum. Será necessária uma mistura de sacrifício e apoio para concretizá-lo.

Nosso sucesso nos primeiros anos de vida se resume a ganhar aceitação de nossos pais e da rede mais ampla de pessoas que nos cercam. Quanto mais apoio prático e emocional nossos pais nos derem, melhor será a nossa vida. E, quanto mais favorável for a opinião da nossa comunidade, maior será a nossa chance de obter apoio a curto e longo prazo.

Felizmente, nós, seres humanos, estamos equipados com ferramentas para cair nas graças dos outros desde o início. As reações hormonais, o som específico do choro e até mesmo a aparência física dos bebês ajudam a despertar o cuidado dos pais e os sorrisos acolhedores dos passantes. Os bebês são fofos por uma boa razão. Suas feições gorduchas evocam uma afeição instintiva na maioria das pessoas — até mesmo em estranhos.

No entanto, a biologia não define o destino das pessoas. Às vezes, ela não funciona direito ou simplesmente não é forte o bastante, por si só, para criar e manter o apoio de que o desenvolvimento dos bebês precisa para prosperar. De vez em quando, os pais podem enfrentar muito estresse ou ansiedade, atrapalhando sua capacidade de se conectar com um novo filho. Eles podem simplesmente ficar esgotados ou não estar dispostos a dedicar tanto tempo, atenção ou apoio aos filhos quanto poderiam. Às vezes, especialmente para alguém que não é pai, pode ser difícil valorizar as características especiais e o potencial de um bebê. Afinal, eles são bolotinhas complicadas e exigentes.

É aqui que entram em ação as tecnologias espirituais que cercam o nascimento. Seja qual for a religião de origem — muçulmana, cristã, xintoísta ou outra —, todas apresentam um objetivo abrangente: melhorar as chances de sucesso de qualquer criança. Embora os símbolos e as práticas possam diferir um pouco, esses costumes servem para ajudar os pais a dar o apoio de que seus novos filhos precisam e para ajudar a comunidade a perceber por que razão deve acolher esses bebês. É o que o *adhan* muçulmano afirma explicitamente: ao orar e participar dos rituais religiosos — ou seja, ao adotar essas tecnologias —, as pessoas alcançam o êxito. Isso é tão verdadeiro no início da vida quanto mais tarde.

Cuidado em primeiro lugar

O xintoísmo é a religião nacional do Japão, e a maioria dos japoneses o pratica em algum nível. A palavra *shinto* significa "o caminho dos deuses", e a prática xintoísta gira em torno da crença nos *kami* — espíritos que habitam ambientes naturais e seres vivos.

No xintoísmo, o nascimento de uma criança é uma dádiva dos *kami* e, ao longo dos primeiros anos de vida, os rituais levam os pais não apenas a cuidar de seu filho e celebrá-lo, como também a sentir gratidão por sua existência. A criança é tão valorizada que o cuidado ritualizado com ela começa bem antes do seu nascimento. Durante o quinto mês de gravidez, as futuras mães celebram o *obiiwai* — o ritual de amarração da faixa. Nele, uma parente próxima amarra um lindo cinto de algodão ao redor da barriga da gestante para trazer um apoio delicado, calor e proteção para a criança em crescimento envolvida pelo tecido. Muitas vezes, o *obiiwai* acontece em santuários xintoístas, mas também pode ser realizado em casa. Ele compreende ainda orações pelo bem-estar da criança que está por vir. A própria faixa também serve como lembrete das responsabilidades da maternidade, sinalizando o início simbólico dos cuidados com o bebê.

Supondo que tudo corra bem no nascimento, o próximo ritual prescrito pelo xintoísmo se chama *oshichiya*, ou a cerimônia de atribuição do nome. Na sétima noite após o nascimento da criança, os pais convidam familiares e amigos para uma refeição alegre, tradicionalmente composta de dourada (peixe cujo nome em japonês é homônimo da palavra "alegria") e arroz com feijão-vermelho. Até esse momento, a família pode usar um apelido carinhoso para se referir ao bebê, mas, nessa noite, os pais anunciam formalmente a todos o nome verdadeiro e começam a usá-lo. Para assinalar o caráter especial da ocasião e o orgulho que sentem pelo novo filho, tradicionalmente vestido de branco, eles também escrevem cerimonialmente o nome da criança em um papel branco especial, com caligrafia delicada, e o penduram na parede. Essa celebração marca oficialmente a apresentação da criança ao mundo exterior a sua casa.

Um mês depois, a família participa do *omiyamairi*: a primeira visita da criança a um santuário xintoísta. Para isso, pais e bebês se vestem da melhor maneira possível, o que significa comprar uma roupa nova e um quimono especial para embrulhar o bebê. Tradicionalmente, é a avó paterna quem carrega a criança até o santuário, já que o costume japonês estabelece que as mães precisam descansar o máximo possível após o parto.

Depois da entrada da família, o sacerdote xintoísta agitará um *onusa* — bastão com dezenas de pedaços de papel ondeantes presos — de um lado para o outro, purificando todos antes de usar outro bastão sagrado com sinos para afastar da criança a influência de quaisquer espíritos malignos. Ao longo desse ritual, os sacerdotes também agradecem aos *kami* pelo nascimento e pedem que eles protejam a criança e lhe deem boa sorte. O *omiyamairi*, como muitos ritos xintoístas relacionados aos primeiros anos de vida, também acarreta um custo significativo para os pais. Além das despesas com as roupas novas e o quimono, espera-se que eles também façam uma doação considerável ao santuário e entreguem presentes comemorativos aos participantes.

Em seguida, quando a criança completa cerca de quatro meses, a família comemora o *okuizome*: a primeira porção de comida. Como não é uma boa ideia alimentar crianças dessa idade com comida de adulto, a refeição é, em grande parte, simbólica. Primeiro, os pais compram um conjunto caro de louça vermelha (para meninos) ou preta (para meninas) e preparam uma refeição tradicional japonesa, composta de dourada, feijão-vermelho e arroz, além de legumes em conserva e sopa. Então, fingem que estão alimentando a criança com pequenos pedaços, enquanto os familiares aproveitam o banquete de verdade.

Quando chega o primeiro dia 3 de março para as meninas, ou 5 de maio para os meninos, é hora do *hatsuzekku*. Tal como nos rituais anteriores, o foco é celebrar a criança e expressar gratidão pelo fato de (espera-se) que esteja crescendo em tamanho e força. As meninas recebem as *hina* — bonecas ornamentais que representam a família real e a corte. Para os meninos, a casa é decorada com figuras e armaduras de samurais. Nesse ritual, os familiares muitas vezes também se reúnem para refeições comemorativas fornecidas pelos pais do pequeno.

Quando chega a hora do primeiro aniversário de uma criança, há ainda outro ritual de celebração. Nele, os pais colocam bolinhos de arroz, um alimento sagrado xintoísta, numa bolsa nas costas do bebê, enquanto ele tenta andar com o peso adicional. O objetivo não é so-brecarregar a criança, mas transferir-lhe energia.

Ainda que se perca a conta do número de festas, o primeiro ano de vida é muito agitado! Mas, no xintoísmo, as celebrações rituais das crianças não terminam aí. Aos três, cinco e sete anos de idade, é cele-brado o *shichigosan* — um ritual em que as crianças são vestidas com roupas tradicionais e levadas a santuários para orações e bênçãos que expressam gratidão pelo seu desenvolvimento e pedem que continuem tendo boa sorte. Como nos outros casos, os pais novamente precisam lidar com os custos de tempo e dinheiro. Há roupas novas para com-prar, doações para fazer e refeições para fornecer a familiares e amigos.

Quase todas as religiões do mundo incluem rituais semelhantes aos *oshichiya* e *omiyamairi* do xintoísmo. Para os hindus, a cerimô-nia de atribuição do nome conhecida como *namakarana* geralmente ocorre por volta do décimo segundo dia após o nascimento e gira em torno da reunião de familiares e amigos enquanto o pai ou a mãe, guiado por um sacerdote, escreve o nome da criança em um pedaço de papel (para ser abençoado pelo sacerdote) e depois o sussurra no ouvido do bebê antes de anunciá-lo a todos. No islamismo, a cerimô-nia conhecida como *aqiqah* ocorre uma semana após o nascimento da criança. Os cristãos batizam seus bebês. A cerimônia, nesse caso, não envolve a revelação do nome da criança em si, mas o celebrante repete o nome enquanto molha o recém-chegado com água benta. Os judeus realizam uma breve cerimônia em que o nome hebraico de uma criança é anunciado à congregação na sinagoga.

Essa convergência de ritos de atribuição do nome e bênção en-tre as religiões prenuncia uma verdade descoberta recentemente por psicólogos e outros cientistas. Não damos nomes ao que não valo-rizamos, e atribuir uma designação a algo ou alguém confere valor a essa pessoa ou coisa. No nível psicológico mais básico, um nome específico, ao contrário de um rótulo genérico como "bebê", implica que aquele ser tem uma mente; tem agência. E tudo o que tem agên-cia — tudo o que é capaz de pensar e sentir — é digno da nossa preocu-pação. Suas alegrias e suas dores são importantes, mesmo que ainda não tenha a capacidade de expressá-las.

O simples ato de dar um nome a um ser ou reconhecer que ele tem nome nos faz sentir mais empatia por ele. Animais de estimação são um ótimo exemplo disso, mas essa regra funciona até mesmo para objetos inanimados, como um carro, um computador e até um pepino. Pesquisas mostraram que o cérebro de muitas pessoas reage de maneira diferente quando um vegetal que recebeu um nome humano é perfurado. Por meio de imagens cerebrais,[1] podemos ver que as pessoas demonstram maiores sinais de angústia empática quando legumes chamados de Bob ou Sue são picados com uma agulha, em comparação com vegetais anônimos que ficam presos na tábua de cortar.

Um nome serve não apenas como forma de identificação, mas também como marcador de valor moral. Dar ou anunciar um nome como parte de um ritual é uma forma pública de reforçar esse valor. É um lembrete adicional para todos, especialmente aqueles que não pertencem à família imediata, de que um bebê — um pedaço de carne que fica se remexendo e nem sequer consegue olhar alguém nos olhos — é, no entanto, um ser sensível, que merece o respeito e a proteção da comunidade. É também por isso que muitas religiões incentivam os pais a dar aos filhos nomes de santos, familiares respeitados e assim por diante. Esses nomes estão associados a virtudes que vêm à mente e colorem as impressões acerca das aparentes telas em branco que as crianças apresentam.

Também é possível perceber a força psicológica dos nomes de outra forma: pelo seu inverso. O processo de desumanização muitas vezes começa com a recusa de chamar alguém pelos seu nome. Referir-se às pessoas com um número, ou chamá-las de porcos ou cães, é um primeiro passo que muitos regimes já usaram para facilitar a crueldade que vem depois. Ao retirar o nome de uma pessoa, você automaticamente inibe a empatia natural que sentiria por ela. É também por isso que não damos nome aos animais que pretendemos comer.

Os ritos do xintoísmo vão ainda muito além dos costumes de nomeação. E, embora ele não seja a única religião com alguns ritos adicionais em torno dos primeiros anos de vida de uma criança, o pacote completo que oferece é excepcional pela forma como conduz os pais, levando-os a cuidar de seus filhos e destacar o valor deles de maneira pública e bastante custosa.

Como uma criança depende dos pais para *tudo*, desenvolver rapidamente um vínculo forte com ambos é um ingrediente essencial para a sua saúde e bem-estar, tanto pontualmente como a longo prazo. As crianças que crescem sem relacionamentos fortes e estimulantes com os pais têm dificuldade de formar amizades e relacionamentos românticos e são mais suscetíveis a depressão, ansiedade e doenças relacionadas posteriormente na vida.[2] Trocando em miúdos, não receber cuidados e carinho consistentes dos pais leva a criança ao fracasso. Por essa razão, nosso corpo está equipado com um conjunto de ferramentas destinado a nos ajudar a formar rapidamente ligações profundas com os bebês.

Durante o nascimento e nos meses que se seguem a ele, os hormônios inundam o cérebro da mãe para ajudá-la a garantir que aquele ser humano carente, chorão e indefeso provoque amor em vez de ira ou indiferença. Os pais também recebem um reforço hormonal:[3] seus níveis de ocitocina, que é fundamental para a formação de vínculos, aumentam quando seguram seu filho ou brincam com ele. Mas, para alguns pais e mães —[4] de 20% a 30%, dependendo dos levantamentos —, o reforço hormonal simplesmente não é suficiente para fazer o amor fluir. Por mais que tentem, não conseguem se conectar com o bebê. E, mesmo para os 80% que conseguem, manter essa devoção durante as noites sem dormir, o trabalho de limpeza constante e as muitas outras provações da nova paternidade muitas vezes pode ser um desafio. Porém, como disse Alison Gopnik, uma das maiores especialistas em desenvolvimento infantil do mundo: "Não cuidamos das crianças porque as amamos; nós as amamos porque cuidamos delas".[5]

Sei que essa afirmação parece estar de cabeça para baixo. E não estou dizendo que a única razão pela qual amamos nossos filhos é porque cuidamos deles. Mas, para aqueles momentos em que a biologia não é suficiente, é bom contar com um sistema reserva. E é exatamente isso o que muitos rituais religiosos que envolvem os primeiros anos das crianças proporcionam. Eles fazem com que os pais ofereçam atenção, muitas vezes de forma pública, estimulando-os psicologicamente a aumentar os sentimentos de compromisso para com os filhos.

Pode parecer estranho dizer que os pais precisam de ajuda para permanecer comprometidos com os filhos, mas faz sentido. O relacionamento entre pais e filhos está entre os mais unilaterais de todos os vínculos humanos. Os pais devem fazer enormes sacrifícios de tempo, dinheiro e energia para obter pouco ou nenhum ganho a curto prazo. Do ponto de vista dos pais, a situação equivale a só dar e nada receber. Para eles, os benefícios — ter alguém para ajudar e apoiar você emocional, física e financeiramente — só começam a surgir anos depois. Na maioria das áreas da vida, nós, seres humanos, preferimos a satisfação imediata às recompensas adiadas, mesmo quando os benefícios adiados são maiores. É uma das razões pelas quais muitos de nós gastamos mais do que poupamos, comemos mais do que deveríamos ou procuramos outros prazeres que só podem nos prejudicar a longo prazo (por exemplo, qualquer droga, da nicotina à metanfetamina). Quando se trata de bebês, a tendência natural é obter prazer com murmúrios, sorrisos e aconchegos, como forma de compensar esses custos de curto prazo. No entanto, às vezes, esses prazeres passageiros não são suficientes.

Felizmente, o cérebro tem uma espécie de falha mental que funciona para combater nosso desejo de prazer imediato. Os psicólogos chamam esse problema de "falácia dos custos irrecuperáveis". É a ideia de que, depois de investir dinheiro ou outros recursos num objetivo, as pessoas se tornam mais propensas a persistir, mesmo que, objetivamente falando, o antigo objetivo já não pareça ser a opção mais desejável. É por isso que as pessoas que pagaram para fazer um curso ou obter um diploma continuam pagando mais para concluir aquilo, mesmo que não gostem do conteúdo. Também é por isso que os viciados em jogo não param de gastar dinheiro rapidamente. Eles sentem que seus gastos anteriores seriam desperdiçados se parassem. Mas, muitas vezes, é mais lógico parar de perder recursos do que continuar gastando para tentar recuperar o que já foi perdido.

Esse é um viés que também afeta as relações sociais.[6] Muitas vezes, as pessoas continuam em relacionamentos ruins porque sentem que já investiram tanto tempo e esforço neles que seria uma pena ir embora. Assim, em muitos casos, a falácia dos custos irrecuperáveis leva a um comportamento irracional.

As crianças não são exatamente um custo irrecuperável. Porém, como observei, os benefícios que oferecem ficam muito aquém dos custos de tempo, energia e dinheiro que cabem aos pais. Portanto, essas despesas — feitas durante dias, semanas e até anos anteriores, antes mesmo que as crianças pudessem "pagar" — podem parecer irrecuperáveis. Se você é pai ou mãe, pode achar que sua mente não está fazendo o registro desses sacrifícios, mas, inconscientemente, é o que ela faz.

A boa notícia é que, quando se trata de crianças, essa pane mental pode, na verdade, ser uma vantagem. A resistência de sua mente em se dar conta dos custos irrecuperáveis neutraliza o desejo de gratificação imediata.[7] E, nos casos em que as recompensas pelo sacrifício são reais, mas aparecem mais tarde — como na paternidade —, isso pode ser bastante útil e racional.

Os rituais reforçam essa tendência de três maneiras. A primeira é com o aumento da sensação de custos irrecuperáveis. Gastar tempo, dinheiro e esforço para organizar e ser anfitrião de diversas cerimônias, juntamente com os presentes e outros penduricalhos que elas acarretam, equivale a um custo considerável. Em segundo lugar, as cerimônias melhoram a memória. Seu cérebro só usará sentimentos de custos irrecuperáveis para aumentar o comprometimento na medida em que os armazena e se lembra deles. Embora as memórias dos comportamentos de cuidado do trabalho diário possam se enfraquecer, isso não ocorre com a lembrança das grandes celebrações. A terceira e mais importante forma pela qual os rituais reforçam compromissos tem a ver com a sua natureza pública. Décadas de pesquisas psicológicas mostram que todos nós nos apegamos com mais força às opiniões e comportamentos que anunciamos ou demonstramos publicamente.[8] Ao participar de diversas cerimônias xintoístas em honra a seus filhos, pais japoneses afirmam e reforçam publicamente sua devoção repetidas vezes. A cada repetição desse processo, o desejo de suas mentes por uma consonância entre atos e crenças leva essas crenças sobre o valor dos seus filhos a níveis mais elevados.

Há evidências que reforçam a tese de que os repetidos rituais xintoístas que citamos aqui fortalecem os laços entre pais e filhos. Em média, o vínculo entre as mães japonesas e seus filhos é um dos mais empáticos e íntimos entre todas as culturas.[9] Observe que estou destacando o vínculo mãe-bebê, já que, na maioria das culturas, as mães tendem a ser as principais cuidadoras das crianças. Isso é especialmente evidente no Japão, um país com uma das culturas de trabalho com maior desigualdade de gênero do mundo. O costume é que os homens japoneses sejam muito comprometidos com seus empregadores. Para a maioria deles, isso resulta em longas horas fora de casa. Essa desigualdade de gênero certamente pode causar muito estresse injusto para várias mães, as quais, se não fosse isso, também poderiam progredir em sua carreira.

Ainda assim, quando se trata do vínculo mãe-bebê, as japonesas fazem tudo o que podem para aprofundá-lo,[10] mesmo quando há escassez de tempo disponível. Por exemplo, optam por passar mais tempo perto dos filhos, dormir junto com eles com mais frequência (essa estatística também inclui pais), ter mais contato físico por meio de brincadeiras e banhos (novamente, isso também se aplica a pais japoneses), falam em tons mais calorosos e emotivos e, geralmente, compartilham mais atividades com os filhos do que a maioria das pessoas em outras culturas. Esses comportamentos criam vínculos muito profundos entre mãe e filho,[11] tanto que as crianças japonesas tendem a mostrar comportamentos menos exigentes e desafiadores quando estão com as mães, em comparação com crianças de muitas outras nacionalidades.

Na verdade, o vínculo entre mãe e filho no Japão é tão forte e central para a cultura que produz uma emoção única, conhecida como *amae*. Embora a palavra *amae* não tenha tradução direta, ela pode ser descrita como um sentimento de intensa proximidade entre mãe e filho — um sentimento em que a criança se sente amada e cuidada, e a mãe gosta de cuidar do filho. Por exemplo, *amae* é o sentimento que surge quando uma criança sobe no colo da mãe ocupada, pedindo-lhe que leia uma história, e ela amorosamente consente. É esse sentimento afetuoso que faz com que a mãe goste de colocar as necessidades do filho em primeiro lugar. Nesse caso, a criança tem uma sensação reconfortante de ser cuidada enquanto a mãe sente-se necessária e confiável. Esse conjunto complexo de emoções — vivenciado em muitas situações diferentes — é chamado de *amae*.

Você não precisa ser japonês para sentir isso; a maioria dos pais já passou por algo semelhante algumas vezes enquanto criava seus filhos. No entanto, a razão de esse sentimento não ter um correspondente em português ou em muitos outros idiomas é o fato de ele não ser uma experiência tão comum em outros lugares quanto no Japão. As culturas desenvolvem rótulos para as emoções que experimentam com mais frequência.[12] E, embora estados como tristeza e raiva sejam bastante comuns em todo o mundo, outros, como o *amae*, ocorrem com regularidade apenas em determinados lugares.

Não há como provar conclusivamente que os rituais xintoístas ajudaram diretamente a criar e reforçar os vínculos entre pais e filhos japoneses. Para testar essa ideia de forma verdadeiramente científica, teríamos de selecionar aleatoriamente centenas de casais não religiosos prestes a engravidar, converter metade deles ao xintoísmo, garantir que realizassem esses rituais e depois examinar e comparar os vínculos que teriam com suas crianças nos sete anos seguintes. Por razões éticas e práticas óbvias, essa experiência não pode ser realizada.

Ainda assim, acredito que esses rituais desempenham um papel central no fortalecimento dos vínculos. Se eu levasse alguns pais ao meu laboratório e os fizesse gastar tempo e dinheiro repetidamente para celebrar seus filhos, seria totalmente esperado, com base em um grande conjunto de trabalhos científicos, que depois disso seus sentimentos e comportamentos em relação aos filhos se tornassem ainda mais positivos. Com base em tudo o que os cientistas sabem, tais tipos de comportamento aumentam os sentimentos de compromisso e apego.

A realização desses rituais, não em um laboratório, mas de forma mais significativa e pública, estimulando emoções ainda mais fortes, só pode amplificar os efeitos que eles têm sobre o cuidado e a devoção dos pais, que se acumulam ao longo do tempo — uma espécie de efeito bola de neve. O modo como os pais se sentem e agem em relação aos filhos num determinado dia se baseia em todos os sentimentos e ações que precederam esse dia. Quanto mais eles demonstram cuidado e devoção aos filhos, mais empenhados se tornam em continuar a fazê-lo. E quanto mais se lembram desses atos, gastam tempo e dinheiro e refletem sobre eles, melhor. Sempre haverá obstáculos — eventos que podem tensionar esses vínculos —, mas eis aqui, novamente, o motivo pelo qual uma série de rituais pode ajudar a garantir que os pais não joguem a toalha. Você pode pensar nesse processo como doses de reforço em favor da devoção. Elas podem até influenciar a biologia. À medida que incentivam os pais a aumentar ou pelo menos a manter o cuidado com os filhos, essas ações, por sua vez, liberam mais ocitocina para ajudar a consolidar o vínculo.

Já é possível ver algumas evidências dessa ideia (a de que simplesmente agir de acordo com comportamentos de cuidado pode criar sentimentos de amor) subentendidas nas recomendações que muitos médicos e organizações de pais oferecem para ajudar as pessoas a criar vínculos com seus bebês. A maioria recomenda a realização de *rituais* (palavra deles, não minha) que incluem horários regulares para massagear o bebê, ler uma história para ele, embalá-lo enquanto se sussurra ou canta. Um momento em que o bebê é o único foco. Esses rituais, por todas as razões que acabamos de ver, podem convencer ainda mais a mente de que o amor por uma criança deve e precisa existir e, como consequência disso, o amor *vai* crescer.

A partir da cerimônia do nome (ou mesmo antes do nascimento, como no xintoísmo), os rituais religiosos oferecem ferramentas para fazer exatamente isso. Mas você não precisa ser uma pessoa de fé para se beneficiar de algo assim. Na verdade, se der um passo atrás e observar muitas das práticas xintoístas que descrevi, verá que a maioria não é de natureza profundamente religiosa. O papel das orações xintoístas é relativamente pequeno. As atividades principais de quase todas as cerimônias poderiam ser realizadas de forma totalmente não religiosa. O que mais importa, em todos os casos, é a repetição ritualizada dos atos significativos e públicos, que faz com que eles pareçam mais especiais do que simplesmente fazer uma refeição ou dar um presente. Ao realizar várias cerimônias para o filho durante os primeiros anos de vida, quando a capacidade dele de retribuir é limitada — talvez fazendo festas para marcar o "meio aniversário" ou "um quarto de aniversário", ou celebrações com os familiares dedicadas a destacar diferentes marcos no desenvolvimento da criança durante os primeiros anos —, é possível aprofundar os sentimentos de conexão. Até mesmo reservar horários especiais todos os dias para atividades que demonstrem dedicação a uma criança — ler para ela, fazer massagens ou brincar de alguma coisa — pode ajudar a aumentar o amor e a paciência com ela. Esses sentimentos vão incentivar os pais a fortalecer os vínculos com a criança e apoiá-los durante os desafios que inevitavelmente surgirão.

Abrindo as nuvens

Em praticamente todas as sociedades, a maior parte dos desafios que a criação dos filhos acarreta acaba ficando com as mães. Por essa razão, muitas crenças sempre reconheceram a necessidade de dar algum tipo de descanso às mães de crianças pequenas. No primeiro ou segundo mês após o nascimento, muitas religiões têm rituais e práticas que tiram dos ombros das mulheres algumas ou a maioria das suas novas responsabilidades. Por exemplo, as mães muçulmanas são incentivadas a descansar por até quarenta dias, durante os quais estão isentas de muitas obrigações. Não precisam fazer determinadas orações ou cumprir alguns ritos religiosos. Outras pessoas ajudam nas tarefas domésticas. O *I Ching*, o mais antigo livro divinatório da *China*, determina que as mulheres pratiquem o *zuo yue zi*, que significa "tirar o mês de folga", como se diz coloquialmente hoje, para descansar, comer e dormir, sem ser perturbadas pelas complicações normais da vida. A tradição hindu, guiada pelo conhecimento médico ayurvédico, também defende que as mães passem cerca de um mês sendo auxiliadas pela família, para que possam descansar e criar um elo com o recém-nascido, muitas vezes com ambos recebendo massagens ritualísticas diárias.

Embora essas práticas possam parecer simplesmente mimos merecidos, elas também funcionam, de certa forma, como um respiro importante. Por mais alegre que seja receber uma nova criança, também é muito estressante. As rotinas de sono e trabalho mudam. As responsabilidades se intensificam. E o bebê, ao chorar, não deixa ninguém esquecer de suas necessidades. Para muitos, esse estresse é temporário; qualquer aumento de ansiedade ou "baby blues" (a fragilidade emocional típica do pós-parto) se dissipa rapidamente. Mas, para algumas mães, o baby blues marca o início de uma perigosa espiral descendente que leva à depressão. E as mulheres que sofreram de depressão antes de ter filhos correm um risco ainda maior de voltar a experimentá-la durante ou após a gravidez.

Em média, cerca de 12% das mães de primeira viagem acabam desenvolvendo depressão pós-parto (DPP)[13] — um número que sobe para 17% se incluirmos os casos em que a depressão começou durante a gravidez e não após o nascimento. Os pais também podem sofrer de depressão após o nascimento de um filho; as estimativas mais precisas sugerem que isso acontece com cerca de 8% deles.

Para as mães, três fatores gerais tendem a indicar o desenvolvimento da DPP. O primeiro é quantidade de ansiedade que uma mãe sente durante a gravidez, com a preocupação crônica aumentando a probabilidade de DPP. O segundo é a falta de apoio social. Como você pode imaginar, quanto mais apoio uma mãe receber no período após o nascimento, mais protegida ela estará contra a DPP. O terceiro fator é o estresse. Levar uma vida mais estressante, seja por incertezas sobre a própria segurança econômica ou sobre a segurança física, aumenta a probabilidade de uma mãe desenvolver DPP.

O dano potencial da DPP não se limita à mãe. A sua gravidade também está ligada a situações desfavoráveis para as crianças,[14] tanto as imediatas, incluindo a ligação prejudicada com os pais, quanto as no longo prazo, como o aumento de problemas comportamentais e a redução das capacidades cognitivas. É por isso que a DPP é particularmente perniciosa. Ela pode levar as mães a se sentirem mais culpadas devido ao efeito que o problema tem sobre seus filhos — e essa culpa muitas vezes intensifica a depressão.

Devido à ameaça representada pela DPP, várias tradições religiosas desenvolveram ferramentas para apoiar as novas mães. Através de práticas como o *zuo yue zi* e, como veremos em breve, orações de aceitação, as religiões encontraram formas de reduzir a ansiedade e o estresse para combater a DPP. No caso do *zuo yue zi* e tradições similares, é importante reconhecer que o bom funcionamento desses rituais depende de alguns elementos. Ao contrário dos rituais que celebram a chegada de um bebê — encarados com alegria —, essas práticas pós-parto podem ser uma faca de dois gumes. Tudo depende do contexto. Os antropólogos dão a todos esses rituais o rótulo de "confinamento pós-parto". Quase todos envolvem tirar as novas mães de suas rotinas normais, geralmente separando-as dos homens ou das visitas, a fim de que recebam os cuidados de suas próprias mães, sogras ou outros familiares do sexo feminino em relativa privacidade. Mas, dependendo das circunstâncias, tal confinamento pode parecer um luxo ou uma prisão.[15]

Nem toda mãe de primeira viagem gosta dessa mudança. E, durante as últimas décadas, com muitas sociedades em todo o mundo em rápida transição econômica e social, os papéis tradicionais estão sendo alterados num ritmo mais rápido, aumentando ainda mais a probabilidade de que muitas mulheres não considerem que compensa aderir a esses rituais tradicionais. Mesmo que acabem aceitando a prática devido à pressão familiar, elas podem sentir que fazer uma pausa de um mês afetaria negativamente sua vida profissional ou social.

No entanto, se a mãe quiser descanso e se sentir confortável com aqueles que o proporcionam, esses rituais podem oferecer um benefício psicológico considerável. Por exemplo, num estudo com 186 mulheres taiwanesas,[16] aquelas que escolheram livremente seguir a prática ritual de "tirar o mês de folga" sofreram significativamente menos sintomas depressivos. Descobertas semelhantes vêm de um estudo sobre o bem-estar pós-gravidez entre mulheres em Hong Kong.[17]

As religiões têm outras formas de construir esse apoio além dos períodos de isolamento. Simplesmente participar das atividades regulares daquela fé pode ser de grande ajuda.[18] Na verdade, essa participação, mesmo que só algumas vezes por mês, diminui a probabilidade de depressão pós-parto em mais de 80%. É bem sabido que obter o apoio de uma comunidade de amigos[19] — ajuda nas tarefas domésticas, momentos para rir ou criar vínculos num ambiente seguro — protege contra a DPP. O que é fascinante, porém, é que ser mais ativo religiosamente aumenta esse tipo de apoio para os pais.

Uma maneira de enxergar isso vem da descoberta intrigante de que, entre as famílias religiosas, um número crescente de filhos não corresponde a menos tempo de qualidade passado com eles ou a piores situações no longo prazo (por exemplo, educação, renda, saúde). Normalmente, à medida que o número de filhos de uma família aumenta, cada criança recebe menos recursos. Mas isso não se aplica àqueles que são muito religiosos, pelo menos quando comparados aos que não seguem nenhuma religião.

Uma das razões para isso é a aloparentalidade. No sentido mais estrito, o termo "aloparentalidade" significa "cuidar de uma criança da mesma forma que um pai ou mãe o fariam", mesmo que essas não sejam descendentes diretos da pessoa. Portanto, se uma tia ou amiga cuida de uma criança de uma maneira que geralmente cabe aos pais, ela se encaixa nesse papel. E, claro, quanto mais aloparentalidade ocorre em alguma família, mais tempo os pais têm para dedicar energia e recursos a coisas que beneficiem cada um dos seus filhos — mais tempo para ensiná-los ou para cuidar de si mesmos, ou até para assumir outras responsabilidades que melhorem as oportunidades da família e, portanto, de cada criança.

Em 2020, um estudo inovador realizado com mais de 12 mil participantes confirmou que as pessoas religiosas têm maior probabilidade de ter filhos do que aquelas que se identificam como seculares. Mais importante ainda, o trabalho mostrou que, à medida que o envolvimento dos pais com uma religião aumenta, também aumenta a sua capacidade de criar com sucesso mais filhos. Uma razão central para isso foi a de que a fé e uma participação mais forte também aumentaram a quantidade de aloparentalidade por parte de membros da comunidade que não tinham filhos.[20] Ao fazer isso, os membros da comunidade não só ajudam os pais a aumentar o tempo e os recursos que podem dedicar a cada um dos seus filhos como também a reduzir o estresse, a ansiedade e a culpa muitas vezes sentidos por aqueles que chegaram ao limite de suas forças.

Por mais importante que o apoio comunitário seja para o bem-estar dos pais com bebês, a crença também pode desempenhar um papel relevante. Como o cérebro é uma máquina de previsões, ele está sempre executando simulações (cenários de "o que aconteceria se...", digamos), ajudando-nos a nos preparar para o que pode acontecer. Quando se trata de gravidez e de filhos, essas questões podem parecer especialmente urgentes: e se o bebê não for saudável? E se não houver dinheiro suficiente para cuidar dele? E se...? Bem, você entendeu. Uma vez que o aumento da ansiedade pode aumentar a probabilidade de as mulheres terem de lidar com DPP ou tipos semelhantes de sofrimento psicológico, qualquer coisa que acalme essas preocupações pode ajudar. E é aqui que entra a crença em Deus.

Faz muito tempo que a psicóloga Andrea Clements estuda a entrega religiosa, que ela define como uma subordinação ativa e intencional das esperanças e ações de alguém à vontade de Deus. Isso não significa viver em ignorância passiva, simplesmente esperando que Deus o ajude ou castigue como achar melhor. Significa, sim, aceitar que nem tudo está sob o seu controle e se consolar com o fato de que forças maiores estão moldando o seu destino.

Conforme Clements descobriu, a entrega religiosa é um amortecedor eficaz contra o estresse e a ansiedade. Aqueles que aceitam essa ideia são mais calmos do que o resto de nós, tanto em situações cotidianas como diante de eventos específicos que provocam ansiedade —[21] como os que ocorrem frequentemente perto do nascimento de um bebê. As grávidas que abraçam uma maior entrega como parte de suas crenças religiosas e orações experimentam menos preocupação e estresse durante esse período, bem como taxas mais baixas de DPP seis meses após o nascimento dos filhos.[22] Da mesma forma, mulheres que relatam encontrar maior força, conforto e paz a partir de sua fé e de orações —[23] uma visão estreitamente alinhada com a entrega religiosa — também experimentam taxas de DPP muito mais baixas meses depois do parto.

A conclusão aqui é clara. A crença sossega as preocupações. Evitar o impulso de avaliar todos os resultados possíveis — muitos dos quais não podemos controlar — alivia o estresse, tornando-nos mais calmos e saudáveis.

Esses rituais sugerem que, quer pertençamos ou não a uma determinada fé, podemos fazer uso das ferramentas que ela concebeu para lidar com aquela que é indiscutivelmente a maior das transições — o nascimento —, tanto para os pais quanto para os recém-nascidos. Talvez a solução mais fácil de ser aplicada fora de qualquer tradição religiosa específica seja isolar a nova mãe — desde que ela acolha bem o isolamento e as pessoas que a ajudarão a se aclimatar aos desafios do seu novo papel. Muitas famílias já fazem algo nesse sentido, levando um parente ou amigo querido para visitar a família dias ou semanas após a chegada do novo bebê.

Eu recomendaria às famílias de futuros pais que descubram suas necessidades e que reservem tempo para que eles descansem e se sintam apoiados. Não precisa ser algo 24 horas por dia, sete dias por semana — mas, quanto mais tempo, melhor. O essencial, é fazer isso de forma especial, pré-planejada e organizada. Estou falando de um tipo de cuidado mais formal do que um amigo trazendo comida ou passando para visitar os pais durante uma hora. Não há nada de errado com essa ajuda casual, mas falta a ela a força que uma abordagem mais estruturada oferece aos novos pais. Uma tática mais organizada reduz a ansiedade, reforçando a confiança em uma rede de amigos e familiares com quem eles podem sempre contar.

A crença em uma divindade também diminui a ansiedade, mas mesmo os não religiosos conseguem aderir a alguns dos benefícios da entrega psicológica que vimos há pouco. O processo pode parecer mais complicado em termos cognitivos do que estabelecer uma rede de apoio, mas não é impossível. Não é preciso ser budista para perceber a sabedoria de Shantideva, mestre do século VIII: "Se um problema pode ser resolvido, que razão há para ficar perturbado? Se não há solução possível, de que adianta ficar triste?". Novamente, pode ser complicado adotar imediatamente essa postura zen, mas sua lógica é inegável, e vale a pena abraçá-la. A ideia é que a entrega ou aceitação pode ser oferecida não apenas a Deus, mas também ao destino ou aos mecanismos inescrutáveis de um universo extremamente complicado. Isso provavelmente não tornará mais fácil lidar com tragédias ou infortúnios, caso eles aconteçam, mas libertará as mentes preocupadas de executar todos os cenários possíveis de antemão e do estresse que essa mentalidade sempre traz. A chamada atenção plena significa viver no momento presente sem se apegar, ansiar ou temer possibilidades que podem ou não surgir.

Como vimos, o principal desafio para as crianças durante os primeiros anos de vida é garantir que recebam da família os cuidados de que necessitam para sobreviver. Isso requer não apenas o fortalecimento do compromisso dos pais, mas também do bem-estar deles. É difícil cuidar de alguém se você também está se sentindo angustiado.

Porém, quando as crianças atingem a idade escolar, o seu sucesso começará a depender mais dos outros. O modo como elas se comportam começará a determinar a forma como a comunidade as vê. E, com essa mudança, surge a possibilidade de comportamentos egoístas ou antiéticos que prejudiquem a sua posição na comunidade — um dano que muitas vezes tem efeitos duradouros. Nós, seres humanos, fomos feitos para a vida em sociedade. Precisamos da cooperação e da companhia de outras pessoas para prosperar. Praticamente todas as religiões levam isso em conta ao utilizar tecnologias espirituais que constroem o caráter das crianças e as transformam em bons membros de sua comunidade, como veremos no próximo capítulo.

2 OS ANOS DE FORMAÇÃO:

Aprendendo o certo e o errado

Conforme as crianças entram na idade escolar, aquelas que são de famílias religiosas também iniciam sua imersão nos rituais e práticas que guiarão muitas delas ao longo da vida. Vamos usar esse marco como uma oportunidade para examinar como esses ritos afetam todos os fiéis. E, como veremos, as crianças são especialmente suscetíveis ao poder deles.

Quase todas as crenças enfatizam os ensinamentos morais. Muitas das "apostilas" religiosas sobre o tema são bem conhecidas. O judaísmo e o cristianismo compartilham os Dez Mandamentos. O budismo tem o Nobre Caminho Óctuplo. Já o Islã adota os conteúdos éticos do Corão e dos hádices, ou *ahadith*. E, embora cada uma delas apresente regras que são únicas para cada religião — o que comer, como se banhar etc. —, um foco comum no caráter dos fiéis as une.

É claro que a religião não é única maneira pela qual as pessoas aprendem a se comportar de maneira ética. Devemos reconhecer que existem muitos ateus éticos e muitos religiosos antiéticos. Mas também devemos reconhecer que a religião é um dos meios mais antigos (e um dos mais eficazes) de encorajar o bom comportamento, em especial nas comunidades grandes e complexas como as que têm predominado nas civilizações humanas durante os últimos 6 mil anos.

Uma maneira de levar isso em conta é comparar os chamados deuses grandes das principais crenças globais com os que são mais comuns em comunidades menores. Os deuses grandes, como o do cristianismo, o do judaísmo e o do Islã, tendem a ser oniscientes, moralizadores e um tanto punitivos. É um tipo de deus que sabe se você andou pecando. Também sabe se você se arrependeu, o que significa que, se não o fez, terá de pagar o preço sobrenatural por isso. O hinduísmo e o budismo não têm esse mesmo tipo de deidade única todo-poderosa, ou, na maioria das formas de budismo, nem existem deuses, mas eles contam com um conceito parecido: o de *karma*. Tal como os deuses grandes, a calculadora cármica tudo sabe e mantém um registro de todas as transgressões.

Em comparação com esses deuses grandes das principais religiões do planeta, os deuses das sociedades de menor escala tendem a ter uma natureza mais tolerante e um tom menos moralista. Se você precisa da ajuda deles de alguma maneira, deve fazer uma oferenda predeterminada. As interações com essas divindades tendem a ser mais próximas de um toma lá dá cá. Elas contam com poderes efetivos, mas, normalmente, com menos autoridade moral, e têm pouco ou nenhum controle sobre a entrada das pessoas no Paraíso.

Muitos antropólogos e psicólogos acreditam que essas concepções diferentes do divino existem por uma razão: para combater a desonestidade. Durante boa parte da história humana, nossos ancestrais viveram em grupos sociais pequenos, o que significa que, se alguém era desonesto ou pouco confiável, informações sobre isso logo se espalhavam, e essa pessoa era posta em ostracismo. Mas, conforme as sociedades iam crescendo e os relacionamentos baseados na cooperação se tornavam mais complexos, ficou mais fácil esconder a desonestidade. Se você era só mais um entre centenas de trabalhadores que participavam de um projeto, ficar um pouquinho encostado nos esforços dos outros aqui e ali não chamava tanta atenção. Se você era um escriba, falsificar registros financeiros sem ser pego ficava relativamente fácil. Mesmo hoje, se você quer surrupiar as economias de alguém por meio de um golpe on-line, ou trair seu cônjuge num aplicativo de relacionamentos, a urbanização e a tecnologia facilitam demais esse tipo de mau comportamento. O anonimato dos indivíduos em sociedades de larga escala faz com que a trapaça se torne muito mais comum, a não ser que exista algum contraponto. E um dos maiores contrapontos é a crença em um deus onisciente que valoriza a virtude e pune os malfeitores.

Uma pesquisa reunindo evidências interculturais e arqueológicas fortalece essa ideia. Quando classificamos as sociedades com base em sua complexidade,[1] de pequenas comunidades em vilarejos, passando por lugares maiores, até chegar a Estados nacionais, vemos que há um aumento correspondente na porcentagem de religiões que veneram deuses grandes — de cerca de 8%, no caso das comunidades pequenas, a 55% entre os Estados de grandes centros. Da mesma forma, o registro arqueológico mostra que o aparecimento das religiões com deuses grandes tende a preceder ligeiramente a ascensão de sociedades mais complexas. O argumento aqui é o de que sociedades maiores — nas quais trapacear de forma anônima é mais fácil, mas isso exige cooperação para funcionar — cresceram precisamente porque surgiu um modo de restringir a desonestidade que poderia aparecer.

Talvez as melhores evidências em favor dessa visão sejam de um trabalho feito pelo antropólogo Joseph Henrich e seus colegas. Eles pediram a mais de quinhentas pessoas, de muitas culturas e religiões diferentes, que jogassem um jogo no qual era possível enganar outras pessoas de forma anônima para ficar com o dinheiro delas. Henrich e seus colaboradores descobriram que, conforme a crença das pessoas em um deus que pune transgressões morais crescia, aumentava também a tendência a jogar limpo.[2] Isto é, aqueles que acreditavam em um deus onisciente e moralizante tinham probabilidade muito menor de enganar pessoas de sua própria região ou religião, e também apresentaram maior tendência a compartilhar dinheiro com elas, do que os que acreditavam em uma divindade menos moralizadora.

Portanto, crer que Deus deseja que você se comporte virtuosamente ajuda o fiel a ser um bom cônjuge, amigo e cidadão, com todos os benefícios práticos associados a esse comportamento. E, se um número suficiente de pessoas abraçar a virtude, a sociedade a que pertencem pode funcionar melhor. A formação baseada nessas crenças e comportamentos desde o começo da vida é um passo importante — tão importante que, em culturas caracterizadas pela presença de deuses grandes, crianças com apenas seis anos já acreditam que Deus conhece seus pecados.[3]

Aprender o que Deus deseja, e aprender a se importar com isso, é algo diferente de outros tipos de aprendizado. Para começo de conversa, não dá para aprender tudo isso diretamente com Deus. Depende-se de intermediários. Além disso, não dá para ver as reações de Deus às nossas ações. Enquanto as crianças descobrem facilmente se seus pais estão bravos ou desapontados com elas, o mesmo não vale para Deus. Assim, as religiões utilizam diferentes tecnologias para ajudar as pessoas a aprender o que Deus espera delas e para que correspondam a essas expectativas. Vamos examinar essas abordagens.

A palavra de Deus

Cinco vezes por dia, os muçulmanos se posicionam na direção da Caaba (um dos locais sagrados para o Islã), na cidade de Meca, para rezar. Essas orações, conhecidas como *salah*, têm sido recitadas de forma muito semelhante ao longo dos séculos. Os fiéis se inclinam, ajoelham-se e tocam o chão com a cabeça de forma ritualizada, conforme louvam a Deus e pedem Sua orientação.

Para muitos judeus, as orações acontecem três vezes ao dia, especialmente entre os membros das comunidades ortodoxas. O *shacharit* é o serviço religioso da manhã, seguido pelo *minchá*, à tarde, e pelo *maariv*, à noite (embora os dois últimos muitas vezes aconteçam juntos, perto do pôr do sol, com o *minchá* acontecendo logo antes de o sol se esconder no horizonte, e o *maariv*, logo depois disso). Tal como no Islã, cada ritual enfatiza a proclamação da glória de Deus e pede Sua ajuda e misericórdia.

Orações como essas são comuns entre seguidores de muitas religiões. No nível teológico, a prece faz muito sentido; ela reconhece a glória da divindade e pede a proteção de Deus. Mas a oração também funciona como uma tecnologia. A maneira como ela é feita é muito importante. Quando as pessoas oram de forma ritualizada — tanto juntas quanto sozinhas —, a religião delas estabelece não apenas quais palavras devem pronunciar, mas também como pronunciá-las. A cadência, os movimentos do corpo, a direção do olhar — tudo isso, como veremos, tem algum significado.

Embora o poder da oração e o aprendizado das regras de uma religião possam reforçar a crença e a obediência das pessoas em qualquer idade, faz sentido iniciar essa educação na infância, porque a mente jovem é a mais maleável. É por isso que as orações formais são ensinadas às crianças bem cedo. O Islã, por exemplo, determina que as crianças comecem a aprender a *salah* aos sete anos de idade. As crianças cristãs e judaicas, muitas vezes, começam a educação religiosa ainda mais cedo, frequentando a catequese/escola dominical ou as aulas de hebraico.

As pessoas que coordenam os serviços religiosos e orientam a educação das crianças são figuras importantes. Em ambos os casos, costumam ser especialistas naquela religião — sacerdotes, pastores, rabinos, imãs ou pessoas escolhidas por eles. Essa aura de conhecimento especializado é crucial, já que a mente das crianças pequenas — muito mais do que a de adultos — tem uma tendência natural a dar ouvido à sabedoria desses especialistas.

Aos quatro anos, as crianças passam a dar mais peso ao conhecimento especializado de uma pessoa, e não a quanto elas gostam dessa pessoa, na hora de decidir se devem ou não aceitar novas informações trazidas por ela.[4] Nos casos em que um estranho parece saber mais do que está falando do que o professor favorito de uma criança, ou um amigo dela, experimentos mostram que meninos e meninas a partir dos cinco anos se mostram mais dispostos a acreditar no que esse estranho diz. Quando combinamos esse dado com pesquisas que revelam que as crianças recordam melhor a mesma informação se ela é transmitida por alguém que elas enxergam como confiável,[5] logo fica claro que, para elas, o conhecimento especializado é mais importante que a afeição na hora de decidir em quem acreditar. Portanto, para a maioria das crianças, quando o assunto é o que Deus quer que elas acreditem ou façam, a palavra de um sacerdote ou de um rabino tem mais peso do que a de um amigo, ou mesmo a dos pais.

Um dos meios pelos quais os líderes religiosos mostram seu papel de especialistas é a presença das chamadas demonstrações intensificadoras de credibilidade (CREDs, na sigla em inglês). As CREDs, que incluem comportamentos custosos, como jejum, abstinência sexual e a realização de rituais complexos, não são fáceis ou agradáveis de pôr em prática. E é justamente por serem difíceis que, quando as pessoas escolhem realizá-los, precisam de uma boa razão para isso. No caso da religião, o que motiva as CREDs é algo simples: é Deus que as deseja. Assim, participar desses atos desafiadores e custosos confirma que a pessoa detém conhecimento e conta com os favores de Deus. Desse modo, as afirmações dos líderes religiosos — o conhecimento sobre as orações que ensinam e as regras que eles ditam — tendem a ser aceitas, especialmente pelas crianças, como a palavra divina.

É verdade que o conhecimento especializado e a credibilidade são importantes em muitos domínios. Os cientistas transmitem informações sobre o mundo que, de outra maneira, não conheceríamos. Os mecânicos expressam informações sobre nossos carros que nem sempre gostaríamos de ouvir. Contudo, de algum modo, muitas coisas que são ensinadas em contextos religiosos parecem "colar" mais. As pessoas tendem a aceitá-las de forma mais profunda, o que faz com que qualquer questionamento posterior sobre elas, se chegar a ocorrer, seja acompanhado de uma sensação mais forte de inquietação.

Isso me leva de volta ao poder ligado às maneiras como as pessoas rezam. De uma perspectiva psicológica, trata-se de uma tempestade perfeita de persuasão, que vai muito além de simplesmente ser conduzido ou instruído por um especialista.

Quando as pessoas pronunciam orações formalizadas — recitando o Pai-Nosso do catolicismo, ou as orações diárias do Islã e do judaísmo —, os fiéis passam a saber que tipo de crença Deus exige delas e como Ele quer que se comportem. Mas, só por um instante, pense em *como* as pessoas rezam e escutam — as ações envolvidas nisso. Elas repetem várias vezes algumas frases, ajoelham-se ou se inclinam, e cantam ou falam juntas. Esses atos ritualizados trazem à mente um conjunto de processos que não corresponde a um agrupamento aleatório de elementos: é um conjunto perfeito demais para ser casual.

Para entender por que estou dizendo isso, vamos começar com a ideia de repetição. Muitas pesquisas confirmam que repetir afirmações, até mesmo as falsas, como "elefantes são mais rápidos que guepardos" ou "a população da Dakota do Norte é maior que a de Nova York", faz com que elas pareçam mais críveis.

Os psicólogos agora reconhecem que a exposição contínua a afirmações ambíguas tende a aumentar a crença das pessoas nelas — um fenômeno conhecido como o efeito da verdade ilusória. Um estudo recente, por exemplo, mostrou que até mesmo o fato de ouvir pela segunda vez uma afirmação que parece difícil de aceitar (algo que 80% das pessoas acreditam ser falso) confere a essa proposição um pouco mais de credibilidade.[6] Não é que as pessoas de repente engulam aquela informação com casca e tudo. Mas elas deixam de rejeitá-la com tanta rapidez depois da repetição. Como seria de se esperar, o efeito disso sobre as crenças também vale para as crianças.[7]

Esse viés da verdade ilusória acontece porque o cérebro usa a facilidade com que conseguimos recordar algo como um indicativo de probabilidade. Se você já viu ou experimentou algo antes, isso se torna mais fácil de reconhecer e, portanto, parece mais provável de ser verdadeiro ou de acontecer de novo. Quanto mais vezes você vir ou escutar algo, mais verdadeiro isso vai soar.[8] Imagine, então, o poder que recitações diárias ou semanais de credos e orações podem ter sobre a crença.

No entanto, repetir orações e credos não reforça a crença apenas por meio dos efeitos sobre a memória. Quando os judeus recitam o Shemá, os cristãos repetem o Credo ou os muçulmanos pronunciam a Shahada — fórmulas que expressam os pilares de suas fés —, eles estão proclamando explicitamente sua crença em Deus e em Seus mandamentos. Da perspectiva do cérebro, não há razão para pronunciar frases nas quais você não acredita em algum grau (a menos que esteja tentando enganar alguém deliberadamente). Seria ainda menos provável que você dissesse essas coisas na frente dos outros se achasse que elas são inverdades. Fazer isso — afirmar publicamente algo em que você talvez não acredite completamente — produz um estado que os psicólogos chamam de dissonância cognitiva, que é outra fonte poderosa de persuasão.

A teoria da dissonância cognitiva[9] tem suas origens e a de seus primeiros testes parcialmente ligadas ao estudo de uma religião que girava em torno dos extraterrestres. Em 1954, uma pequena seita liderada por Dorothy Martin, dona de casa de Oak Park (subúrbio de Chicago), acreditava que os alienígenas estavam vindo salvá-los de desastres naturais que poderiam acabar com a vida na Terra. Assim, antes de se reunir na avenida Cuyler naquela véspera de Natal para cantar músicas natalinas enquanto esperavam ser resgatados, eles retiraram cuidadosamente todos os objetos de metal do corpo — uma precaução que a senhora Martin, a qual, segundo a crença deles, estava em contato com alienígenas do planeta Clarion, dissera ser necessária para que entrassem com segurança nos discos voadores. Mas talvez o mais interessante dessa situação é que aquela não era a primeira vez que muitas dessas pessoas tinham depositado suas esperanças nas mensagens de Martin, só para ficar desapontadas depois: era a quarta vez. Tão forte era a crença do grupo que ela levou muitos a deixar seus empregos ou cônjuges para aguardar os ETs salvadores e também os manteve presos à sua fé diversas vezes, mesmo diante de evidências que a contradiziam.

Sem que os membros da seita soubessem, um pequeno grupo de psicólogos sociais se infiltrou entre eles, numa tentativa de entender por que a crença dos fiéis era tão resoluta. O que os psicólogos descobriram confirmou um pressuposto básico da teoria que estavam formulando: as pessoas têm uma sensação desconfortável quando suas crenças e seu comportamento não se encaixam, o que faz com que se sintam muito motivadas a resolver essa inconsistência. A não ser que você seja um ator no palco, acreditar numa coisa, mas se comportar de uma maneira que contradiga essa crença, tende a provocar estresse. Para aliviar essa sensação estressante, você pode fazer duas coisas: alterar seu comportamento para que ele se ajuste à crença ou modificar suas crenças para que elas se ajustem ao seu comportamento. Mas, no caso de comportamentos públicos pelos quais não é fácil se retratar, como pregar que o fim do mundo será causado por ETs, deixar essas ilusões de lado pode ser bastante difícil. Assim, as pessoas encontram maneiras de preservar suas crenças.

Uma das lições da teoria da dissonância cognitiva, apoiada por uma vasta gama de evidências ao longo de décadas, é que o primeiro modo de resolver essa tensão é fácil. Se, por exemplo, você acredita que é uma pessoa honesta, mas acabou de contar uma mentira, peça desculpas e nunca volte a mentir. Vai ser fácil voltar a ser uma pessoa honesta — basta mudar seu comportamento. Da mesma maneira, se você não acredita em Deus, mas acabou de fazer uma oração dizendo que acredita, pare de ir à igreja e de fazer essa oração. Porém, mudanças como essas nem sempre são fáceis de pôr em prática, especialmente para crianças que são levadas à igreja ou ao templo pelos pais. Assim, se você não consegue mudar seu comportamento para que eles se ajustem às suas crenças — se não é fácil parar de ir a cerimônias religiosas e fazer orações para um Deus que você não tem certeza de que existe —, o que sobra é a segunda opção, muito mais desafiadora psicologicamente: alterar as crenças para que elas se ajustem ao seu comportamento.

Vários experimentos demonstraram que as crenças das pessoas se alteram gradualmente para se ajustar ao que elas dizem. Isso não acontece se alguém está forçando ou induzindo veementemente a pessoa a dizer algo que contradiz a sua posição.[10] Nesses casos, é fácil ignorar as próprias ações dissonantes. Mas, se a pessoa diz uma coisa repetidamente numa situação em que parece estar fazendo isso por escolha própria, ou sendo só levemente encorajada a agir assim, as crenças dela vão começar a se alterar. E isso é especialmente verdadeiro no caso de crenças que não têm uma base forte. Agora, imagine uma criança, cujas crenças a respeito de Deus não estão bem definidas, professando os pilares de uma fé diante de adultos e outras crianças durante cerimônias semanais. Eu garanto que elas vão internalizar cada vez mais essas crenças conforme o tempo passa.

Na hora de aprender o que Deus deseja por meio de orações e adoração, é preciso considerar outro elemento: o que as pessoas fazem com seu corpo. Em muitas religiões, a oração é acompanhada de movimentos parecidos, como se inclinar e se ajoelhar, que sugerem uma espécie de reverência e deferência. Algumas religiões também adotam movimentos rítmicos. Os judeus, por exemplo, muitas vezes oscilam o corpo para a frente e para trás ao passo que fazem suas rezas — prática conhecida como *shuckling*, ou balanço.

Tais movimentos são importantes porque o cérebro está sempre monitorando as posições do corpo no espaço. Essa é uma das razões pelas quais é possível caminhar, sentar-se ou ficar de pé com os olhos fechados. As pessoas não caem fazendo isso porque o cérebro não precisa de informações visuais para saber onde está em relação ao resto do corpo, embora ele use essa informação quando ela está disponível. Em todos os momentos da vida, o cérebro utiliza constantemente as informações enviadas pelo corpo todo para gerar predições sobre onde esse corpo começa e onde termina.

O resultado disso é um fenômeno que os psicólogos chamam de pensamento corporificado — um termo que implica que os pensamentos são moldados não apenas por ideias e memórias abstratas, mas também pelas informações enviadas por todos os sentidos. Por exemplo, quando se lembra de um pedaço do seu bolo de aniversário favorito, você é quase capaz de sentir o gosto, enquanto suas glândulas salivares reagem à lembrança. Ao recordar um passeio de montanha-russa, você pode sentir um leve frio na barriga quando imagina chegar ao topo do brinquedo. Essas sensações físicas influenciam o modo como o cérebro decodifica o mundo — quais detalhes ele valoriza mais e como interpreta as informações que chegam — não apenas quando essa informação é absorvida pela primeira vez, mas também todas as vezes que é relembrada.

Quando as pessoas inclinam a cabeça ou o corpo fazendo reverência ou se ajoelhando, elas assumem uma posição que o cérebro interpreta como de poder ou status mais baixo. O significado disso não é só simbólico: o que quero dizer é que essas posições de fato fazem as pessoas se sentirem menos poderosas em relação às outras. Muitos estudos já demonstraram que nossas mentes usam a posição vertical como indício de nosso status em relação aos outros. Por exemplo: alguns experimentos revelaram que as pessoas frequentemente consideram que indivíduos, objetos ou animais são mais poderosos quando suas imagens são colocadas acima de outras do mesmo tipo.[11] Da mesma maneira, se assumimos uma posição abaixo dos outros, sentimos, ao mesmo tempo, que nosso status é inferior e que convém buscar aprovação.[12]

O que talvez seja mais relevante a respeito da oração, contudo, é o simples fato de que olhar para o alto nos torna mais dispostos a aceitar e seguir conselhos e informações. Um indício impressionante disso vem de um experimento no qual as pessoas tinham de ler supostos fatos e opiniões em telas posicionadas em diferentes alturas. Quando liam as informações apresentadas em telas que estavam acima do nível dos olhos, tinham probabilidade duas vezes maior de modificar sua opinião e aceitar aquela informação.[13] Quando nos ajoelhamos para recitar orações a Deus — o qual, aos olhos de nossa mente, ocupa uma posição acima da nossa —, tornamo-nos mais abertos a seguir as palavras contidas na prece.

Quando as pessoas rezam juntas, o poder da sincronia também começa a exercer seu efeito. Sim, é verdade que também rezam sozinhas, mas há muitas ocasiões em que elas oram em comunhão com os outros — quando os muçulmanos se inclinam e se ajoelham em uníssono durante a *salah*, na sincronização dos cânticos e do balanço do corpo nas sinagogas, ou quando os católicos ficam de pé e se ajoelham ao repetirem juntos as orações da missa.

Na introdução, expliquei como o movimento síncrono das pessoas faz com que elas se sintam mais parecidas umas com as outras. Esse fato desempenha um papel tão importante na construção das crenças quanto das comunidades. Décadas de pesquisa mostraram que é mais fácil sermos convencidos pelas pessoas com as quais nos sentimos conectados. Ouvir esse tipo de informação acoplada com a sincronia faz com que a recordemos melhor e acreditemos nela de forma mais plena.[14]

Quando todas essas peças são encaixadas, o resultado é uma interação muito forte de mecanismos psicológicos que, ao mesmo tempo, fortalecem a memória, manipulam a dissonância cognitiva, valem-se da posição do corpo e sincronizam os movimentos. No conjunto, é uma tecnologia impressionante, que ajuda crianças e adultos a absorver e adotar os princípios de sua fé. Mas, embora as crenças sejam capazes de guiar o comportamento, às vezes um empurrãozinho pode ajudar.

Dando um empurrãozinho em direção à virtude

No catolicismo, a missa, para a qual os membros dessa denominação se encaminham todos os domingos, é um evento altamente ritualizado. O sacerdote, que é o celebrante, fica numa plataforma elevada, usando vestes adornadas com símbolos religiosos, conforme lê trechos das Escrituras e faz um sermão. Os fiéis recitam uma série de orações, durante as quais ficam de pé, inclinam a cabeça e se ajoelham segundo sequências específicas, em um edifício que geralmente tem um teto em cúpula e janelas com vitrais, que lançam padrões coloridos suaves sobre o piso abaixo deles. A música tende a ecoar pela nave (a parte central da igreja) à medida que os presentes cantam juntos. Por todas essas razões que citei, faz sentido imaginar que a presença na missa reforçaria a fé das pessoas. Mas há outra questão a considerar: será que participar da missa também muda o comportamento das pessoas *naquele momento* — de um jeito que não dependa do processo de internalização de crenças a longo prazo? Se isso funciona mesmo, deveríamos conseguir enxergar alguma evidência de que ir à missa dá um empurrãozinho rumo à virtude enquanto as pessoas estão naquele espaço.

Uma pista inicial que apoia essa ideia vem das pesquisas de Patty Van Cappellen, psicóloga da Duke University. Sua equipe se pôs a investigar se as idas à missa incentivavam as pessoas a se tornarem repentinamente mais caridosas. Com a ajuda de sacerdotes de vinte paróquias católicas, Van Cappellen conseguiu pedir a mais de quinhentos paroquianos que preenchessem questionários logo depois da missa de domingo. Os questionários incluíam perguntas sobre as crenças das pessoas, seus sentimentos de comunhão com os que estavam à sua volta, seus estados emocionais e o que escolheriam fazer com uma grande quantia de dinheiro, caso ela lhes caísse nas mãos.

Considerando que as pessoas que participavam do estudo já estavam na celebração (e frequentavam as missas regularmente), a fé delas já era razoavelmente forte. Mesmo assim, naquele momento, Van Cappellen descobriu que o senso de comunidade e conexão social com outras pessoas estava diretamente ligado à participação nos rituais da missa. Esse senso de conexão, por sua vez, estava diretamente ligado a quanto dinheiro os fiéis afirmaram que dariam a outras pessoas, em vez de ficar com o valor.[15] Em outras palavras, as pessoas cujo senso de comunidade foi mais reforçado durante a missa eram aquelas que planejaram agir de forma mais virtuosa, compartilhando seus ganhos. Desse modo, podemos ver outro caminho — diferente do impacto das crenças — por meio do qual rituais semanais, ou mesmo diários, levam as pessoas a ser menos egoístas.

Ainda assim, as intenções das pessoas nem sempre correspondem às suas ações. Alguém mais cético poderia muito bem sugerir que, só porque as pessoas disseram que agiriam de forma menos egoísta, isso não significa que, quando dinheiro de verdade estivesse em jogo, elas realmente fariam o que dizem. Portanto, provar que os rituais religiosos fazem as pessoas agir de forma mais ética pode exigir outra estratégia — uma na qual os "pecados" possam até ser medidos.

Observamos a influência combinada da crença e da oração sobre a moralidade num experimento em que os pesquisadores deram aos participantes a oportunidade de "colar" em uma prova. Para que houvesse algum incentivo em favor da trapaça, os pesquisadores prometeram que quem respondesse mais questões corretamente ganharia cem dólares. Como as pessoas responderam às perguntas sozinhas, usando computadores com acesso à internet, "colar" era fácil; bastava procurar no Google. Mas, embora os participantes não soubessem, os pesquisadores tinham como saber se alguém trapaceasse.

É aqui que entra a oração. Antes da prova, os pesquisadores pediram a metade dos voluntários que formulassem uma oração. Os resultados foram impressionantes. Nem o fato de ser religioso nem o de fazer a oração, isoladamente, afetaram de forma direta a probabilidade de alguém colar na prova. Mas certas combinações dessas duas coisas influenciaram o resultado. Entre aqueles que acreditavam em Deus, rezar antes de responder ao questionário fez com que eles ficassem mais honestos. Mas, entre os participantes sem crenças religiosas,[16] fazer a oração, que certamente lhes dava a sensação de ser algo sem sentido e nada autêntico, na verdade aumentou a frequência de trapaças. Parece, portanto, que simplesmente se identificar como religioso ou adotar crenças religiosas nem sempre faz, por si só, as pessoas serem mais virtuosas. Às vezes, elas precisam também de um empurrãozinho ritualístico para refletir sobre a vontade de Deus, ressaltada, naquele momento, pela oração.

De fato, ao analisarmos os elos entre a religião e o comportamento ético, fica claro que práticas diárias e semanais têm grande impacto na hora de construir e manter o caráter. Se misturarmos todas as pessoas religiosas num só pacote —[17] juntando os mais devotos com aqueles que não são tão dedicados — e compararmos esse grupo com os ateus, não há diferenças no comportamento moral dos dois conjuntos. Mas, quando se faz uma análise mais granular, separando as pessoas religiosas pelo grau de engajamento em suas práticas e rituais de fé, um quadro muito diferente acaba emergindo. Os israelenses que vivem em *kibutzim* religiosos, por exemplo, tendem a se comportar de forma mais honesta e equitativa do que os de comunidades laicas.[18] Da mesma maneira, os muçulmanos mais devotos — aqueles que estudam diariamente para se tornarem imãs — também tendem a agir de forma mais ética do que seus pares menos religiosos.[19]

Descobertas desse tipo sugerem que, enquanto as crenças religiosas podem ter algum papel no estímulo ao comportamento ético, quanto mais as pessoas participarem dos rituais que apoiam esses ideais, melhor. Em outras palavras, é fácil esquecer ou ignorar aquilo em que você deveria acreditar ou fazer, a menos que seja lembrado dessas crenças. Um exemplo disso são os estudos que mostraram que os cristãos são mais generosos e assistem a menos pornografia aos domingos, depois de sair da missa ou do culto, mas, durante o resto da semana, não diferem nesses aspectos das pessoas menos religiosas.[20]

Em sua essência, o comportamento moral exige autocontrole. É natural desejar aquilo que produz sensações boas aqui e agora, mas exagerar nas coisas que trazem prazer imediato — sexo, comida, bebida, gastança ou até violência — normalmente leva à ruína no longo prazo.

As crianças com menos de sete anos sofrem para superar seus impulsos egoístas.[21] Mas, depois disso, conforme começam a aprender o que outras pessoas esperam delas, são capazes de desenvolver seu lado mais nobre — muitas vezes com a ajuda de certos lembretes. E as que desenvolvem mais autocontrole são, em geral, as que se saem melhor na vida.[22]

É aqui que a genialidade da religião mais uma vez se manifesta. Como acabamos de ver, participar dos rituais e das práticas de uma fé não apenas aumenta a crença como também fortalece as motivações virtuosas em dado momento. Em muitas comunidades muçulmanas, o chamado para a oração pode ser ouvido ecoando pelas ruas cinco vezes por dia. E é exatamente nessas horas que os vendedores muçulmanos são mais generosos. Pesquisas confirmaram que eles tendem a responder melhor a pedidos de caridade feitos durante ou logo depois de ouvirem o chamado do que em outros momentos.[23] O som os lembra daquilo que Deus e a comunidade valorizam, e sua generosidade aumenta.

Às vezes, simplesmente estar cercado por símbolos divinos já tem esse efeito. Os hindus que concordaram em participar de um jogo no qual podiam escolher entre retirar quantidades menores de dinheiro de um fundo comum (o que significa que ainda haveria dinheiro para os outros no fundo) ou valores maiores (ou seja, eles lucrariam à custa dos demais) tinham maior probabilidade de pegar menos dinheiro se o jogo fosse realizado num templo do que se ele acontecesse na cozinha de um restaurante.[24] Os que estavam na cozinha pegaram, em média, 36% mais dinheiro do fundo comum.

Mesmo no cotidiano, simples lembretes de religiosidade — aqueles que mal são registrados pela nossa consciência, por um segundo ou dois no máximo — podem ter efeito parecido. Um excelente exemplo disso vem de um experimento em que as pessoas completavam palavras-cruzadas, algumas das quais continham palavras com tom religioso ("divino", "espírito", "sagrado", por exemplo), enquanto outras não. Depois, os pesquisadores deram dez dólares aos participantes e disseram que eles podiam ficar com quanto quisessem. O valor que deixassem seria dado a pessoas que participavam de outro estudo, que não oferecia pagamento. Aqui, mais uma vez, a atmosfera religiosa levou a mais generosidade. As pessoas que faziam as palavras-cruzadas com palavras religiosas deixavam mais que o dobro do dinheiro para os outros.[25]

Há muitos outros exemplos parecidos, mas a conclusão é óbvia: dar um empurrãozinho na mente para que ela se concentre (mesmo que por um segundo) em Deus ou em símbolos religiosos estimula as pessoas a serem virtuosas. Contudo, os mecanismos pelos quais as orações e rituais foram projetados para influenciar a mente consistem em elementos ainda mais básicos, que podem funcionar mesmo na ausência da crença em Deus. Esses elementos tomam partido de alguns dos mecanismos mais fundamentais da mente, que os cientistas só começaram a compreender realmente nas últimas décadas: as nossas emoções.

Entre os muitos sentimentos que experimentamos como seres humanos, existem alguns que possuem contornos morais, como a gratidão, o assombro e a elevação, o que faz com que sejam especialmente apropriados do ponto de vista espiritual. Todas as emoções moldam nossas expectativas e comportamentos, mas essas três, em especial, guiam nossa percepção e nossas ações morais.

Os elos entre essas emoções e a religião emergem bastante cedo na vida. Começando por volta dos quatro anos de idade, as crianças associam a oração com sentimentos positivos, especialmente a gratidão. Conforme envelhecem e as dificuldades da vida vão crescendo, elas passam a reconhecer que a oração também pode ajudar com problemas e sentimentos negativos. De qualquer forma, a oração continua a ser uma maneira de muita gente fortalecer emoções positivas como a gratidão,[26] o assombro e a elevação (um tipo de admiração intensa). Para ver exatamente como essas emoções podem influenciar nosso comportamento moral, vamos analisá-las individualmente.

GRATIDÃO

Os adolescentes citam a sensação de gratidão como uma das quatro razões mais populares para abraçar a religião.[27] Se você acredita que Deus ou o Universo é generoso, faz total sentido ter uma sensação forte e persistente de gratidão. Mas a relação entre a gratidão e a crença em Deus também funciona no sentido oposto. Algumas pesquisas mostraram, por exemplo, que pessoas que receberam, de forma randomizada, a tarefa de rezar pelos outros durante um período de quatro semanas passaram a sentir gratidão de forma mais intensa, em sua vida diária, do que aquelas que tinham a tarefa de simplesmente pensar a respeito de outras pessoas de maneira positiva.[28]

Não só se sentir grato aumenta a crença em Deus, como também o culto a Ele aumenta a sensação de gratidão. Quando a ideia é reforçar a moralidade, a segunda parte é realmente importante, já que a gratidão amplifica o autocontrole. Em minhas pesquisas,[29] descobri que, quando as pessoas se sentem gratas, elas têm uma probabilidade muito menor de sucumbir às tentações que as levariam a realizar suas vontades imediatamente, o que muitas vezes faria com que fossem impulsivas e egoístas. Também descobri que fazer as pessoas se sentirem gratas, seja lembrando-as do lado bom de sua vida ou por meio de uma situação fabricada, na qual um ator as ajuda a resolver um problema, faz com que elas trapaceiem menos e ajudem mais os outros, mesmo quando o outro é um completo estranho.[30] Enquanto esses sentimentos de gratidão perduram, as pessoas se comportam de maneira mais generosa. Assim, quando você agradece a Deus, fazendo uma oração antes das refeições, recitando orações formais de ação de graças em cultos, ou mesmo acendendo velas ou fazendo pequenas oferendas como sinal de agradecimento à divindade, a gratidão que sente já está levando você a ser mais ético.

ASSOMBRO

A melhor maneira de caracterizar essa emoção é relacionando-a com as sensações de espanto diante de algo vasto, enorme ou mesmo incompreensível. O assombro funciona de forma muito semelhante à gratidão na hora de promover a virtude. Por exemplo, certos experimentos mostraram que, quando as pessoas são levadas a sentir assombro —[31] diante de cenas de cânions, montanhas imponentes e imensas planícies, digamos —, elas relataram uma crença maior na existência de Deus e no controle que ele exerceria sobre o mundo natural depois disso. Outras pesquisas revelaram que o assombro, tal como a gratidão, aumenta a generosidade, a honestidade e os sentimentos de conexão.[32]

Bem, certamente é verdade que o assombro tende a ser experimentado com menos frequência no cotidiano do que a gratidão. Contudo, também é verdade que a maioria das religiões traz oportunidades para ter esse sentimento. Uma dos meios para isso é fazer as pessoas escutarem histórias e sermões sobre os poderes de Deus. Outro caminho mais sutil é por meio da arquitetura.

Os espaços sagrados, aqueles nos quais em geral acontecem as orações e os rituais, tendem a enfatizar tanto a beleza quanto um senso de amplidão, no qual os fiéis se sentem relativamente pequenos. Basta dar uma olhada em catedrais, mesquitas e templos icônicos mundo afora para ilustrar rapidamente essa ideia. Esses edifícios são adornados com detalhes artísticos que amplificam sua beleza, além de contar com tetos altíssimos, pináculos que evocam o firmamento.

Locais de culto menores também fazem todo o possível para transmitir algum assombro. Até os espaços mais seculares destinados à contemplação muitas vezes tiram partido desses temas ao incorporar traços arquitetônicos que usam ou refletem elementos do mundo natural — a luz do sol, panoramas bonitos, recônditos que lembram cavernas. O que há de comum entre todos esses espaços é a tentativa de evocar o assombro naqueles que entram neles.[33] Assim, quando você se senta num banco de igreja, ajoelha-se numa mesquita ou ora num templo, simplesmente observar o espaço à sua volta faz com que as sensações de assombro sejam mais prováveis. Essas sensações, experimentadas regularmente, fortalecem a fé, o senso de comunidade e a virtude.

ELEVAÇÃO

A elevação é o que sentimos quando vemos alguém realizar um ato extraordinário de bondade. Ela é caracterizada por sensações calorosas e expansivas no peito, junto com a admiração e o afeto por quem realizou aquilo. Histórias sobre deuses, santos antigos ou modernos, líderes benevolentes e até ativistas sociais também podem nos provocar esse sentimento. Mas a fama não é necessária. Testemunhar qualquer ato nobre, mesmo que realizado por um anônimo desconhecido, também pode operar essa mágica.

Assim como a gratidão e o assombro, a elevação também reforça a gentileza das pessoas e o apoio entre elas. E os textos religiosos são um repositório especialmente rico de narrativas que produzem esse sentimento. Pesquisas confirmaram que ler ou ouvir essas histórias faz as pessoas sentirem a elevação, um sentimento que as motiva a ajudar os outros. Quanto mais experimentam essa sensação, mais ela se torna automática. É como se ouvir essas narrativas nobres criasse um hábito mental,[34] uma predisposição para se comportar virtuosamente, o que, por sua vez, evoca a elevação em outras pessoas, dando um empurrãozinho para que se comportem da mesma maneira.

Embora a internet e as notícias da TV transmitam uma quantidade razoável de histórias inspiradoras, para a maioria das pessoas os lugares em que se ouvem com mais frequência narrativas sobre a virtude humana são os templos e as aulas de educação religiosa. É nesses locais que as crianças ouvem falar com mais regularidade da vida dos santos, patriarcas e mártires. E, em geral, é neles que tem início o hábito da elevação.

Do meu ponto de vista, grande parte do poder da religião para construir o caráter vem de empurrõezinhos como esses, que têm como alvo nossas emoções, nossos sentimentos de conexão e apego às crenças. Ao longo deste capítulo, insisti intencionalmente no uso do termo "empurrãozinho" [*nudge*, em inglês]. Embora o sentido coloquial do termo seja bem conhecido, também há um significado técnico nas ciências comportamentais. Conforme Richard Thaler e Cass Sunstein o descrevem,[35] um "empurrãozinho" é qualquer coisa que, por meio de um mecanismo relativamente pequeno e eficiente, é capaz de alterar o comportamento das pessoas de maneira previsível.

Embora grande parte da literatura sobre o tema gire em torno de decisões econômicas ou políticas públicas, os *nudges* também podem ser úteis para a moralidade. Por exemplo: quando pessoas que estão devendo impostos são informadas (nas instruções do formulário de taxas) de que nove entre dez pagam seus impostos no prazo certo e que elas estão entre a minoria que não faz isso, acabam pagando a dívida com frequência muito maior do que outros devedores.[36] Uma única frase é capaz de afetar a bússola moral delas.

Empurrõezinhos cognitivos que funcionam na hora de preencher formulários de impostos são ótimos, mas não são nada se comparados às táticas usadas pelas religiões. Enquanto as agências governamentais, as empresas ou os programas de saúde podem aplicar uma só dessas táticas para alterar o comportamento das pessoas, as práticas e os rituais religiosos combinam diversos *nudges* numa sinfonia que mistura orações, sincronia, repetição, sentimentos e até a postura corporal.

O que nós, na condição de influenciadores (seja em favor de mudanças na sociedade, seja no nosso cotidiano), podemos aprender com isso é que dá para melhorar a nossa estratégia. Empurrõezinhos isolados são ótimos; em conjunto, são ainda melhores. Puxa daqui, aperta de lá, e vamos conseguir direcionar nossa mente utilizando várias abordagens ao mesmo tempo, amplificando seus efeitos isolados.

Ora, é verdade que muitos desses *nudges* religiosos dependem do fato de as pessoas já terem certas crenças. Um exemplo é que essas táticas, quando baseadas em orações, só conseguem inspirar honestidade em pessoas que já acreditam em Deus. Isso não significa que usar estratégias fundamentadas em *nudges* múltiplos exige a crença em Deus. A gratidão, o assombro e a elevação são capazes de aumentar os níveis de honestidade, generosidade e outros comportamentos éticos em qualquer contexto, inclusive os seculares.

Se você é um pai ou uma mãe que está procurando maneiras de fortalecer o caráter de seus filhos, crie um ambiente que encoraje essas emoções. Mostre que é legal pedir ajuda e que é importante mostrar gratidão. Ensine que reservar algum tempo para aproveitar a beleza do mundo natural ou para reconhecer o bem que há nas outras pessoas vale a pena. E, o que é mais importante, ritualize essas atividades. Faça questão de ler uma história inspiradora sobre alguém num momento predefinido toda semana. Separe algum tempo para que todos comam um doce gostoso juntos, conversando sobre coisas dignas de gratidão que ocorreram ao longo dos dias. Tente combinar o máximo possível desses elementos. Por exemplo, vocês podem recitar juntos, em voz alta, um poema sobre bondade ou gratidão. Embora o resultado possa não ser um pacote tão bem azeitado quanto o de muitas religiões, mesmo assim é algo que vai ajudar a moldar o caráter de seus filhos, além de influenciar um pouco o seu.

Você pode ampliar o efeito desses rituais chamando pessoas de fora do seu círculo familiar sempre que possível. Como acabei de observar, as crianças geralmente começam a aprender sobre o que Deus e a sociedade esperam delas por meio de orações e rituais quando têm entre cinco e sete anos de idade. Nessa faixa etária, a importância de sentir uma conexão com as outras crianças também está crescendo. Os rituais são capazes de promover a moralidade ao fortalecer esses laços, que ajudarão a fortalecer o desenvolvimento do caráter por meio da pressão e do apoio positivos das crianças da mesma idade.

Cristine Legare, psicóloga da Universidade do Texas em Austin, mostrou o poder notável dos rituais em favorecer os laços de comunidade entre crianças de um experimento engenhoso. Ela dividiu aleatoriamente algumas crianças que participavam de um programa depois da escola em dois grupos: verde e amarelo. Para que fosse fácil lembrar quem estava em qual time, ela fez meninos e meninas usarem pulseiras com uma dessas cores. Em seguida, dividiu cada grupo ao meio novamente para que houvesse dois grupos verdes e dois amarelos, todos com aproximadamente o mesmo número de meninos e meninas. Nas duas semanas seguintes, fez com que um dos grupos de verde e um dos amarelos realizassem um ritual com contas durante dez minutos por dia, enquanto os outros grupos brincavam com as contas como quisessem.

O objetivo do experimento era verificar se participar de rituais simples aumentaria os laços entre as crianças, além de simplesmente dividi-las em equipes e deixá-las interagir. Durante as atividades de dez minutos, as crianças das equipes verde e amarela na condição ritual foram instruídas a enfiar as contas em uma cordinha de uma maneira muito específica. Primeiro, deveriam encostar uma conta em forma de estrela na testa e, em seguida, passar o fio pela conta. Depois, batiam palmas três vezes antes de pegar uma conta redonda e, de novo, encostá-la na testa. Depois, começavam a sequência novamente, e assim por diante. As crianças do grupo que não seguiam rituais podiam colocar as contas na cordinha do jeito que quisessem.

Depois de duas semanas, Legare fez perguntas às crianças para avaliar o quanto valorizavam seus colegas. Devido à natureza tribal da mente humana, todas as crianças mostraram preferência por colegas do próprio grupo. Mas a força dessa preferência — o grau em que elas se sentiam apegadas às outras que usavam a mesma cor — era muito maior entre aquelas que realizavam o ritual juntas todos os dias.[37] Em outras palavras, elas gostavam muito mais de seus companheiros de equipe se eles tivessem participado de rituais com elas do que se não tivessem.

É muito fácil incorporar rituais como esses em vários tipos de brincadeiras, como mostra o trabalho de Legare, ou aumentar seu efeito ainda mais, combinando-os com canções ou leitura de histórias que abordam temas morais. Fazer isso vai estabelecer as bases do bom-caráter, ao mesmo tempo que ajuda a formar os laços sociais que o reforçam. É algo que também vai começar a preparar as crianças para o próximo desafio da vida: a transição para a vida adulta.

3 RITOS DE PASSAGEM:

Ser adulto não é fácil

Em pequenas aldeias na Amazônia, os anciões dos sateré-mawé se reúnem em torno de uma infusão de folhas de cajueiro e ervas. A bebida tem uma cor verde, consistência oleosa e um cheiro que foi descrito de inúmeras formas, desde óleo de motor acre até uma poça fétida no chão da selva. Mas, para os meninos de doze e treze anos que estão prestes a participar pela primeira vez do ritual de maioridade chamado *waumat*, não é a mistura fumegante que provoca pavor. É a massa pulsante das *Paraponera clavata*, mais conhecidas como tocandiras, que fica em um recipiente próximo. Também chamadas de formigas-bala, a dor de sua picada rivaliza com a causada por um tiro — uma dor trinta vezes pior do que uma picada de abelha. A pior parte, porém, é que a provação não termina rapidamente. A dor da picada geralmente é acompanhada de vômitos, tremores e, às vezes, paralisia leve por até 24 horas.

Antes do início do rito, os anciões tribais mergulham as formigas em uma mistura de ervas. Não para agitá-las, mas para anestesiá-las. A parte agitada vem mais tarde, quando as formigas adormecidas são presas, uma a uma, em um par de luvas feitas de folhas de palmeira. Quando as formigas acordam, estão furiosas e prontas para atacar quem estiver usando as luvas — um fato que os meninos conhecem muito bem. Durante o *waumat*, cada menino deve vestir as luvas e enfrentar a dor como primeiro passo para a idade adulta.

Na preparação para a cerimônia, os rapazes seguem tabus alimentares durante dias — renunciando a algumas das guloseimas que normalmente gostam de consumir. Suas mãos também são adornadas com símbolos pintados com tinta preta. Um a um, cada iniciado coloca as mãos nas luvas forradas de formigas, adornadas com penas vermelhas de arara, que correspondem aos sacrifícios de guerra, e penas brancas de gavião-de-penacho, simbolizando a necessidade de coragem.

Quase imediatamente, os ferrões das formigas começam a perfurar a pele dos meninos, e a dor que se intensifica rapidamente pode ser vista em seu rosto. Mas, com o máximo de esforço, cada garoto tenta agir de maneira estoica, acreditando que não demonstrar emoção — nenhum medo ou fuga do sofrimento — confirma que ele é um membro digno daquela sociedade. Após o término da cerimônia, os meninos dão os braços para cantar e dançar até tarde da noite. Esses braços unidos têm dois propósitos: demonstrar solidariedade e ajudar a sustentar uns aos outros enquanto o veneno da formiga causa espasmos nos músculos das pernas. Ao repetir o *waumat*, às vezes até vinte vezes ao longo de uma série de meses, os meninos passam a ser vistos por outros membros da sociedade como dignos dos privilégios e responsabilidades da vida adulta: passam a ser reconhecidos pelo tuxaua (líder da aldeia) como indivíduos independentes, podendo casar-se e até guerrear, se necessário.

Do outro lado do planeta, grupos de adolescentes maasai do sexo masculino percorrem as terras semiáridas do Quênia e da Tanzânia em preparação para seus próprios ritos de maioridade. Essas viagens, acompanhadas pelos mais velhos da sociedade, têm como objetivo anunciar a formação de um grupo etário e os ritos de passagem vindouros. Para os maasai, um grupo etário é basicamente o que o nome sugere: um agrupamento permanente de pessoas com mais ou menos a mesma idade que atravessam juntas as fases da vida. Perto do final desse período de viagem, o *oloiboni*, ou profeta local, escolherá um lugar para o rito, onde a comunidade construirá cabanas para abrigar os participantes e o público.

Durante os sete dias que antecedem o rito do *emuratare*, que tem a circuncisão como parte mais importante, os futuros iniciados cuidam dos rebanhos de gado para demonstrar sua competência nessa parte essencial da vida maasai. Então, na noite anterior ao *emuratare*, os meninos dormem fora da aldeia, na floresta. Ao amanhecer, correm para as cabanas, gritando como se fossem invasores que pretendem saquear a aldeia. Mas, em vez de aterrorizar os aldeões, eles cantam e dançam quase sem parar durante todo o dia. Em seguida, cada um deles se encharca com água fria e segue para a tenda, para o momento mais importante do ritual, enquanto é insultado, ouvindo que não será forte o suficiente para passar pela iniciação sem gritar ou chorar.

Quando o garoto está pronto, um ancião habilidoso na circuncisão corta seu prepúcio. Durante todo o processo, espera-se que o menino permaneça totalmente silencioso. Qualquer hesitação seria um sinal de fraqueza vergonhosa. Quando o rito termina para todos, os jovens, agora considerados homens, vestem túnicas pretas e pintam o rosto com giz branco — uma vestimenta que usarão durante vários meses enquanto se recuperam. Quando finalmente chega o fim do período de cura, toda a comunidade organiza uma celebração, em que os rapazes recebem o seu próprio gado e são tratados com o respeito que sua nova posição na sociedade traz.

É claro que os ritos de passagem não são apenas para meninos. A transição da adolescência é igualmente crucial para as meninas, e a maioria das religiões também tem ritos correspondentes para elas. Quando as meninas atingem a puberdade, os sateré-mawé as retiram da aldeia e as levam para uma cabana na floresta, onde viverão isoladas por dois meses — apenas suas mães têm permissão de vê-las e de levar comida para a cabana. Os maasai, numa prática semelhante à que adotam com os meninos, submetem as adolescentes à circuncisão feminina. Ambos os costumes, assim como os ritos masculinos correspondentes, exigem que as adolescentes suportem estoicamente as dificuldades e a dor. Mas os ritos femininos são menos elaborados devido ao status inferior das mulheres na sociedade maasai.

No geral, a complexidade desses rituais corresponde estreitamente ao status que cada gênero tem dentro de sua cultura. Entre os apaches, uma sociedade em que a condição das mulheres é equivalente à dos homens, os ritos de passagem para as meninas são exigentes e intrincados. Para eles, a Mulher Mutável, ou *Asdzáá Nádleehé*, é uma das divindades mais veneradas. Ela representa os poderes da vida, da fertilidade e da mudança das estações. Como seu nome sugere, ela está sempre em mutação. Envelhece no inverno, mas na primavera recupera a juventude. Assim, ela simboliza as principais forças que sustentam os ritmos da vida apache. E na chamada *Na'ii'ees*, conhecida em inglês como Cerimônia do Nascer do Sol, as adolescentes (no verão que sucede a primeira menstruação) assumem a forma da deidade para canalizar esses poderes enquanto estão se tornando adultas.

A Cerimônia do Nascer do Sol se desenrola ao longo de alguns dias. Durante toda a celebração, muitas pessoas dançam. Alguns com sinos nas pernas, que ressoam ao ritmo dos tambores. Outros trazem desenhos de animais pintados no corpo. Mas o momento mais importante — aquele que todos foram ver — é a dança da convidada de honra: a menina que vai se tornar mulher.

Esse rito pode assumir diversas formas, mas os detalhes a seguir são comuns à maioria delas. Em campo aberto, ao pôr do sol, aparece a menina, com vestido de pele de veado, acompanhada por cantos e batidas de tambores. Ela coloca sal na boca para se proteger do mal. Sua mãe e madrinha lhe dão uma pena de águia, para que obtenha força, e um pedaço de concha de abalone, o símbolo da Mulher Mutável. Em seguida, um curandeiro lhe entrega uma bengala de madeira, que ela precisa segurar o tempo todo e usar na dança, batendo-a no chão. Então, começa um ritual exaustivo. A garota dança, balançando-se, subindo e descendo ao ritmo incessante do tambor. Ela não pode parar; não pode descansar, independentemente da dor. Só depois de mais de trinta músicas serem cantadas, muitas vezes ao longo de quase toda a noite, é que ela finalmente pode dormir.

No entanto, a manhã seguinte chega rapidamente. Antes do nascer do sol, todos se reúnem no campo para testemunhar a transformação da menina. As horas de dança recomeçam. Mas, dessa vez, ela se deita num local onde há uma pele de veado colocada diante dela. Enquanto as pessoas recitam orações, a madrinha da menina a massageia para reduzir a dor e prepará-la para o próximo desafio.

À medida que os tambores aceleram, ela deve correr pelo campo, passando pelos quatro pontos cardeais, cada um deles representando uma das fases da vida: nascimento, infância, idade adulta e velhice. Em seguida, os mais velhos polvilham a menina exausta com pólen, um símbolo de fertilidade, fazendo seu rosto ficar dourado. Nesse momento, ela se torna a encarnação da Mulher Mutável. Agora tem o poder de oferecer bênçãos e curas. No entanto, enquanto dança por mais algumas horas, ela deve evitar quedas ou interrupções. Precisa suportar a dor, que representa todas as provações da vida. Quando sua família finalmente lava o pólen, tirando-o do seu rosto, a menina emerge como uma mulher transformada — alguém que demonstrou coragem e vontade de ser um membro de pleno direito de seu povo.

Embora as especificidades desses três ritos — *waumaut*, *emuratare* e *na'ii'ees* — sejam tremendamente diferentes, todos eles começam a levar os adolescentes à idade adulta por meio dos mesmos mecanismos psicológicos profundamente arraigados: aqueles projetados para demonstrar maturidade e competência e os que servem para evitar o retrocesso rumo aos confortos mais fáceis da infância.

Construindo um adulto

Como vimos no capítulo anterior, a educação não se destina apenas a transmitir conhecimentos factuais; também tem a função de moldar as crenças, conexões e habilidades sociais necessárias para fazer parte de uma comunidade. Mas, até quando a educação funciona bem, as mudanças nos papéis e nas responsabilidades que acompanham a adolescência podem suscitar hesitação, ou mesmo resistência total. Tornar-se adulto significa cuidar de si, e isso nem sempre é algo que você deseja quando está abrigado pelo relativo conforto da infância. Nem sempre é uma transição fácil para pais e outros membros da comunidade, quando, durante anos, acostumaram-se a cuidar de você e a orientá-lo.

Além da incerteza psicológica que complica a adolescência, existe uma incerteza fisiológica: as mudanças biológicas da puberdade surgem ao longo de vários anos. Deveríamos considerar que a idade adulta está começando quando a voz muda ou quando ocorre a menarca? Talvez. Porém, não tenho certeza de que seja sensato esperar que crianças de doze ou treze anos comecem a pensar e a se comportar como adultos quando seu córtex frontal, a parte do cérebro que controla a impulsividade e a tomada de decisões, ainda tem cerca de uma década de desenvolvimento pela frente. Algumas culturas, como a japonesa, dizem que a idade adulta começa aos vinte anos. Contudo, em culturas com uma expectativa de vida mais baixa, começar mais cedo pode ser mais prático.

Como a chegada à idade adulta não pode ser vinculada de modo fácil e universal a uma única mudança psicológica ou corporal, é complicado descobrir quando alguém virou "gente grande". Ainda assim, é útil para uma comunidade ter algum consenso sobre quando os membros devem começar a "amadurecer". Caso contrário, algumas pessoas podem tentar permanecer dependentes muito depois de terem aberto as suas asas, enquanto outras podem se irritar com as restrições impostas ao seu crescente sentimento de independência.

Não tenho a melhor das respostas para quando a idade adulta deve chegar. Na verdade, não acredito que haja uma resposta definitiva. Mas posso dizer que as culturas de todo o mundo — algumas de forma mais definitiva do que outras — estabeleceram orientações diferentes para quando o processo deve começar. Diretrizes que, pelo menos historicamente, pareciam atender bem às necessidades de cada uma delas. E é aqui que os ritos religiosos de maioridade desempenham um papel importante.

Todos esses rituais têm dois objetivos principais. Isso porque passar com sucesso pela adolescência implica enfrentar dois desafios. Primeiro, a família e a comunidade de um adolescente têm de acreditar que uma pessoa que mudou pouco nos últimos dias ou meses possui, de repente, uma série de qualidades diferentes. Em segundo lugar, e às vezes de modo ainda mais desafiador, a própria pessoa que se submete ao rito tem de acreditar nesse fato. O adolescente que ontem dependia dos pais para tudo deve começar a assumir responsabilidades hoje.

Se você der uma olhada mundo afora, vai encontrar um mosaico de ritos de maioridade — aqueles em que os papéis sociais dos participantes são transformados, usando diferentes combinações de dor, estoicismo, erudição, perseverança e pavoneamento, tudo sob o olhar aprovador das forças divinas. Contudo, se observar mais de perto — se analisar o funcionamento interno da mente —, descobrirá que duas alavancas psicológicas fazem a maior parte do trabalho pesado.

A primeira delas é o autocontrole. Para ser um adulto de sucesso, é preciso demonstrar competência e confiabilidade. Competência é essencial para agir por conta própria. A confiabilidade é necessária para que as pessoas acreditem que podem contar com a sua competência — que saibam que você fará a sua parte. Do ponto de vista psicológico, competência e confiabilidade têm algo em comum: ambas exigem autocontrole. É isso que dá às pessoas a coragem para perseverar na busca de objetivos como adquirir conhecimento e habilidades, em vez de jogar a toalha. É também o que as faz aceitar responsabilidades, em vez de evitá-las.

Na verdade, quando avaliamos se uma pessoa é responsável, colocamos uma ênfase tão grande no autocontrole que, mesmo quando não estamos pensando ativamente se outras pessoas o têm, nosso cérebro está sutilmente fazendo essa análise. Quando vemos pessoas que mostram sinais de que podem ser preguiçosas ou não confiáveis, mesmo que apenas em situações específicas, nossa mente automaticamente as classificam como menos confiáveis.[1] Portanto, embora os rituais que descrevi anteriormente tenham como objetivo ajudar os jovens a desenvolver autocontrole, aqui eles têm como objetivo provar aos outros que o possuem. Pense neles como uma espécie de vestibular.

Por si só, a demonstração ritualística de autocontrole não pode produzir mudanças duradouras no papel social de ninguém. O autocontrole é um mecanismo necessário, mas não suficiente, para que qualquer rito de passagem funcione. É por isso que existe uma segunda alavanca: as profecias autorrealizáveis.

O termo "profecia autorrealizável" foi cunhado pelo sociólogo Robert King Merton para sinalizar que uma crença ou previsão, factualmente correta ou não, pode produzir o resultado esperado. O exemplo clássico de Merton é o de um banco que se acredita estar falindo. Sendo essa expectativa verdadeira ou não para determinado banco, as pessoas que acreditassem nela correriam para sacar seu dinheiro antes que as portas do banco fossem fechadas. Qualquer banco, mesmo em uma boa situação financeira, seria forçado a fechar se todos os seus clientes tentassem sacar seu dinheiro ao mesmo tempo. Dessa forma, uma profecia sobre a falência do banco, mesmo que inicialmente falsa, traria o resultado previsto.

Os psicólogos descobriram que o mesmo fenômeno se aplica às pessoas. Se você espera certas coisas delas, tenderá a agir de maneira a tornar mais provável que essas coisas aconteçam. Um exemplo famoso pode ser visto no efeito Pigmalião, que mostrou que as expectativas dos professores quanto ao sucesso acadêmico de uma criança afetaram o desempenho subsequente dos alunos.[2] Como esperavam que certas crianças fossem mais talentosas academicamente, os professores lhes deram mais atenção e incentivo, concretizando assim a falsa profecia de sua superioridade acadêmica.

No entanto, as profecias autorrealizáveis não se limitam à inteligência. As expectativas das mães sobre a quantidade de álcool que seus filhos adolescentes vão consumir são preditivas quanto à quantidade que eles realmente acabam bebendo.[3] Isso vale para o peso. Ao esperar que outra pessoa coma demais (mesmo que não o faça), alguns tendem a colocar mais comida na mesa, o que leva o outro a comer demais.[4] O impacto das profecias autorrealizáveis é geralmente mais forte quando várias pessoas têm as mesmas expectativas quanto a outro indivíduo, e quando essas expectativas ocorrem no início de um novo papel — características que descrevem com precisão a situação que envolve os ritos de passagem.

Faz sentido, então, que os rituais mundo afora busquem mostrar que aqueles que entram na adolescência têm o autocontrole necessário para começar a ser tratados como iguais na comunidade, e para incentivar esses mesmos membros a reforçar essa visão. Com isso, o simples ato de esperar que os adolescentes se comportem mais como adultos aumenta neles a confiança e a motivação para fazê-lo. No entanto, a forma exata como as religiões realizam esses ritos pode diferir bastante. Historicamente, esses ritos muitas vezes dependiam da tolerância à dor e à exaustão para provar o autocontrole. Hoje, algumas culturas mais tradicionais mantêm esse método, como vimos nos três ritos de passagem que acabei de descrever. Culturas em que o sucesso dos adultos depende menos da superação de desafios físicos adotaram outras formas de demonstrar autocontrole. Para compreender essa evolução, vamos acompanhar o desenvolvimento dessas táticas para ver como elas tentam enfrentar os desafios dos tempos de mudança.

Pela dor

Muitas tradições religiosas exigem que os jovens sejam submetidos a um ritual doloroso ou fisicamente exaustivo para demonstrar seu autocontrole, tanto para a comunidade como para si próprios.

Para ser um membro independente e valorizado na maioria das comunidades, é preciso ser forte e resiliente. E suportar a dor é uma forma de demonstrar isso. Mesmo os cientistas que estudam o autocontrole, muitas vezes, o medem observando por quanto tempo as pessoas conseguem tolerar a dor, embora não seja nem de longe uma dor próxima das intensidades encontradas nos ritos que descrevi anteriormente. Esse tipo de dor não faz parte da vida normal. É algo extremo. Enfrentar estoicamente esses desafios ritualizados é algo nada menos que excepcional.

Tais ritos são especialmente transformadores porque ocorrem no contexto de um período de mudança de identidade. Por exemplo, as adolescentes sateré-mawé ficam isoladas em cabanas. Adolescentes maasai do sexo masculino viajam e pastoreiam seus rebanhos sem os familiares. Essas mudanças, que alteram o sentido do que é normal, preparam-nos para se tornar abertos à extrema anormalidade que os rituais impõem. Por isso, os atos incomuns, trabalhosos e absorvedores no centro desses rituais tendem a corroer o sentido de normalidade dos adolescentes, tornando-os mais suscetíveis ao novo normal que agora se espera deles. Esse é um conceito que alguns leitores poderão reconhecer nos rigores do treinamento militar, em que a atividade física intensa e a privação são usadas para (metaforicamente) destroçar as pessoas, a fim de reconstruí-las. Esse efeito não se limita apenas aos próprios adolescentes. A intensidade dos rituais também muda a forma como os espectadores da comunidade veem os iniciados. Altera o seu senso de realidade, tornando-os mais abertos a aceitar o status alterado dos futuros adultos.

No capítulo anterior, examinamos o fenômeno da dissonância cognitiva, e ele também se aplica aqui. Quando os adolescentes agem de maneira a demonstrar autocontrole, qualquer crença que tivessem de que ainda eram fracos e imaturos levaria a um estado de tensão mental. E, como não é realmente possível desfazer um ato ou comportamento como os desses ritos, a maneira mais fácil de resolver a tensão seria mudar sua crença. Portanto, imagine a garota apache que acabou de completar os exaustivos requisitos da Cerimônia do Nascer do Sol. Mesmo que ela tenha duvidado de si mesma no início, agora ela tem inúmeras provas de sua própria força e resiliência — um fato que deve alterar a forma como ela vê suas habilidades e sua maturidade.

Outro aspecto da teoria da dissonância cognitiva também se aplica a esses tipos de rituais: a *justificação do esforço*. Quanto mais esforço uma pessoa despende em um comportamento diferente de suas crenças, mais poder esse comportamento tem para mudar essas crenças. Você não precisa usar luvas cheias de formigas tocandiras para compreender o poder da justificação do esforço. Quase todas as pessoas que treinaram para uma maratona, deram à luz ou escreveram uma tese de mestrado, saíram dessa experiência com um senso elevado de suas próprias capacidades de autocontrole e perseverança, além de uma crença de que o resultado final justifica os meios para chegar lá.

No entanto, para garantir que a profecia continue a se cumprir, é importante que o ritual da maioridade seja seguido de mudanças perceptíveis no status, nos privilégios e nos deveres do adolescente. A comunidade tem de aceitar a mudança, como acontece quando os jovens maasai recebem o seu próprio gado. Esses marcadores contínuos do seu novo papel lembram tanto aos novos "adultos" como aos outros à sua volta que agora eles são membros maduros da comunidade. Como vimos, a idade adulta não chega em um momento específico em termos biológicos. É uma construção social, e todos na sociedade participam de sua construção e manutenção.

Como veremos, a dor não é a única forma de demonstrar autocontrole. Porém, muitas culturas e religiões a utilizam devido ao seu poder único de influenciar a mente e o corpo dos participantes e dos espectadores. Talvez a melhor evidência desse poder venha do antropólogo Dimitris Xygalatas. Embora os rituais que ele examina não sejam ritos de passagem em si, eles compartilham o elemento de dor extrema com os que descrevi.

Para estudar como os rituais que utilizam a dor influenciam a mente, a equipe de Xygalatas examinou o *Paso del Fuego*, ou ritual de caminhar sobre o fogo, que faz parte da celebração católica de São João, na cidade espanhola de San Pedro Manrique. Como o próprio nome indica, o evento mais importante dessa festividade envolve pessoas caminhando por um trecho de vários metros de carvões em brasa, com temperatura de quase setecentos graus. Como a descrição do evento feita por Xygalatas deixa claro,[5] aqueles que caminham em cima do fogo usam estratégias para atravessar os carvões, com o objetivo de minimizar as queimaduras — estratégias que os novatos aprendem com os veteranos. No entanto, mesmo com as melhores estratégias, não é uma tarefa fácil. Os carvões em brasa ainda estão extremamente *quentes*.

Como descobriu Xygalatas, os rituais que envolvem dor têm um impacto fisiológico profundo não só nos participantes, mas também nos espectadores. Para estudar esse impacto, sua equipe colocou monitores cardíacos portáteis e discretos nos participantes e observadores do ritual de caminhada sobre o fogo.

Na preparação para o desafio, os caminhantes dançam em roda. Depois, um a um, carregam outra pessoa nas costas para aumentar o peso antes de atravessarem as brasas. Assim que chegam ao outro lado, cada um dos participantes pisa novamente na terra fria sob os aplausos dos espectadores. É um momento de ansiedade, mas também de celebração. Terminada a última caminhada, toda a comunidade participa de uma festa animada.

Como era de se esperar, todos — tanto os caminhantes quanto os observadores — apresentaram batimentos cardíacos mais rápidos durante as caminhadas, alguns chegando a quase duzentos por minuto. No entanto, mesmo diante dessa empolgação, a maioria das pessoas relatou que se sentia calma — quase em um estado zen — durante esses mesmos períodos. Sim, o coração delas estava acelerado, mas a mente, não. Todos estavam totalmente focados no esforço dos caminhantes.

Uma descoberta ainda mais notável: à medida que os batimentos cardíacos dos caminhantes mudavam — antes, durante e depois da caminhada em cima das brasas —, os batimentos do público faziam o mesmo. A fisiologia de todos estava sincronizada. E mais: o grau de sincronização correspondia à distância social entre as pessoas. Conforme a frequência cardíaca de um caminhante mudava, também mudava a de todos os que assistiam ao ritual. Mas a "estreiteza" da ligação dependia de quão próximas as pessoas se sentiam dele. Por exemplo, a frequência cardíaca do cônjuge de um participante acompanhava as mudanças mais de perto do que a de um estranho. Em suma, Xygalatas identificou uma ligação corporal que cria novos vínculos sociais e fortalece os já existentes.[6]

Através da intensa excitação que produzem tanto nos participantes quanto nos observadores, esses ritos alcançam dois objetivos. Ao aumentar o foco mental nos eventos do rito, eles tornam a demonstração de autocontrole mais difícil de esquecer. E, ao criar um tipo de sincronia fisiológica, produzem um senso de comunidade entre observadores e participantes. Como um deles disse a Xygalatas no final da cerimônia: "Todo mundo vira seu irmão".

Felizmente, a dor não é o único combustível que alimenta os ritos de passagem.

Pelo cérebro

No capítulo anterior, vimos que, à medida que as sociedades se tornaram mais complexas, sua compreensão a respeito de Deus também mudou. As pessoas passaram a imaginar uma divindade mais onisciente e moralizante. Um Deus que começou a dar mais ênfase aos atributos éticos — mudança que acompanhou as necessidades das sociedades em desenvolvimento. Alinhados às necessidades cambiantes, os ritos de passagem evoluíram para dar ênfase ao autocontrole nos domínios intelectual e ético — áreas que tendem a ser mais centrais para o sucesso em sociedades complexas. Esses tipos de autocontrole podem ser facilmente demonstrados por meio da dedicação ao aprendizado dos fundamentos de uma fé e da incorporação de seus princípios. No judaísmo, o processo de se tornar um bar mitsvá, ou "filho do mandamento", é um exemplo disso.

"Bendito seja Aquele que me libertou de ser responsável por este menino." Desde os tempos talmúdicos —período que abrange os primeiros seis séculos da Era Comum —, essa era a oração que um pai judeu recitava no aniversário de treze anos do seu filho, a idade em que um rapaz se tornaria um bar mitsvá e seria julgado de acordo com as suas próprias ações. Nos primeiros anos desse período, isso era tudo o que um pai fazia para assinalar a maioridade do seu filho.

Com o tempo, à proporção que a importância do conhecimento e das obrigações religiosas se tornou mais rigorosa, passaram a ser enfatizadas regras baseadas na idade para a participação em rituais.[7] Durante a Idade Média, por exemplo, as crianças já não podiam ir à *bimá* — a plataforma elevada na frente de uma sinagoga — para ler a Torá ou recitar uma bênção. Durante o século XVI, em alguns lugares, o uso dos tefilin (pequenas caixas contendo as palavras da oração do Shemá, que normalmente são enroladas na cabeça e no braço durante o culto matinal) por menores também passou a ser reprovado. Com essas mudanças, aumentou a importância de se tornar um bar mitsvá, pois isso era um sinal de que um jovem adulto havia adquirido o conhecimento necessário para participar plenamente da vida religiosa e das responsabilidades da comunidade. Já não era simplesmente a idade em que um pai era liberado da responsabilidade moral pelo filho.

Com essa mudança de ênfase, os aspectos rituais da cerimônia se tornaram mais elaborados e começaram a atrair os próprios garotos. Esperava-se que eles desenvolvessem as habilidades que lhes permitiriam recitar orações da Torá quando fossem convidados para a *bimá* pela primeira vez. Em muitos lugares, também foram incentivados a fazer um *drashá*, ou discurso analítico, sobre as leituras. A comunidade valorizava o conhecimento e a virtude como marcadores de sucesso na idade adulta, e, por isso, os jovens eram chamados a demonstrar que possuíam essas qualidades.

No mundo de hoje, não existe um formato específico de ritos que um menino realiza para se tornar um bar mitsvá. Na prática, porém, a maioria deles funciona mais ou menos assim. Os jovens passam anos recebendo educação religiosa, aprendendo a ler a Torá (especialmente se o hebraico não for sua língua materna) e a recitar as bênçãos. No grande dia, eles vão pela primeira vez ao *bimá* e leem a Torá, às vezes também fazem um discurso, e depois comemoram com a comunidade. Num aceno bem-vindo à igualdade de gênero, muitas formas de judaísmo também celebram o fato de as garotas se tornarem uma bat mitsvá — "filha do mandamento" — com uma cerimônia semelhante.

Esses rituais acionam as mesmas alavancas psicológicas que os outros ritos de passagem que vimos. Neste caso, demonstrar autocontrole não tem relação com resistência à dor ou às dificuldades, mas com a aquisição de conhecimento por meio da fortaleza intelectual e moral. As crianças estudam durante anos, frequentam cerimônias de oração e atividades do gênero, em vez de suportar a dor por dias ou meses.

A alta excitação também tem seu papel em ambos os tipos de ritual. Embora seja verdade que a dor física não esteja envolvida no rito judaico, quase todo bar ou bat mitsvá sente o coração batendo forte no peito ao falar diante de uma congregação pela primeira vez. O mesmo acontece com os pais nervosos e, por extensão, embora em menor grau, com outros espectadores que não querem que eles fracassem. Assim como nas descobertas de Xygalatas, aqui também esperaríamos que os batimentos cardíacos do público se sincronizassem com os do adolescente ansioso, com o nervosismo concentrando a atenção de todos nele e a sincronia aumentando os sentimentos de conexão.

De certa forma, porém, a mudança resultante nos papéis sociais que se segue a esse ritual não é exatamente a mesma que sobrevém a muitos dos rituais que se baseiam na dor. Isso não é uma crítica, mas um reconhecimento de como funcionam as sociedades mais modernas. No dia seguinte a alguém se tornar um bar ou bat mitsvá, ele não é tratado de maneira muito diferente do que era antes. Claro, agora podem cumprir certos deveres religiosos destinados aos adultos. Mas ainda não podem votar ou ter suas próprias contas bancárias. Seus amigos e a comunidade os tratam basicamente da mesma maneira. E, precisamente porque não há nenhuma mudança facilmente observável, a ideia de que eles agora são adultos se esmaece um pouco ou existe apenas em domínios restritos. A única forma de uma profecia autorrealizável funcionar — para que uma nova identidade seja reforçada e, assim, mantida — é que a mensagem de que as coisas mudaram seja repetida ampla e frequentemente. Quando isso não acontece, o efeito de um rito de passagem sobre a psique fica silenciado.

Isso não é um problema apenas para o judaísmo. Aplica-se também à confirmação ou crisma cristã. Tal como acontece com o judaísmo, não houve grande ênfase histórica em um rito de passagem no cristianismo primitivo. No entanto, ao longo do tempo, o sacramento da confirmação foi modificado para preencher esse nicho psicológico — a necessidade de assinalar a prontidão de uma pessoa para assumir as responsabilidades morais da idade adulta.

Na Igreja católica primitiva, os convertidos recebiam a confirmação em um ritual que lhes conferia os dons do Espírito Santo: sabedoria, conhecimento, fortaleza, piedade e temor a Deus. Em seu conjunto, esses dons se destinavam a ajudá-los a progredir na fé e na vida. Esse rito se seguia imediatamente ao do batismo, no qual as pessoas eram imersas na água como forma de purificar a alma. Depois que uma pessoa era batizada, um líder religioso punha as mãos sobre ela e ungia sua cabeça com óleo santo antes de recebê-la na comunidade. Mas, à medida que o catolicismo se tornou uma religião mais estabelecida, muito mais pessoas já nasciam católicas, em vez de entrar na Igreja por meio da conversão. Dessa forma, a crisma, juntamente com o batismo, tendia a ocorrer na infância, e não na idade adulta.

Assim como a Idade Média mudou a abordagem dos judeus em relação ao bar mitsvá, essa época também trouxe alterações no ritual católico. A crisma foi transferida para a adolescência, tornando-se um sinal de maturidade espiritual — uma marca de que o fiel estava pronto para assumir as responsabilidades morais da vida adulta. Teologicamente, o foco ainda estava nos dons fornecidos por Deus. Porém, psicologicamente, a noção de uma maioridade geral, e não apenas espiritual, era difícil de ignorar.

Atualmente, se olharmos para esses ritos como verdadeiros marcadores de que a infância foi abandonada, o seu impacto é limitado, pelo menos em comparação com alguns dos rituais que analisamos anteriormente. Uma razão pela qual ser crismado ou se tornar um bar ou uma bat mitsvá pode não ter o mesmo efeito é bastante simples: os rituais correspondentes não foram originalmente concebidos para ajudar os adolescentes a se tornar adultos. Nas sociedades mais complexas em que esses ritos surgiram, muitas vezes não fazia sentido ter uma idade estabelecida para o começo da vida adulta plena.

Vejamos o caso dos Estados Unidos. Em muitos estados, você pode começar a trabalhar aos catorze anos, pode se casar legalmente aos dezesseis ou dezoito (embora, culturalmente, isso normalmente ocorra bem depois disso), votar ou ingressar nas forças armadas aos dezoito anos, beber ou fumar aos 21 e continuar dependente da apólice de seguro-saúde dos pais até os 26. Consequentemente, o tempo necessário para concluir os estudos e se tornar financeiramente independente pode variar do final da adolescência até quase os trinta anos.

Não estou condenando o início gradual da idade adulta em muitas sociedades. Pelo contrário, acho que faz muito sentido. As oportunidades e responsabilidades sociais e econômicas que acompanham a idade adulta variam bastante. Se o estabelecimento de uma idade para marcar a transição à vida adulta fizesse mais sentido, acredito que as principais religiões do mundo teriam optado por ritos mais intensos para facilitar ou solidificar a mudança. Mas, em muitos aspectos, elas estão tentando acompanhar as sociedades que andam alterando rapidamente suas normas para a definição da idade adulta — normas que ainda evoluem, à medida que as economias mudam. O nascimento e a morte acontecem da mesma forma tanto agora quanto no passado. O sofrimento também. Mas a definição da maturidade continua a ser algo em construção, tanto para as religiões como para as sociedades em que elas existem.

Medalhas de mérito

A pergunta mais pertinente a ser feita sobre os ritos de passagem não é se eles são eficazes. Como vimos, seu efeito varia com base em vários fatores. Em vez disso, a questão é como podemos maximizar sua eficácia. E, no mundo de hoje, a resposta diz respeito ao tempo — *quando* — e à frequência — *quanto*.

Uma abordagem incremental para o aprendizado do "amadurecimento" se adapta melhor ao que realmente acontece na vida e no cérebro das pessoas. Nossos lobos frontais — as partes do cérebro que desempenham papel central no planejamento abstrato, no raciocínio e no controle dos impulsos — continuam a se desenvolver durante a adolescência, e até os vinte e poucos anos.[8] Com esse crescimento, vêm as capacidades cognitivas que são essenciais para o planejamento e a maturidade a longo prazo — capacidades que podem ser reforçadas de forma cumulativa à medida que uma pessoa enfrenta os vários desafios que a idade adulta apresenta. Na verdade, a mais recente compreensão do desenvolvimento do cérebro sugere que ele é mais sensível às recompensas durante a adolescência do que em qualquer outra época da vida —[9] um fato que torna a mente do adolescente especialmente maleável no que diz respeito ao feedback dos outros. É, em essência, um cérebro pronto para ser moldado por recompensas ao assumir novos papéis.

Contudo, só porque um ritual único e singular pode não ser a melhor maneira de deixar a infância para trás, não significa que devemos ignorar os insights proporcionados por esses ritos. Os adolescentes do mundo moderno certamente podem se beneficiar dos rituais de maioridade, que só precisam ser mais direcionados e apropriados à idade deles — e repetidos. Lembre-se: os sateré-mawé exigem que seus meninos usem luvas com formigas tocandira muitas vezes ao longo de meses. Embora isso possa ser visto como um ritual prolongado, com os iniciados repetindo o mesmo ato muitas e muitas vezes, eu diria que é melhor compreender a prática como uma série de rituais separados que reforçam repetidamente a transição para a idade adulta.

Ao pensar sobre a melhor forma de adaptar ou criar ritos de passagem, preciso dizer que não sou a favor do uso da dor. Embora reconheça o poder psicológico que pode advir de experiências de dor e fadiga, penso que existem formas melhores de atingir os mesmos fins — formas que se baseiam no esforço e em sentimentos intensos, mas não causam dano físico ou emocional.

Se quisermos ajudar os adolescentes no caminho para a idade adulta, sugiro que consideremos a utilização de uma série incremental de rituais explicitamente ligados a marcos específicos. Por exemplo, além dos rituais que reforçam o momento em que uma pessoa se torna moral ou religiosamente responsável, como aqueles para se tornar um bar ou uma bat mitsvá ou crisma, podemos realizar cerimônias adicionais que marquem a autossuficiência para outras responsabilidades: disposição para começar o primeiro emprego, namorar, votar, sair de casa para fazer faculdade ou se sustentar. Cada uma delas deve incluir um componente que exija que os jovens demonstrem sua crescente capacidade de autocontrole e perseverança (por exemplo, estudar, economizar uma quantia específica de dinheiro, concluir um projeto dedicado à comunidade, adquirir uma habilidade específica a partir de trabalho árduo), um componente ritualístico em que os jovens se apresentem diante da família e dos amigos para mostrar os frutos de seus esforços e serem reconhecidos por eles, e um componente pós-ritual, em que a família ou mesmo a comunidade mais ampla reconheça a mudança de status, modificando as suas expectativas em relação aos recém-transformados.

Esse ritual deve produzir emoção tanto no adolescente quanto no público. Por exemplo, os pais podem expressar seu orgulho pelos filhos, reforçando o orgulho que os seus filhos sentem por alcançar o marco mais recente de sua vida. As pessoas podem usar a música e o canto para criar sincronia e, portanto, um sentimento de conexão entre todos os envolvidos. Talvez o jovem possa fazer um discurso, já que poucas atividades geram emoções mais fortes do que estar no holofote diante de colegas e dos mais velhos.

Em muitos aspectos, o que estou descrevendo aqui se assemelha aos ritos de maioridade judaicos e católicos. Mas, ao contrário do que recomendo, esses ritos acontecem uma só vez, e frequentemente estão fora de sincronia com as múltiplas mudanças incrementais que fazem parte da adolescência. Como esses rituais se concentram principalmente na responsabilidade religiosa e no desenvolvimento espiritual, há pouca mudança no que as pessoas esperam dos iniciados em outros domínios de sua vida aos doze ou treze anos, quando são (compreensivelmente) vistos como pessoas de maturidade incompleta.

Alguns leitores podem descartar minhas sugestões por elas serem aparentemente piegas. E eu entenderia a hesitação. Mas, como vimos no início deste livro, mesmo rituais recém-inventados e completamente arbitrários podem alterar a mente. O truque é descobrir como juntar as peças da melhor maneira. Talvez ninguém tenha conseguido isso melhor do que os Scouts BSA — o novo nome dos Boy Scouts of America [Escoteiros da América], em reconhecimento à recente recepção de meninas no grupo.

A mudança mais elevada e, em muitos aspectos, mais transformadora, na classificação que um adolescente pode receber é o reconhecimento como Escoteiro Águia. Essa honra é concedida após o escoteiro demonstrar compromisso com o dever para com Deus e o país, ajudar os outros, manter-se em boa forma física e mental e permanecer moralmente íntegro — todas essas qualidades exigem autocontrole e a maioria de nós consideraria características de uma vida adulta responsável.

Alcançar esse status não é tarefa fácil. Os 21 desafios que um escoteiro deve dominar incluem sucesso na preparação e gestão pessoal, na vida familiar, primeiros socorros, cidadania, sustentabilidade ambiental, preparação para emergências, culinária, acampamento, habilidades de comunicação e cidadania local e global. Além disso, um escoteiro também deve concluir um projeto de serviço de longo prazo que beneficiará uma instituição religiosa, escola ou comunidade.

Poucos podem duvidar que ultrapassar essas barreiras elevadas exige muito autocontrole e esforço. Como tal, são estímulos importantes na caminhada rumo à idade adulta. Tornar-se um Escoteiro Águia também é uma honra reconhecida e valorizada pelas comunidades em geral. Muitos empregadores encaram essa categoria dos escoteiros de maneira bastante favorável, e muitos desses jovens acabam sendo bem-sucedidos na vida adulta.[10]

Meu intuito principal aqui não é exaltar o Scouting BSA. Como instituição, o órgão já teve seus problemas. Meu verdadeiro objetivo é mostrar como os enquadramentos que certas religiões utilizam para conduzir os adolescentes rumo à idade adulta podem ser adaptados às circunstâncias da vida moderna. Assim como o escotismo oferece medalhas de mérito e cerimônias para aqueles que enfrentam desafios específicos com sucesso, também podemos criar rituais para reconhecer marcos que consideramos importantes durante a jornada da adolescência. Ao transformar o ritual em uma série de passos, em vez de mantê-lo como um salto completo, fica mais fácil para os adolescentes (e seus pais) desenvolverem confiança ao longo do caminho. O orgulho que acompanha o domínio de cada etapa torna o passo seguinte mais atraente. Já fazemos algo parecido nos esportes, área em que os adolescentes progridem ao longo de vários estágios, mas ritualizar totalmente o processo e aplicá-lo a muitos aspectos da vida ajudará a formar adultos mais maduros.

Não cabe a mim decidir que idade ou idades são mais adequadas para essas etapas. Mesmo dentro de determinada cultura, vincular esses momentos a uma idade específica pode não fazer sentido. Adolescentes diferentes muitas vezes se desenvolvem de acordo com seu próprio relógio, o que significa que é melhor deixar a data de qualquer rito à escolha da família. Mas marcar com cerimônias e símbolos cada limiar cruzado por um adolescente certamente vai facilitar seu caminho em direção à maturidade. Dessa forma, outros saberão a posição de qualquer jovem nesse caminho tortuoso, e o que é justo esperar dele. Embora a adoção dessas práticas em maior escala possa exigir um movimento — em muitos aspectos, é *isso* que uma religião é —, você pode começar com sua família ou grupo de amigos agora mesmo. Afinal, é assim que os movimentos começam.

4 TRANSCENDENDO OS VINTE E OS TRINTA ANOS DE IDADE:

Amor, conexões e (talvez) êxtase

A idade adulta traz consigo liberdade e responsabilidade — e a necessidade de estabelecer novas conexões. Embora o recém-adulto geralmente não tenha abandonado totalmente os laços familiares, eles são quase sempre mais fracos do que eram durante a infância. Para manter ou recuperar um sentimento de conexão íntima, a maioria das pessoas procura relações amorosas. Alguns, porém, buscam algo ainda mais profundo: uma conexão mística com o divino.

Pode parecer estranho falar sobre casamento e misticismo no mesmo lugar. Muitas pessoas provavelmente não colocariam as duas coisas juntas. Eu entendo o porquê. Embora os casamentos e os rituais que os rodeiam sirvam a dois propósitos — um prático, e o outro, espiritual —, tendemos a nos concentrar mais no primeiro. A maioria das pessoas vê casamento como um marco de mudança nos papéis sociais. Em todo o mundo, a estrutura básica dos rituais de casamento é praticamente a mesma. Enquanto amigos e familiares observam, os casais recitam votos de amor e apoio mútuo diante de um ministrante religioso, recebem uma bênção e depois passam a usar um símbolo do seu novo status — quase sempre, uma aliança. Quer o ritual ocorra sob uma *chupá*, como no judaísmo, diante de um altar, como no cristianismo, ou em torno de uma fogueira cerimonial, como no hinduísmo, o importante é que ele marque uma mudança no papel social.

O fato de os casamentos terem essa função pode dar a impressão de que se parecem com os rituais que discutimos no último capítulo. E, de fato, a semelhança existe. Um casamento é um rito de passagem. Ele atribui novos papéis e responsabilidades às pessoas. Porém, ao contrário dos ritos de passagem que descrevi antes, que marcam a transição rumo à independência, o aspecto espiritual dos casamentos leva as pessoas em direção à interdependência. Em sua forma mais verdadeira, o casamento é projetado para promover o que pode ser o sentimento mais profundo de conexão que existe — uma conexão que é vivenciada como uma fusão quase completa de identidades. E é aí que entra o elo com o misticismo, a experiência das conexões transcendentes.

Mas a vida de casado não é a mesma coisa que a festa de casamento. Enquanto a celebração em si é um rito de passagem — um evento único (pelo menos com cada parceiro) —, o casamento é um relacionamento duradouro. O verdadeiro trabalho de criar e manter a conexão entre os membros do casal não está nas cerimônias, mas nas práticas que vêm depois delas — práticas que permitem que as pessoas cresçam juntas ao longo do tempo. São essas práticas e rituais que abordarei aqui. Porque, quer estejamos falando da conexão com um cônjuge ou uma divindade, a alegria, o amor e, se você tiver sorte, a transcendência que vêm dessa união podem satisfazer alguns dos anseios mais profundos que os seres humanos vivenciam — os anseios por união e significado.

Existem muitos caminhos para alcançar uma conexão intensa, mas todos eles exigem a manipulação simultânea do corpo e da mente. Às vezes, isso se dá por meio da meditação intensa, outras vezes com uso de drogas psicodélicas, por meio da dança ou do sexo (ainda que, nesse contexto, o foco da intimidade sexual não esteja no prazer ou na procriação).

A maioria das religiões, mesmo as mais "caretas", reconhece o poder que a intimidade sexual pode ter. Quando os casais trocam alianças na Igreja anglicana, costumam dizer: "Com meu corpo eu o honro, tudo o que sou eu lhe dou, e tudo o que tenho eu compartilho com você, dentro do amor de Deus".[1] Note que aqui a honra oferecida por meio do corpo vem em primeiro lugar. O Cântico dos Cânticos (que tanto o cristianismo quanto o judaísmo consideram parte das Sagradas Escrituras) exalta a intensa alegria que a intimidade física oferece: "Que me beije com beijos de sua boca! Teus amores são melhores do que o vinho. [...] Arrasta-me contigo: corramos! Leva-me, ó rei, aos teus aposentos, e exultemos! Alegremo-nos em ti! Mais que ao vinho, celebremos teus amores!". Claramente, o sexo pode ser algo sagrado.[2]

Por essas razões, quase todas as religiões reconhecem que os aspectos físicos podem ser um veículo para o espiritual. Ao longo dos tempos, os místicos têm usado técnicas que dependem do corpo para alcançar a comunhão com o divino. E, quando o fazem, a experiência do amor de Deus ou o sentimento de fusão com a unidade que congrega toda a criação pode ser tão prazeroso e profundo quanto a conexão entre amantes.

Esse tipo de conexão profunda não vem facilmente. Não é automática. Se fosse, o sexo casual e o ato de tomar uma droga alucinógena mudariam fundamentalmente a vida das pessoas para melhor. É seguro dizer que não mudam. As condições precisam ser as melhores. A preparação e a ajuda de um guia são a chave para o sucesso. Durante o período da vida em que muitos buscam um novo tipo de conexão, encontrar a orientação e as técnicas certas é primordial. Felizmente, muitas religiões oferecem ambas as coisas.

O tantra não é para tartarugas

Para muitas pessoas, a palavra "tantra" é sinônimo de técnicas para aumentar o prazer sexual. E, se você pesquisar "tantra" no Google, vai encontrar muitos links para a *Cosmopolitan*, o Goop e outros sites de bem-estar que abordam o tema principalmente nesse contexto. Podem mencionar de passagem o potencial espiritual da prática, mas a maior parte da discussão vai se concentrar no êxtase físico.

Em sua encarnação original, porém, o tantra não tinha a ver com prazer. Era um conjunto de crenças e técnicas destinado a tirar as pessoas de seus padrões normais de pensamento e formas de ver o mundo. O objetivo era promover uma experiência direta de contato com o divino. Enquanto algumas técnicas tântricas envolviam práticas tabu (por exemplo, comer carne ou beber álcool se sua religião normalmente proibisse essas coisas, sentar-se em cima de um cadáver para meditar sobre a morte), outras dependiam de manipulações diretas do corpo para atingir estados alterados de consciência. Todas tinham o objetivo de ajudar as pessoas a experimentar uma sensação de comunhão com algo maior que elas mesmas.

No que diz respeito às técnicas tântricas, aquelas que dependem do funcionamento básico do corpo (e uma maneira fácil de manipulá-lo é por meio do sexo) usam um sentimento profundo de conexão com outra pessoa como ponto de partida para uma experiência transcendente maior. E qualquer um desses tipos de conexão pode lançar longe a solidão que a vida às vezes traz, especialmente quando as pessoas decidem viver por conta própria.

Por conta do uso do corpo para manipular a mente, a maioria das técnicas sexuais tântricas se concentra em elementos físicos. Elas compartilham uma ênfase na respiração profunda e no controle dela, no toque e na massagem, em olhares mútuos reconfortadores e no movimento sincronizado. O objetivo não é correr para o clímax; é criar vínculos e se conectar enquanto os participantes se perdem um no outro.

Como muitas tecnologias espirituais, as ferramentas que compõem o sexo tântrico são bem pensadas: a implementação combinada da respiração, da massagem, do olhar e da sincronização corporal exerce uma influência específica na mente. Você pode pensar nisso como um "macete de conexão", porque é exatamente assim que ele opera. Para entender o porquê disso, primeiro precisamos dar uma olhada rápida em como o corpo humano está adaptado para se conectar ao de outras pessoas.

A teoria polivagal (PVT) fornece uma lente perfeita para visualizar a fisiologia das conexões. Em latim, *vagus* significa "errante", e esse é um nome apropriado para o nervo mais longo do corpo. Depois de sair do tronco cerebral, o nervo vago serpenteia pelo corpo, estendendo suas fibras para uma série de músculos e órgãos: partes da boca e da garganta, o coração, os pulmões, o estômago e os intestinos, só para citar alguns. Ele também tem uma dupla função: transmitir informações do corpo para o cérebro, além de ordens do cérebro para o corpo.

Esse nervo tem dois ramos. O mais antigo é comum à maioria dos animais. Répteis têm esse ramo; peixes também. Seu propósito é simples: manter o animal longe do perigo, ativando o sistema de luta ou fuga. Ele eleva a frequência cardíaca e a respiração para que os animais possam escapar das ameaças. Ou, quando a fuga é quase impossível, faz com que os animais finjam que estão mortos ou desmaiem, já que a maioria dos predadores evita comer carniça.

Os animais nem sempre são caçados, é claro. Eles também passam por períodos menos estressantes. Se você é uma tartaruga, um lagarto ou um sapo, não há muito mais a fazer durante boa parte desse tempo, exceto se alimentar. Caso contrário, fora um acasalamento rápido e não muito íntimo aqui e ali, é melhor ficar quieto, conservar sua energia ou continuar procurando comida. Porém, se você é um mamífero, em especial um ser humano, ficar sentado sozinho não é de muita utilidade. Muita gente consideraria que esse é um comportamento problemático. É por meio da construção e do reforço das conexões sociais que a maioria dos mamíferos melhora sua situação na vida. É como nós formamos os vínculos necessários para nossa sobrevivência e bem-estar. É por isso que nós, seres humanos, ao contrário das tartarugas e similares, temos um segundo ramo, mais recente do nervo vago, que nos ajuda a ter uma vida plena.

Esse ramo mais recente tem três funções primárias. A primeira se concentra no coração e em suas ligações com a respiração. Conforme a atividade no nervo vago — também conhecido como tônus vagal — aumenta, a frequência cardíaca e a respiração de uma pessoa diminuem. A segunda função se concentra no sistema endócrino. Quando o tônus vagal aumenta, a liberação de hormônios do estresse no corpo diminui. O tônus vagal mais elevado funciona como um freio em nossa fisiologia; ele nos acalma. A terceira função se concentra na comunicação. O aumento do tônus vagal melhora a expressão das emoções faciais, a capacidade do ouvido interno de se sintonizar a frequências mais associadas à fala humana e a capacidade da laringe de relaxar e produzir sons mais suaves. No geral, o tônus vagal elevado prepara as pessoas para socializar, comunicar-se e se conectar.

Há uma boa quantidade de pesquisas mostrando que o aumento do tônus vagal contribui para vínculos mais fortes e empáticos entre as pessoas. Em crianças, por exemplo, esse aumento proporciona emoções mais positivas, menos comportamentos problemáticos em relação aos outros e aumento das habilidades sociais.[3] Em adultos, um maior tônus vagal está associado a uma melhor conexão social, maior bem-estar e mais empatia em relação aos outros.[4] E, no caso do amor romântico,[5] o tônus vagal de um casal se torna regularmente elevado — funcionando como um calmante da reatividade cardíaca e protegendo o casal contra o estresse.

As religiões encontraram maneiras de manipular o tônus vagal para aumentar nosso senso de conexão e empatia, e talvez a prática do sexo tântrico seja o exemplo mais notável disso. Quando os casais seguem a prática tântrica, intencionalmente desacelerando e aprofundando a respiração, acariciando-se e olhando nos olhos um do outro, seus batimentos cardíacos diminuem ao passo que o tônus vagal aumenta. O sexo tântrico tem menos a ver com o orgasmo do que com a criação de uma sensação transcendente de conexão.

A manipulação direta do tônus vagal por meio do toque, do controle da respiração e do olhar não é a única arma que o sexo tântrico tem em seu arsenal. Ele também muda o estado fisiológico das pessoas por meio da sincronização. Os psicofisiologistas sabem há décadas que, à medida que a distância física entre as pessoas diminui, seus ritmos corporais começam a se espelhar. Suas respirações e frequências cardíacas se sincronizam.[6] Como vimos, uma sincronização maior cria um senso mais forte de conexão. Conforme dois amantes começam a alinhar seus movimentos, é mais fácil para cada pessoa prever os pensamentos e sentimentos do outro. Enquanto os estados corporais começam a se encaixar, a sincronia ajuda a intuição.[7]

A conexão entre indivíduos também funciona no sentido oposto. A sincronia não faz apenas as pessoas se sentirem mais próximas umas das outras; o quão próximas elas se sentem emocionalmente no início de qualquer tipo de contato também pode afetar a sincronia. Por exemplo, estudos mostram que o ritmo cardíaco, a taxa de respiração e o tônus vagal de casais que estão em contato tendem a se sincronizar, mas a fidelidade da ligação — o grau em que os sinais fisiológicos mudam com a sincronia entre os parceiros — depende da satisfação conjugal. Quanto mais felizes os componentes do casal estão um com o outro, mais seus estados corporais se espelham.[8] Com o tempo, isso significa que, à medida que cada ato de sexo tântrico aproxima os amantes, ele também prepara o próximo contato, fornecendo uma experiência de conexão ainda mais forte.

Ao contrário de algumas práticas espirituais, os elementos do sexo tântrico não precisam estar intimamente ligados a princípios teológicos específicos. Eles dependem mais da capacidade de controlar o corpo para influenciar a mente. Assim como a meditação, a prática tântrica é adaptável a uma gama ampla de propósitos e crenças. Há uma nova geração de instrutores sexuais cristãos que ensinam essas técnicas, e professores em grandes universidades cristãs que estão pesquisando a história e o papel que o sexo pode ter desempenhado no pensamento judaico-cristão antigo. Não levar em conta as ideias religiosas hindus e budistas não altera a maneira como as técnicas tântricas afetam o corpo e a mente. Como observamos na meditação, a prática pode funcionar sem a teologia. Então, se estiver interessado nessa rota para a conexão com um parceiro, essas ferramentas são bem fáceis de incorporar.

Mas... e quanto à transcendência? Se você está usando o sexo tântrico para se conectar com mais do que apenas seu parceiro, um estado alterado de consciência precisa estar envolvido com essa prática em algum lugar. É aqui que entra o aspecto rítmico do sexo tântrico. A "batida" sincronizada que os amantes tântricos alcançam não produz apenas uma profunda sensação de ligação; ela também pode mudar a experiência consciente. A estimulação física rítmica constante leva ao arrastamento neural —[9] um alinhamento de sinais nervosos que produz uma explosão na atividade cerebral. Se pensar no cérebro como uma bolha com pulsos elétricos passando por ele, o arrastamento neural significa que os pulsos não parecem aleatórios. Eles parecem estar ocorrendo em sincronia uns com os outros, como se todo o cérebro pulsasse no mesmo ritmo. Conforme esses pulsos se espelham, eles se reforçam mutuamente, até que a intensidade desse sinal interfira no funcionamento normal do cérebro.

Essa mudança nos padrões elétricos comuns do cérebro pode alterar o modo como as pessoas vivenciam o mundo. O cérebro interpreta as informações que vêm dos olhos, ouvidos e outros órgãos dos sentidos. Então, quando o cérebro é "hackeado" dessa maneira, os sentidos também são. O resultado é que os amantes não apenas vão se sentir mais próximos um do outro, mas também mais distantes da realidade cotidiana. Eles podem, de repente, experimentar o que há de divino com o mesmo tipo de clareza e imediatismo com que geralmente percebem o mundo normal todos os dias. Esse é o propósito original do tantra e o motivo pelo qual — apesar de sua reputação de prática "pornográfica" em alguns contextos — ele tem todo o direito de ser classificado como prática espiritual. É essa experiência mística transcendente de conexão que examinaremos agora.

Místicos, monges e cogumelos

Quando a maioria das pessoas pensa em místicos ou monges, geralmente "conexão" não é a primeira palavra que vem à mente. Por definição, monges são figuras menos focadas nos ritmos normais da vida social seguidos pela maioria de nós. No entanto, eles também estão tentando se conectar — com aquilo que é divino. As pessoas que vão por esse caminho não querem estudar ou simplesmente orar a Deus; querem vivenciá-Lo diretamente. Querem quebrar as correntes da realidade cotidiana e normal para sentir o Universo em sua vasta e grandiosa totalidade. Querem abraçar aquilo que as criou, aquilo que as define, aquilo que, no dia a dia, parece estar além do alcance.

Esse desejo não é específico de nenhuma religião. Quase todas as crenças oferecem técnicas para aqueles que querem forjar esse vínculo tão íntimo com o divino. Em um nível amplo, é possível dividir essas técnicas em abordagens destras e canhotas. As abordagens destras se encaixam mais facilmente nos ramos tradicionais de suas respectivas religiões. Seu foco são as práticas que visam alterar a consciência, como a meditação e o ascetismo. Já as abordagens canhotas têm um ar um pouco mais transgressor. Elas são projetadas para romper as ilusões de dualidade ao forçar os limites da experiência, além de quebrar regras. Os participantes podem beber ou fumar substâncias que produzem alucinações, colocar as cinzas dos mortos em seu corpo ou comer alimentos que são tabu para suas crenças. Aqui, novamente, o hedonismo ou o caos não são os objetivos dos rituais. Em vez disso, a ideia é fornecer aos participantes experiências cuja intensidade e natureza transgressora podem acabar com pressupostos convencionais sobre como o mundo funciona. Nesses momentos em que o que parecia certo é destruído, a mente pode abraçar novas maneiras de pensar e ver o mundo.

Embora cada religião baseie suas práticas em um conjunto diferente de crenças, as experiências místicas resultantes geralmente são bem semelhantes. Os estados místicos são descritos como um sentimento de união com o divino ou como uma dissolução do eu no nada. Embora essas duas descrições possam parecer em desacordo uma com a outra, isso também é, de certo modo, uma ilusão, que depende da percepção que se tem do tempo.

Ao comparar as abordagens oriental e ocidental quanto ao misticismo, é tentador supor que a experiência da primeira difira da segunda. Enquanto a teologia judaico-cristã fala de um Deus ativo e intencional com quem é possível se conectar pessoalmente, o budismo enfatiza o vazio e a paz que advém da fusão com ele. Mas, se você analisar atentamente as descrições de experiências místicas de fontes cristãs, conforme o praticante progride, elas se assemelham cada vez mais às de fontes budistas. O senso do *self*, do eu, acaba se dissolvendo em ambos os casos.

Muitos dos místicos cristãos mais famosos — desde Pseudo-Dionísio, o Areopagita, até mestre Eckhart e santa Teresa d'Ávila — falam sobre a transcendência como algo que chega aos poucos, em uma série de etapas. Os estágios iniciais envolvem um sentimento de amor ou mesmo de êxtase espiritual, que vem de uma conexão direta com Deus. A descrição de santa Teresa[10] de uma de suas visões mais famosas captura isso bem:

> Eu vi na mão dele [um anjo] uma longa lança de ouro, e na ponta de ferro parecia haver um pouco de fogo. Às vezes, parecia que ele estava enfiando a lança em meu coração e perfurando minhas entranhas; quando puxava a lança, parecia que também retirava minhas entranhas, e me deixava toda em chamas com um grande amor a Deus. A dor era tão grande que me fez gemer; e, no entanto, a doçura dessa dor excessiva era tão intensa que eu não conseguia desejar me livrar dela. A alma, agora, fica satisfeita com nada menos do que Deus. A dor não é corporal, mas espiritual; embora o corpo tenha seu quinhão dela, até um quinhão grande. É uma carícia de amor tão doce, que agora tem lugar entre a alma e Deus, que peço a Deus, em Sua bondade, que leve essa experiência àquele que pensa que estou mentindo.

Esse sentimento de conexão apaixonada com Deus é tão comum entre os muçulmanos sufis e os consumidores de ayahuasca do Vale do Silício quanto entre os místicos cristãos. Mas, à medida que as pessoas continuam seguindo o caminho místico de qualquer fé, os estágios posteriores são definidos por uma dissolução no nada — uma absorção do indivíduo por Deus, como se vê na descrição de santa Teresa de experiências posteriores, ou uma fusão com a "essência da Divindade", como mestre Eckhart se referiu a ela. Nesse estágio avançado de transcendência, a consciência desaparece de uma forma notavelmente similar entre diferentes religiões. A noção cristã de fusão com a Divindade está muito próxima da ideia hindu de fusão com Brahma — a força subjacente a toda a realidade — e da concepção budista de atingir o nirvana.

Ao avançar de um estado inicial, que santa Teresa descreve como semelhante à comunhão com um amante, para outro, descrito como uma fusão com um divino incognoscível, estamos vendo um reflexo de como o sexo tântrico também altera a mente. Embora os métodos sejam totalmente diferentes, as experiências psicológicas são como ecos umas das outras.

Não é por acaso que algumas práticas místicas evocam um sentimento de conexão amorosa com uma força divina antes que as pessoas percam o senso de si mesmas. Embora uma coisa não seja necessária para a outra, o emparelhamento ordenado — a sensação de conforto diante do nada — é um exemplo de tecnologia espiritual em seu melhor sentido. Perceber que seu senso de "eu" está se dissolvendo, um fenômeno às vezes chamado de morte do ego, pode ser bastante desorientador. Assustador, na verdade. Sentir a realidade mudando diante dos olhos — sem saber onde ela começa ou termina — pode ser a matéria-prima dos pesadelos.

Essas experiências negativas podem acontecer, e de fato acontecem, na busca pela transcendência — coisas como ansiedade, paranoia, e até mesmo terror absoluto. Embora mais comuns entre pessoas que usam técnicas místicas "canhotas", que dependem de alucinógenos ou outras drogas, elas também podem afligir pessoas que utilizam técnicas destras. Cerca de 25% dos que meditam já sofreram pelo menos um ataque de medo, ansiedade ou depressão ao confrontar questões como o vazio e a ausência do eu.[11] Desses, uma pequena minoria sente sua personalidade se despedaçar de uma forma que os faz se perguntar se serão capazes de montá-la novamente. Enquanto algumas dessas situações podem ser explicadas pela presença anterior de algum tipo de doença mental,[12] outras são resultado de uma instrução e preparação precárias no uso dessas técnicas.

A melhor proteção contra os perigos do caminho místico é a sensação de segurança. Como os psicólogos John Bowlby e Mary Ainsworth revelaram décadas atrás, o vínculo é a chave para se sentir seguro ao explorar situações novas. Sentir que alguém ou algo está por perto para conferir segurança enquanto sua visão da realidade muda permite que sua mente fique menos temerosa durante aquela situação. Isso possibilita que você se abra para estados novos e desorientadores, precisamente porque está se sentindo seguro. É por isso que, como veremos, os rituais místicos canhotos geralmente exigem a presença de um guia espiritual. Esse sacerdote ou xamã fornece um andaime para a mente — uma espécie de corrimão capaz de fazer com que as pessoas se sintam seguras e mantenham as coisas no caminho certo enquanto consomem alucinógenos ou usam outras técnicas para alterar a consciência. Sem esse guia, experiências negativas são muito mais frequentes.

Técnicas destras como oração e meditação também se beneficiam desse andaime. Você ainda precisa de um abade, um sacerdote ou um ancião para ensinar as habilidades apropriadas e acompanhá-lo conforme sua prática progride. Mas, depois que alcança alguma competência, os rituais, praticamente por si só, já fornecem a proteção da qual você necessita. O guia não precisa mais estar sempre presente. Como no sexo tântrico, embora utilizando técnicas muito diferentes, os rituais alteram a sua fisiologia para fazer você se sentir conectado e seguro — um estado a partir do qual é possível progredir, sem ansiedade ou medo, rumo a uma experiência de dissolução.

Muitos daqueles que buscam um caminho místico usando técnicas destras o fazem por meio de ordens religiosas. Dedicam parte ou a totalidade de sua vida a essa busca, isolando-se em claustros que oferecem oportunidades inigualáveis para se concentrar em seus objetivos. Para a maioria das pessoas, a vida monástica gira em torno de uma programação diária de oração, contemplação e atividade cerimonial. Mas, em todos os casos, os rituais e práticas prescritos têm o objetivo de produzir a mesma resposta fisiológica: o aumento da atividade vagal. Quando as pessoas realizam esses rituais juntas, também aumentam a sincronia, o que intensifica a sensação de segurança que pode ser crucial para atingir aquela sensação fugidia e extática de unidade com o divino.

Vamos considerar a meditação. Embora pensemos nela principalmente como uma prática budista, muitas religiões a utilizam. Algumas formas dessa prática, especialmente as cristãs, começam destacando uma passagem das Escrituras. Outras contemplam ensinamentos específicos, os chamados *koans*, que lembram enigmas, ou as sensações do próprio corpo. Porém, independentemente da forma exata empregada, quase todos os tipos de meditação incorporam um período de quietude, em que a pessoa se afasta do desfile constante de pensamentos e emoções díspares que constituem a consciência comum.

A *lectio divina* é uma das formas mais conhecidas de meditação cristã e consiste em quatro etapas. Na primeira, a *lectio*, uma pessoa lê uma passagem curta das Escrituras em voz alta, prestando atenção em cada uma das palavras. Na segunda etapa, a *meditatio*, a passagem é lida novamente, mas agora com uma avaliação bastante deliberada e lenta de seu significado mais profundo — a mensagem mais ampla que Deus está oferecendo ao leitor. Na terceira, chamada *oratio*, a pessoa responde à mensagem de Deus com uma oração, às vezes lendo a passagem novamente enquanto agradece pela mensagem e orientação. Na fase final, a *contemplatio*, a interação consciente com Deus cessa. É um período para descansar silenciosamente na presença do divino incognoscível. A *contemplatio* muitas vezes é descrita como um momento para deixar todo o pensamento de lado e comungar com Deus de uma forma em que pareça haver uma fusão da pessoa com Seu poder e amor.

Seja qual for a forma de meditação escolhida, você vai descobrir que, assim como as técnicas tântricas, ela usa a fiação neural do corpo para atingir seu objetivo. Uma maneira de fazer isso é alterando a respiração. As técnicas budistas oferecem instruções específicas sobre como respirar sentado em silêncio. À medida que as pessoas respiram cada vez mais profundamente, a frequência respiratória vai diminuir, e o diafragma será empurrado para baixo em direção ao abdômen. Ambas as ações aumentam o tônus vagal,[13] iniciando uma cascata de mudanças fisiológicas que relaxam o corpo e conduzem a mente em direção a um estado de abertura. Por essa razão, não é surpreendente que os pesquisadores tenham documentado elevações imediatas e, para praticantes regulares, elevações de longo prazo no tônus vagal como consequência da meditação.[14]

Existem outras maneiras de controlar a respiração. Na *lectio divina*, as respirações se tornam mais lentas, mais profundas e mais regulares por meio da recitação de orações e da leitura das Escrituras. Embora não pareça óbvio que ler em voz alta desacelera a respiração, trata-se de um fato comprovado. Quando pesquisadores compararam a atividade cardíaca e respiratória das pessoas enquanto rezavam uma Ave-Maria usando o rosário,[15] recitavam mantras hindus, conversavam casualmente com alguém ou simplesmente ficavam sentadas em uma cadeira, descobriram que, embora as taxas de respiração fossem um pouco mais lentas durante uma conversa casual do que quando as pessoas deixavam sua mente vagar enquanto estavam sentadas em silêncio, recitar orações e mantras estruturados reduzia ainda mais a taxa respiratória.

Enquanto as pessoas respiravam catorze vezes por minuto em uma situação normal, essa frequência caía para seis vezes por minuto ao rezar. Cada inspiração também era mais profunda, o que significa que ela contraía o diafragma numa extensão maior. A mudança resultante no corpo e na mente era a mesma: as frequências cardíacas e a respiração diminuíam conforme o cérebro se acalmava e se tornava mais aberto à conexão. Aqui, novamente, vemos uma tecnologia espiritual funcionando ao máximo. Um dos elementos engenhosos da *lectio divina* é que suas fases iniciais, as que envolvem recitações lentas e cuidadosas e orações, fazem com que o corpo e o cérebro fiquem mais receptivos à última fase: a experiência de uma conexão positiva com o divino durante a *contemplatio* silenciosa.

Em monastérios e templos, as pessoas não meditam ou rezam apenas sozinhas. Os monges budistas frequentemente meditam juntos em grandes salões. Todos os dias, eles cantam músicas sacras e entoam orações como parte de cerimônias comunitárias. Nesses casos, os efeitos na respiração não aumentam o tônus vagal só por causa das ações individuais, mas também pela natureza social dos rituais. Sabemos, por exemplo, que o tônus vagal e os padrões de respiração dos membros de um coral se tornam mais sincronizados conforme à medida que cantam.[16] E a sincronia que surge entre as pessoas, por sua vez, continua a elevar o tônus vagal de todos os envolvidos, de forma similar à do sexo tântrico. O resultado é uma sensação de bem-aventurança e de conexão uns com os outros, conforme as vozes se misturam e se fundem repetidamente.

A própria estrutura dos lugares sagrados, como os monastérios, amplifica os efeitos dos rituais que ocorrem neles. Esses locais não sofrem com as intrusões, barulho e distrações que são tão comuns na vida cotidiana. A cnn não fica berrando com notícias de última hora. O *New York Times* não chega diariamente com relatos de novos horrores. É totalmente o oposto. Esses espaços sagrados exalam atemporalidade e paz. As pessoas que os habitam tentam ecoar essa paz. Elas se vestem de forma simples e se tratam respeitosamente. No geral, é um ambiente que parece calmo, inspirador e seguro.

Como observei no início deste livro, o cérebro é uma máquina de fazer previsões. Mesmo quando não está ciente disso de forma direta, sua mente está sondando os arredores e preparando você para o que pode acontecer. Essa vigilância e dedução debaixo da superfície também influenciam a atividade vagal. Recorde que a informação viaja de duas maneiras ao longo do nervo vago: de cima para baixo e de baixo para cima.

Esse caminho bidirecional significa que a mente não é influenciada apenas por manipulações do corpo, mas pode alterar o tônus vagal por meio de suas previsões a respeito do futuro — um fato explorado pelo design monástico,[17] assim como pela arquitetura de muitos locais de culto. Ao entrar nesses espaços, a mente absorve os sinais de segurança emitidos pelos ambientes tranquilos. Como agora ela se sente segura e assume que provavelmente nenhuma ameaça surgirá ali, então envia comandos ao corpo que aumentam o tônus vagal ainda mais. Esse vai e vem ao longo do nervo vago promove uma aceitação tranquila e uma abertura para conexões e novas experiências. Esse é o estado perfeito para buscar a transcendência.

Esses métodos místicos destros — aqueles que dependem de oração, meditação e, frequentemente, reclusão monástica — consistem em dois passos no caminho para a transcendência, com o primeiro montando um andaime protetor para o segundo. Aqueles que seguem essa abordagem inicialmente sentem amor e uma sensação de segurança antes de, serenamente, darem o próximo passo para o grande desconhecido que é o nada. Fisiologicamente, porém, o que acontece é que o corpo se prepara, com calma e confiança, para um estado diferente de consciência. E é aqui, se olharmos para o nível neurológico, que podemos ver o que o treinamento rigoroso da meditação é capaz de fazer para ajudar a promover esse senso místico de conexão com Deus ou de autodissolução.

Na última década, ficou claro que a meditação altera a atividade na rede de modo padrão do cérebro (dmn, na sigla em inglês).[18] Como o nome sugere, essa rede pode ser identificada por um padrão específico de atividade interconectada em várias regiões do cérebro — que normalmente é encontrada quando a mente está descansando. Nesse contexto, "descansar" significa que a mente está vagando. Fica no popular modo "sonhar acordado". Reflete sobre o passado ou planeja o futuro. Basicamente, todas as coisas que a meditação tenta evitar, para que as pessoas consigam estar perfeitamente presentes agora.

Se a meditação está cumprindo o seu papel, esperaríamos que as pessoas mostrassem menos atividade na DMN enquanto meditam. E é exatamente isso que os neurocientistas descobriram. Durante a meditação, a atividade da DMN de quem é especialista nessa prática é substancialmente menor que a dos novatos.[19] Esse padrão não apenas corresponde a um estado de maior presença e menos distração, mas também, dada a ligação estabelecida entre a atividade na DMN e os pensamentos sobre si mesmo, a um estado de foco reduzido na identidade pessoal. Em outras palavras, a atividade reduzida da DMN de quem medita cria condições perfeitas para perder a consciência de si.

Para buscar essa transcendência, não é preciso ficar sentado em uma almofada ou banco, mesmo quando se utiliza uma abordagem destra. Enquanto a maioria dos cristãos e budistas tenta alcançar a transcendência dessa forma, outras tradições encontraram maneiras diferentes de interromper a DMN. Os místicos islâmicos conhecidos como sufis não se sentam; eles ficam girando. Depois de cantar e recitar orações juntos, muitos sufis começam a rodar o corpo — girando repetidamente, como um pião. Enquanto o canto rítmico que acompanha o ritual sincroniza a fisiologia e aumenta o tônus vagal,[20] o giro — algo que faria a maioria das pessoas se sentirem tontas rapidamente — traz um estado alterado de consciência. Com o tempo, os cérebros dos sufis chegam até a mudar de conformação.[21] Eles apresentam uma espessura cortical reduzida em áreas centrais da DMN, bem como encolhimento em outras áreas cerebrais que rastreiam o movimento — uma mudança que permite ao sufi girar para atingir um estado alterado de consciência sem que se fique tonto ou enjoado.

Os místicos hindus também praticam formas muito ativas de misticismo. Durante milênios, muitos hindus buscando transcendência têm dependido da ioga como apoio para sua jornada. Não me refiro aos vários tipos de ioga agora populares no Ocidente, mas a uma forma mais complexa e exigente, combinada com um foco na recitação de mantras e na contemplação. Ao posicionar o corpo em poses específicas enquanto controla a respiração, a ioga aumenta o tônus vagal.[22] Essa mudança fisiológica, quando combinada com a fixação da atenção da mente em mantras, funciona de maneira semelhante à maioria dos modos de meditação: pode fornecer um andaime de segurança enquanto o senso de identidade se desvanece.

Esses dois elementos — o andaime e a dissolução da identidade — abrangem abordagens bem-sucedidas do misticismo em todas as religiões. Mas, embora os caminhos místicos destros possam ser bastante eficazes, eles levam tempo para ser aprendidos. As abordagens canhotas conseguem ser muito mais rápidas. Podem funcionar num prazo de horas, em vez de meses ou anos.

Entre as muitas abordagens canhotas para a transcendência, as substâncias psicoativas estão entre as mais populares. Durante séculos, os povos indígenas da América do Sul têm utilizado uma bebida de origem vegetal chamada ayahuasca como remédio espiritual — uma bebida que pode curar feridas psicológicas ou oferecer insights ao remodelar fundamentalmente as percepções quanto ao mundo e desconstruir o senso de si mesmo. No entanto, apesar de todo o seu poder, a ayahuasca não é agradável. É uma bebida amarga e fermentada, feita a partir da fervura de cipós da espécie *Banisteriopsis caapi* e folhas da planta *Psychotria viridis*. A combinação é necessária porque, embora as folhas de *P. viridis* contenham o alucinógeno N,N-dimetiltriptamina, mais conhecido como DMT, essa substância é rapidamente desativada por uma enzima digestiva no estômago. Os cipós de *B. caapi* contêm uma molécula que impede essa enzima digestiva de degradar o DMT, permitindo que o alucinógeno entre na corrente sanguínea e alcance o cérebro.

Uma das coisas que me parecem mais interessantes a respeito da ayahuasca é que seu DMT afeta o cérebro de forma semelhante ao obtido com a meditação: ele reduz a atividade na rede do modo padrão. Cerca de quarenta minutos após a ingestão de ayahuasca, a DMN começa a se acalmar. Então, além de causar alucinações visuais e auditivas, o DMT na ayahuasca atinge diretamente as partes do cérebro das quais emerge o senso de identidade. Ao fazer isso, ele permite que as memórias da mente se misturem às percepções vindas do mundo exterior, ao mesmo tempo que confunde o todo em uma combinação aparentemente fantástica, na qual o senso coerente de identidade se dissolve.

Como você pode imaginar, essa mistura potente é capaz de produzir um estado mental imprevisível. Quando funciona bem, a ayahuasca pode trazer sentimentos de conexão profunda e universal. Mas, quando não dá certo, tem potencial para produzir um show de horrores desorientador. Sean Illing,[23] que escreve para a *Vox*, é autor de uma das minhas descrições favoritas dessas possibilidades duplas. Ele decidiu investigar pessoalmente os efeitos da ayahuasca antes de escrever sobre ela. Foi para um centro de bem-estar da Costa Rica que oferece retiros de ayahuasca. Certa noite, durante uma cerimônia, ele descreveu como o consumo da bebida o levou a rememorar vividamente um momento lindo: a primeira vez que ele e sua esposa fizeram amor. Ele podia ver o lago na frente deles e sentir o cheiro do ar fresco do campus da faculdade onde estavam na época. Ali, conta ele, "Não havia ego. Não existia mais um 'eu' isolado, uma pessoa separada com uma consciência distinta". Mas, então, a visão ficou mais sombria. Ele também começou a perceber cada situação do relacionamento dos dois em que sua esposa havia procurado por ele, mas ele se afastara. Durante cerimônias em outras noites, ele se sentia feliz ao se ver flutuando no ventre de sua mãe, mas depois, no meio da náusea intensa que a ayahuasca normalmente provoca, sua visão mudou, revelando quarenta ou mais cobras amarelas saindo da boca de uma pessoa ao lado e entrando na sua.

Essas são as bênçãos e as provações trazidas pela ayahuasca. Como acontece com muitas técnicas destras, ela também é capaz de proporcionar um caloroso brilho de conexão antes de explodir completamente sua cabeça, permitindo que você veja o mundo sob uma luz diferente. Mas, em outros casos, ela pode lançar quem a utiliza em uma espécie de paisagem infernal caleidoscópica. A experiência é quase sempre intensa, mas as chances de essa intensidade parecer esclarecedora ou assustadora depende da sua preparação.

Ao reduzir o tempo e o esforço necessários para atingir a transcendência, as técnicas canhotas também têm mais probabilidade de representar um perigo. Ao perder ou romper algumas das proteções que mantêm a mente segura, as modulações cuidadosas do tônus vagal, a orientação especializada de um professor, há mais potencial para as coisas darem errado. Agora que a ayahuasca está se tornando mais popular — rituais "instantâneos" podem ser encontrados quase diariamente nos bairros elegantes do Vale do Silício e do Brooklyn —, esse é um problema crescente. O uso de substâncias poderosas como essa requer conhecimento especializado, aprimorado por séculos de uso. Quando os rituais são alterados — e a sabedoria dos praticantes originais é desconsiderada —, os riscos passam a ser maiores.

Tradicionalmente, as cerimônias de ayahuasca eram conduzidas por xamãs, que passavam por anos de treinamento. Era trabalho do xamã guiar as pessoas, mantê-las seguras durante a purgação violenta que geralmente ocorre como efeito colateral e ajudá-las a dar sentido ao que vivenciam enquanto estão sob a influência da bebida. Os xamãs também costumam cantar *icaros* (canções complexas, rítmicas e "mágicas" de cura) durante as cerimônias e encorajam as pessoas a cantar com eles. Aqui, novamente, cantar e entoar certas palavras é algo que provoca conforto e estados síncronos de consciência, funcionando como "andaime" para enfrentar a chegada das alucinações e a sensação de morte do ego. Além disso, como já está demonstrado que a ayahuasca coloca as pessoas em um estado elevado de atenção plena por até 24 horas após a ingestão,[24] a orientação e as interpretações oferecidas pelos xamãs têm tempo para se consolidar na mente dos participantes, enquanto voltam a experimentar sua identidade e refletem sobre como sua compreensão de si mesmos e do mundo deve mudar.

Os cogumelos mágicos funcionam de forma semelhante, embora geralmente com muito menos vômitos. A "mágica" nesses cogumelos é o alucinógeno psilocibina. Como a ayahuasca, a psilocibina reduz a atividade da DMN do cérebro. Embora muitos tipos de cogumelos contenham psilocibina — um fato usado em graus variados por diferentes culturas em diversos continentes —, alguns dos usos mais conhecidos se concentram na espécie *Psilocybe aztecorum*, que os astecas chamavam de "cogumelo divino". Hoje, o povo mazateca do México é o que conta com a mais antiga tradição de uso do fungo.

Durante séculos, os mazatecas praticaram uma fé que combinava o catolicismo trazido pelos espanhóis às crenças nativas existentes anteriormente na região. Em sua essência, a maneira como esse povo utiliza os cogumelos não difere muito do roteiro da ayahuasca. Geralmente, a cerimônia começa após o pôr do sol, com xamãs conduzindo cantos rítmicos enquanto as pessoas se sentam em roda, batendo palmas ritmadas. Depois de uma hora ou mais dessa música sincronizada, os xamãs distribuem o cogumelo, que são consumidos pelos participantes. Pouco depois, os estados alterados de consciência começam, com os xamãs sempre atentos e ajudando as pessoas a compreender o que está acontecendo.

Dentro da mente, a psilocibina opera sua mágica de modo semelhante à da ayahuasca. Em níveis baixos, produz alucinações visuais, auditivas e táteis. Mas, em níveis mais altos, pode levar à morte do ego. Como ela afeta diretamente a DMN, o senso de identidade das pessoas se dissolve e, com isso, elas experimentam uma sensação de fusão com o mundo natural ou com a divindade. Muitos usuários relatam suas experiências com a psilocibina como uma das mais significativas de sua vida.

Pode até parecer exagero, mas não é. Em 2006, uma equipe de psicofarmacologistas da Universidade Johns Hopkins examinou as ligações entre a psilocibina e as experiências místicas, fazendo com que as pessoas a ingerissem em laboratório.[25] Para garantir que ninguém estivesse intencionalmente tentando provocar ou fingir um estado alterado de consciência, os pesquisadores usaram um método duplo-cego. Durante cada sessão, nem os pesquisadores nem os participantes sabiam se as pílulas continham psilocibina ou outra droga (um estimulante suave). Antes que alguém tomasse as pílulas, os pesquisadores passaram um bom tempo conversando com cada participante para construir um senso de confiança. Eles também permaneceram durante a sessão, agindo como xamãs modernos, oferecendo orientação e uma sensação de segurança ao longo da experiência confusa que estava se desenrolando.

Algumas horas após a ingestão das pílulas, os pesquisadores perguntaram sobre as experiências dos participantes. Para aqueles que tomaram psilocibina, as últimas horas tinham sido uma viagem. Eles tiveram alucinações visuais e auditivas. Mas essas viagens não foram simplesmente experiências novas; as pessoas relataram que estavam imbuídas de um senso de sacralidade. Esses estados eram profundamente positivos, fazendo as pessoas se sentirem como se tivessem transcendido o tempo e o espaço. No entanto, talvez o mais significativo de tudo, foi que, quando a equipe de pesquisa reavaliou as pessoas depois de dois meses, 71% dos que tomaram psilocibina relataram que a experiência tinha sido um dos cinco grandes momentos de espiritualidade pelos quais já tinham passado. E 67% dos participantes disseram que foi uma das cinco experiências mais significativas de sua vida inteira. E, lembre-se, isso aconteceu simplesmente porque eles engoliram uma pílula enquanto estavam sentados em um laboratório bastante anódino. Imagine o significado adicional que poderia surgir do uso da psilocibina no contexto de um ritual religioso.

Ao estilhaçar o senso do ego, as experiências místicas induzidas quimicamente, assim como as práticas mais rigorosas, derivadas da meditação e das técnicas destras, oferecem uma oportunidade de reformular essa consciência de si mesmo — de alterar fundamentalmente a maneira como as pessoas enxergam o mundo e o seu lugar nele. Na verdade, o uso de psilocibina mostrou-se capaz de fazer as pessoas se tornarem mais imaginativas e receptivas a novas ideias por até um ano após o contato com a droga.[26] Assim como no caso da ayahuasca, no entanto, as experiências positivas não estão garantidas; elas geralmente exigem orientação especializada.[27]

Pegue a minha mão

O desejo pela conexão é algo profundo — tão profundo que está embutido na fiação do nosso cérebro e corpo. Para Erik Erikson, um dos psicólogos do desenvolvimento mais famosos do século XX, encontrar essa conexão é o desafio mais importante que enfrentamos quando estamos na casa dos vinte e dos trinta anos. Enfrentar esse desafio requer mais do que encontrar um parceiro; significa encontrar uma alma gêmea. Alguém, ou, no caso daqueles que buscam o caminho místico, *algo* com o qual você se funde tão completamente que pode perder a consciência de próprio eu. Como o mestre sufi Rumi argumentou,[28] são os conceitos de "você" e "eu" que impedem as pessoas de sentir a bem-aventurança da união: "Eu, você, ele, ela, nós. No jardim dos amantes místicos, essas não são distinções verdadeiras".

Se você está procurando uma conexão espiritual — seja por si só ou como complemento ao vínculo com um parceiro —, há duas maneiras de chegar lá. Você pode pegar a mão direita ou a esquerda. Uma não é necessariamente melhor que a outra. Apenas funcionam de maneiras diferentes. Ou pode pegar as duas mãos. Muitas pessoas buscam uma prática meditativa rigorosa ou utilizam psicodélicos cuidadosamente, ao mesmo tempo que vivem no "mundo real", longe de qualquer claustro. Muitos não hindus estão descobrindo como o sexo tântrico pode ser um elo com a espiritualidade.[29] Independentemente da rota e do projeto que adote, a recompensa mais importante, mesmo se você só conseguir experimentá-la por alguns instantes, é a transcendência.

Esse termo pode parecer brega ou nebuloso para alguns. Mas é real. Até Albert Einstein, que não tinha fé em um deus pessoal, acreditava que um sentimento de transcendência mística estava entre as experiências emocionais mais belas e profundas disponíveis para a humanidade.[30] "Aquele para quem essa emoção é estranha... é como se estivesse morto", escreveu ele. Milhares de pessoas compartilham sua visão em algum nível, conforme demonstrado pelo crescente interesse por meditação, pela ayahuasca e pela psilocibina durante a última década.

Para aqueles que escolhem buscar as experiências místicas, deixe-me reafirmar minha nota de cautela: nem sempre a coisa dá certo sem uma orientação cuidadosa. Essas práticas precisam ser estruturadas. É o que disse Michael Pollan,[31] que se aprofundou no estudo da história e do uso de psicodélicos: "Quando substâncias como a psilocibina e o LSD ganharam popularidade nas décadas de 1950 e 1960, elas chegaram sem um manual de instruções. Meio século depois, ainda estamos lutando para descobrir a melhor forma de aproveitar seu potencial assombroso". Pollan, assim como eu, acredita que uma maneira de reduzir danos potenciais do uso é estudar as culturas que há muito utilizavam psicodélicos para propósitos espirituais. Por meio de uma vasta experiência, elas desenvolveram um manual de instruções que os *hipsters* do Brooklyn ou xamãs do Vale do Silício talvez não conheçam. Considerando que, conforme observa Pollan, cerca de 8% das pessoas que têm uma "viagem ruim" acabam buscando atendimento psiquiátrico, encontrar o guia certo para qualquer tentativa de transcendência é essencial.

A mesma lógica se aplica à meditação. A McMindfulness, apelido satírico muitas vezes atribuído à indústria de fundo de quintal da meditação de hoje, provavelmente não fará muito bem às pessoas. Nas versões de retiro corporativo, muitos aspectos tradicionais foram retirados da prática. No entanto, em sua forma tradicional, a meditação não apenas aumenta o senso de conexão com os outros, mas também pode, com o tempo, proporcionar aquele sentimento único de transcendência.[32]

Ainda assim, só porque as religiões desenvolveram andaimes rituais para essas técnicas, não significa que elas não possam ser modificadas. Isso não quer dizer que o mesmo *icaro* precisa ser cantado em todas as cerimônias de ayahuasca, ou que os passos da *lectio divina* devem ser seguidos rigidamente com relação à leitura das Escrituras. Parte do conteúdo pode ser alterado, desde que a estrutura e os objetivos permaneçam os mesmos. Na verdade, vemos isso com a meditação em si. Tanto dentro do budismo quanto entre outras religiões, as formas exatas de meditação — os mantras, as orações, os símbolos usados — variam muito. Mas a estrutura subjacente às técnicas — o silêncio, o foco, a atenção à respiração, a utilização de cânticos ou recitações — é recorrente. O objetivo é acalmar o corpo e focar a mente por meio de técnicas que modificam a fisiologia humana.

O mesmo acontece com os psicodélicos. Roland Griffiths, um dos principais farmacologistas que estudam as ligações entre a psilocibina e as experiências místicas, demonstrou que, mesmo quando as pessoas consomem esse alucinógeno em um laboratório, o resultado ainda pode parecer profundamente significativo. Em seu trabalho mais recente,[33] Griffiths descobriu que a psilocibina pode ajudar a curar a ansiedade e a depressão que vêm do temor existencial. Ao administrar uma única dose a pessoas com câncer avançado, ele relatou que 75% delas experimentaram uma melhora significativa no estado de espírito, mesmo quando diante da morte iminente. Elas sentiram mais conexão, compaixão e gratidão pelas pessoas e pelo mundo ao seu redor. Muitas até começaram a confortar parentes preocupados.

Griffiths também descobriu que a preparação e o ambiente em torno do uso do medicamento desempenham um papel importante em seu funcionamento. Sua equipe passava horas conversando com as pessoas sobre seu câncer e sobre o que aconteceria quando tomassem o medicamento. Quando alguns começavam a ter uma experiência negativa sob a influência do fármaco, os membros da equipe buscavam acalmá-los, segurando suas mãos para ampará-los. Com esse amparo, o desconforto e o medo diminuíam, levando-os a uma experiência transcendente e a uma redução duradoura da depressão e ansiedade.

As recitações, canções, movimentos sincronizados e coisas do tipo, que tradicionalmente acompanham técnicas místicas, têm um propósito: preparar nossa mente para a experiência que está por vir. Eles nos levam a um estado de calma e conexão. No entanto, a atividade vagal que fundamenta esse estado pode vir de outras maneiras também. Conversas pacientes, atentas e positivas como as dos experimentos de Griffiths também são capazes de aumentar o tônus vagal. Um método é melhor que o outro? Essa é uma questão que os cientistas ainda precisam estudar. Mas posso dizer com segurança que, se ignorarmos a mão orientadora que os rituais tradicionais fornecem na busca pela transcendência — quer os adotemos por atacado ou alcancemos os mesmos efeitos biológicos e psicológicos por outros métodos —, podemos não apenas perder experiências melhores, mas também acabar brincando com fogo.

5 TAREFAS DA MATURIDADE I:

A manutenção do corpo

Todo mundo sabe que o sucesso e a satisfação com a vida dependem, em grande medida, da saúde mental e física. Uma doença do corpo pode ser limitadora durante anos; um problema mental é capaz de nos lançar em uma prisão de desespero. A religião deveria prover tecnologias espirituais que melhoram e consertam nosso corpo e mente, e é o que ela costuma fazer.

O fato de que muita gente se volta para a religião em busca de cura provavelmente não vai surpreender ninguém. Para aqueles que sofrem com ferimentos ou doenças, a ideia de pedir ajuda a Deus para obter conforto ou cura é especialmente atraente. Enquanto 26% das pessoas nos Estados Unidos oram regularmente a Deus pedindo saúde,[1] esse número aumenta muito quando a doença parece prestes a aparecer. Durante a pandemia de covid-19 em 2020, o número de adultos norte-americanos que rezavam por saúde e pelo fim da moléstia mais que dobrou, chegando a 55%.[2] E um quarto dessas pessoas nem tinha religião; elas começaram a rezar apenas quando a perspectiva de contrair covid fez com que a mortalidade delas de repente parecesse muito próxima.

Quando uma ameaça à saúde não é apenas uma possibilidade distante, mas uma realidade iminente, a porcentagem de indivíduos que oram cresce ainda mais. Cerca de 85% das pessoas que enfrentam uma crise de saúde, como o câncer, relatam que recorrem à oração.[3] Mas essa não é a única ferramenta que a religião tem a oferecer. Ela também conta com rituais destinados a curar o corpo e a mente.

Quando se trata de melhorar a saúde, a religião funciona de duas maneiras. A primeira envolve algo semelhante a uma vacina. As vacinas funcionam preventivamente, pois impedem um problema antes que ele crie raízes. Ao aumentar a resposta imunológica aos diferentes vírus da gripe, a vacina contra essa doença protege o corpo de um ataque viral que ocorre todos os anos. Infelizmente, nem sempre conseguimos evitar doenças ou ferimentos. Por sorte, a religião também funciona como um remédio. Ao contrário das vacinas, os remédios são empregados quando uma doença ataca. Tomamos antibióticos para curar uma infecção ou inibidores seletivos da recaptação da serotonina para combater a depressão. Como veremos neste capítulo, as práticas religiosas adotam métodos preventivos e restauradores para proteger nosso corpo e mente contra os prejuízos causados pela idade, pelos ferimentos e pelas doenças.

Antes de examinarmos como isso ocorre, quero fazer duas ressalvas. Primeiro, não vou discutir medicamentos religiosos. Com isso, quero dizer que evitarei falar sobre remédios ou terapias da sabedoria popular. Muitas religiões têm tradições de cura, como o ayurveda do hinduísmo ou a medicina tradicional chinesa baseada no dualismo cósmico do yin-yang, que envolvem terapias com ervas ou dietas específicas. Não estou dizendo que tais práticas não podem ser eficazes. Algumas funcionam bem, outras não fazem nada e algumas fazem mais mal do que bem. Qualquer uma que seja útil muitas vezes terá efeitos limitados: é um tratamento específico para uma doença específica. Por essa razão, é melhor deixar o estudo dessas terapias para os bioprospectores, já que elas provavelmente funcionam mais por meio da bioquímica, tal como ocorre com fármacos ou nutrientes, do que por meio de uma estrutura religiosa específica.

Em segundo lugar, não abordarei o poder das divindades para curar diretamente. Como cientista, posso dizer que não há evidências fortes de milagres de cura. Provar que curas baseadas na fé funcionam exigiria exemplos consistentes e replicáveis, envolvendo muitas pessoas — o mesmo padrão que exigiríamos para licenciar o uso de qualquer novo medicamento. Até o momento, as evidências disso simplesmente não existem. Dessa forma, muitos de nós, inclusive eu, vimos casos notáveis de cura que são difíceis de explicar por meio de uma perspectiva estritamente científica. Portanto, embora não possa provar que milagres acontecem, também não posso provar que eles não acontecem. Essa questão, assim como a questão da existência de Deus, está muito distante do escopo deste livro.

Neste capítulo, me concentrarei nas maneiras pelas quais a religião pode favorecer o bem-estar físico e mental. Aqui, como em muito do que examinamos até agora, veremos que os efeitos da religião na crença e na comunidade desempenham papéis centrais.

Doses de reforço

Sarampo, pneumonia, gripe — todas são doenças que esperamos evitar e para as quais temos vacinas que nos protegem. Como acontece com qualquer vacina, porém, a taxa de sucesso não será de 100%. Ainda assim, elas reduzem substancialmente as chances de sucumbirmos a uma doença específica. A religião, como eu disse, pode funcionar de forma semelhante — não preparando diretamente nosso sistema imunológico para combater um patógeno específico, mas aumentando a resiliência do corpo e da mente para que possam enfrentar melhor quaisquer desafios de saúde que possam surgir.

Isso não significa que a ligação entre religião e saúde seja tão direta quanto, digamos, a ligação entre a vacina contra a varíola e a varíola. Muitos fatores podem complicar esse quadro. O primeiro tem a ver com o momento. As estatísticas que citei mostram que muitas pessoas recorrem à religião apenas quando já estão doentes, o que elimina qualquer benefício semelhante ao da vacina que a religião possa oferecer. Outras pessoas se voltam para a religião mais tarde na vida, em um esforço para encontrar significado ou preparar sua alma para uma morte que pode vir mais cedo do que gostariam. Também nesses casos, a capacidade da religião de manter o corpo saudável é um tanto limitada; os anos cobraram seu preço sem o efeito amortecedor. Um corpo que ainda não foi fortalecido pela prática religiosa necessariamente começa em um estado mais fraco quando surgem desafios de saúde.

Uma segunda complicação é que algumas religiões — ou comunidades menores dentro delas — desaprovam a medicina moderna. Determinados grupos, como os membros da Ciência Cristã, rejeitam quase todos os tratamentos médicos; outros, como judeus ortodoxos ou membros da Igreja Reformada Holandesa, evitam as vacinas. Essas decisões teologicamente orientadas tendem a prejudicar a saúde.

Ainda assim, se é verdade que, no geral, a religião pode proteger a saúde, deveríamos ser capazes de encontrar evidências desse efeito, mesmo quando levamos em conta não apenas essas complicações, mas outras relacionadas à renda, ao acesso a cuidados médicos e outras coisas do tipo. Embora a ligação entre religião e saúde possa ser difícil de identificar claramente em qualquer pessoa, deveríamos ser capazes de ver a ajuda que a religião oferece quando analisamos centenas de pessoas.

Quando o Pew Research Center examinou muitos dos maiores bancos de dados do mundo para estudar as ligações entre religião e bem-estar,[4] descobriu que mais pessoas (nos Estados Unidos) que participavam ativamente de suas religiões relataram melhor saúde do que aquelas que eram menos engajadas ou sem filiação religiosa (32% versus 27% e 25%, respectivamente), mesmo considerando em paralelo uma série de outros fatores demográficos e econômicos. Cidadãos do México e de Taiwan mostraram um padrão semelhante. No entanto, mesmo em países onde essa ligação não pareceu tão forte, pessoas que se envolviam ativamente com suas religiões tendiam a evitar certos riscos à saúde mais do que outras. Por exemplo, o Pew observou uma redução de 5% no número de participantes que disseram que bebiam álcool com frequência e uma redução de 10% no número que disse que fumava regularmente — dois comportamentos fortemente ligados aos danos à saúde.

Como psicólogo, posso dizer que, embora os autorrelatos das pessoas sejam uma forma valiosa de reunir muitos dados, também não são necessariamente precisos. Não é que a maioria minta, mas elas não são a melhor fonte objetiva de informações sobre suas próprias experiências. O que uma pessoa considera ser boa saúde pode ser, para alguém, um estado que requer uma visita ao médico. Todos nós temos diferentes limiares de preocupação médica. Por essa razão, acho que as melhores informações sobre as ligações entre religião e saúde vêm de estudos que usam medidas mais objetivas: pressão arterial, função cardíaca, diagnósticos de saúde mental e taxas de mortalidade.

Em 2001, a Clínica Mayo conduziu uma revisão sistemática de centenas de estudos das três décadas anteriores que examinaram as ligações entre religião e saúde.[5] Endossando minha ideia de vacina, um padrão claro surgiu: a vasta maioria dos estudos descobriu que participantes com regularidade de atividades religiosas eram objetivamente mais saudáveis. Para ter uma ideia, vamos começar com o que é provavelmente a medida mais ampla e inequívoca de saúde: não morrer. Um grande estudo que acompanhou mais de 5 mil pessoas (com idades entre 21 e 65 anos) por 28 anos mostrou que aqueles que eram ativos em suas religiões tinham 23% menos probabilidade de morrer durante esse período do que os outros, mesmo ajustando fatores como idade, índice de massa corporal, saúde inicial do paciente e nível educacional. Outro estudo, que acompanhou quase 2 mil adultos com 55 anos ou mais, descobriu algo bem parecido: uma redução de 24% na taxa de mortalidade para os religiosamente ativos em comparação com os inativos. De fato, quando a Clínica Mayo analisou 42 desses estudos, os quais, no total, abrangeram mais de 126 mil pessoas, notou-se que a religião trouxe um benefício inconfundível: aqueles que participavam ativamente de sua fé tiveram uma taxa de sobrevivência 29% maior em comparação com os outros durante os anos em que foram acompanhados.

Refinando um pouco o nosso foco, vamos examinar primeiro as doenças cardiovasculares. Um estudo com 10 mil homens israelenses mostrou que fazer parte de uma comunidade ortodoxa diminuiu o risco de um ataque cardíaco fatal em 20% em comparação com aqueles que seguiam um estilo de vida mais secular, mesmo quando são levados em conta a idade, os níveis de colesterol e outros fatores de saúde relacionados. Em uma linha semelhante, outro estudo que acompanhou quase 4 mil adultos com 65 anos ou mais mostrou que aqueles que eram religiosamente ativos tinham 40% menos probabilidade de sofrer de pressão alta. Mais uma vez, não estamos falando de dados pinçados de forma enviesada. Conforme o relatório da Clínica Mayo deixa claro, 75% dos estudos que examinam o efeito da religiosidade na saúde cardíaca mostram um benefício, assim como 87% dos estudos sobre pressão arterial.

Quando os autores do estudo voltaram sua atenção para outras medidas objetivas de saúde, os resultados foram os mesmos. Pessoas que se envolviam mais com as práticas de sua fé consumiam alimentos mais saudáveis, fumavam menos, passavam por menos internações, e aqueles que precisaram tiveram estadias mais curtas no hospital. Vistas em conjunto, essas descobertas deixam claro que a religiosidade melhora a saúde física das pessoas.

Claro, a boa saúde não envolve apenas o corpo. O cérebro também pode ser afetado por doenças. Mas, assim como a saúde do corpo que o carrega, a saúde mental também se beneficia da participação regular em atividades religiosas. Por exemplo, um estudo com pessoas de 55 a 89 anos descobriu que estar mais envolvido com a religião não apenas reduziu o risco de ficar deprimido, mas também encurtou o tempo que era preciso para se recuperar de um episódio depressivo, caso ocorresse. Assim como nas descobertas sobre a saúde física, há muitos outros estudos que apoiam esses achados. De 29 estudos que a Clínica Mayo examinou com foco em religiosidade e depressão, 24 confirmaram benefícios. Os efeitos da religião nos transtornos de ansiedade seguem um padrão similar. Uma revisão abrangente de quase setenta estudos, alguns prospectivos, ou seja, examinaram mudanças nas pessoas conforme sua religiosidade crescia ou diminuía, confirmando que a participação regular em atividades religiosas está associada a níveis reduzidos de ansiedade.

Os benefícios da religião para o bem-estar psicológico não se limitam à prevenção de transtornos de humor. Um dos problemas mais comuns que acompanham crises de saúde sérias e contínuas, como câncer ou esclerose múltipla, é o desgaste mental que vem de um novo sentimento de vulnerabilidade. Não só o sofrimento de uma doença crônica pode deixar as pessoas lutando contra a dor, a tristeza e o medo, como também pode levar a outras preocupações existenciais sobre o propósito de sua vida. Práticas religiosas demonstraram ser capazes de aliviar esses problemas existenciais, que podem atormentar as horas de vigília daqueles que enfrentam doenças longas ou até mesmo terminais.

Um exemplo disso pode ser visto no caso de pessoas que estão lidando com um estágio avançado de câncer, enfrentando diariamente tanto sua mortalidade quanto a dor causada pela doença e pelo tratamento. Aqueles que usam estratégias positivas de confrontamento religioso — como orações focadas no amor de Deus e em um senso de conexão com comunidades religiosas — relatam uma melhor qualidade de vida.[6] Ler as Escrituras, orar e buscar aconselhamento pastoral são coisas que têm um papel importante nisso, auxiliando as pessoas a lidar com a situação e a reduzir o estresse. Se examinarmos outras doenças crônicas, em vários casos encontraremos um padrão semelhante.[7]

Como exatamente a religião protege a saúde das pessoas? Aqui, de novo, grande parte de sua influência ocorre por meio de duas rotas:

crença e comunidade. Em quase todos os estudos que descrevi, a religião ofereceu benefício considerável somente aos que participaram ativamente de sua prática. Marcar uma alternativa em uma pesquisa para se autoidentificar como muçulmano, judeu, cristão ou budista não melhora em nada a nossa saúde. Essas melhorias vêm apenas quando se vive uma fé — engajando-se regularmente em práticas e rituais que ajudam nossa crença e nosso senso de comunidade a crescer.

Para observar como isso funciona, vamos começar com a crença. Muitas religiões dão ênfase aos comportamentos saudáveis, utilizando a ideia do corpo como um templo. Muitas desaprovam explicitamente o excesso de álcool, tabaco ou drogas recreativas. Como seria de se esperar, é verdade que aqueles que têm crenças religiosas mais fortes tendem a fumar menos, beber menos e evitar o abuso de substâncias, como já dissemos.[8] Também é verdade que um maior engajamento religioso torna as pessoas mais propensas a consultar um médico para cuidados preventivos.[9] Na verdade, o Talmude do judaísmo aborda explicitamente esse tema,[10] a ponto de proibir a vida em cidades onde não há médico presente.

No entanto, o efeito da crença não se limita a regras estritamente relacionadas à saúde. A crença básica em uma divindade também desempenha um papel importante nisso. Como mencionei na introdução deste livro, a fé religiosa proporciona uma sensação tranquilizadora de que, na vida, tudo acontece por uma razão. Esse estresse reduzido, que corresponde à diminuição da tensão nos sistemas cardiovascular e imunológico, está diretamente ligado a uma saúde melhor. Simplificando, se você acredita que Deus o ama e tem um plano para você, ao enfrentar uma doença, você vai sentir menos estresse. No entanto, se começar a questionar sua fé — a sentir que Deus o abandonou —, acontecerá exatamente o oposto: sua qualidade de vida vai sentir o impacto.[11] Aqui está, de novo, o motivo pelo qual participar ativamente de cerimônias religiosas que enfatizam o amor de Deus pode promover o bem-estar, mesmo em tempos de crise.

Participar de práticas religiosas também constrói um sentido de comunidade. Como vimos, simplesmente ficar sentado em uma sala com outras pessoas não é suficiente para que os presentes se sintam emocionalmente próximos. As religiões não são apenas um clube; elas influenciam o cérebro de maneira mais profunda. Orar, cantar e se movimentar juntos estimula a mente a criar e fortalecer vínculos sociais. É dessa maneira que os rituais sincronizam batimentos cardíacos, taxas de respiração e movimentos corporais, causando uma sensação de conexão entre pessoas cuja interação entre si, sem isso, nunca iria além de um rápido "olá". Os sentimentos de gratidão e compaixão que os sermões e as orações produzem transbordam naquele momento para tornar os ouvintes mais dispostos a dar as mãos e iniciar um relacionamento que, sem essas estratégias, nunca teria florescido. Rituais compartilhados fornecem o calor capaz de quebrar o gelo ou de soldar um vínculo social.

Já vimos como essas práticas podem aumentar o vínculo em pequena escala, mas, quando consideramos questões de saúde, ter uma perspectiva mais ampla é útil para entender o quão eficazes elas podem ser. Ao pesquisar 2500 norte-americanos em todas as faixas etárias, o American Enterprise Institute descobriu que participar de uma congregação religiosa reduziu a porcentagem de pessoas que relataram se sentir solitárias com alguma frequência de 45% para 35%.[12] É ainda mais interessante notar como esse padrão muda se você dividi-lo por idade. A geração Y tende a ser um pouco mais solitária do que os baby boomers, a geração pós-Segunda Guerra Mundial. Parte dessa diferença pode ser explicada pelo fato de que essa geração mais jovem tem menos raízes em um local específico e é menos propensa a se casar. Mas a religião também desempenha um papel relevante nisso.

Os millennials são menos religiosamente ativos do que os boomers. Depois de levar em conta isso, junto com as diferenças nas taxas de casamento e mobilidade geográfica, a disparidade na solidão entre os dois grupos desaparece. Em outras palavras, a atividade religiosa é um dos três fatores fundamentais que determinam se um jovem provavelmente vai se sentir sozinho no mundo. Enquanto 35% dos millennials que participam de cerimônias religiosas pelo menos uma vez por semana relatam se sentir solitários, esse número sobe para 50% entre aqueles que nunca comparecem.

Entre os idosos — uma época da vida em que a solidão pode aumentar devido à morte de cônjuges e amigos —, participar de atividades religiosas cria um senso de conexão. Um grande estudo do National Social Life, Health, and Aging Project[13] com adultos dos Estados Unidos, com idades entre 57 e 85 anos, confirmou que participar regularmente de cerimônias religiosas os ajudou a se tornar parte de uma comunidade e, como consequência, a se sentir menos solitários.

Quando se trata de doenças físicas, os vínculos sociais também desempenham um papel importante. A solidão contribui para uma série de enfermidades, incluindo doenças virais, problemas cardíacos, diabetes, distúrbios do sono, hipertensão e depressão. Conclui-se que qualquer coisa que uma pessoa faça para reduzir a solidão também deve melhorar sua saúde. E, como acabamos de ver, a atividade religiosa faz exatamente isso.

Há outra maneira fácil de avaliar se as crenças e comunidades religiosas favorecem a saúde: observar as pessoas que vivem mais. Em 2005, o bolsista da *National Geographic* Dan Buettner, trabalhando com uma equipe de demógrafos, identificou cinco comunidades ao redor do mundo nas quais muitas pessoas vivem até os cem anos ou mais. Ele classificou esses lugares como zonas azuis — um nome que continua a ser aplicado a locais onde a longevidade é mais comum. As pessoas que vivem nesses lugares têm uma dieta em que prevalecem frutas e vegetais frescos. Fazem bastante exercício moderado. E não bebem nem fumam muito. Mas há também outras razões para essa longevidade. Uma delas é o apoio familiar. Pessoas que residem em zonas azuis tendem a ter fortes conexões familiares, com diferentes gerações frequentemente vivendo juntas na mesma casa. Elas costumam ser ativamente religiosas também. Com isso, não quero afirmar que os moradores das zonas azuis sejam excepcionalmente piedosos. Quero dizer que participam regularmente dos rituais e celebrações religiosas que unem sua comunidade.

A única zona azul nos Estados Unidos — a grande comunidade de adventistas do Sétimo Dia em Loma Linda, na Califórnia — oferece um ótimo exemplo do fenômeno. A longevidade ali se deve em parte ao clima agradável o ano todo, tornando mais fácil ser ativo e ficar ao ar livre. Mas isso é válido para muitas outras cidades nos Estados Unidos. A religião dos adventistas certamente contribui para a boa saúde. Suas crenças os levam a evitar álcool, tabaco e drogas recreativas, bem como a consumir uma dieta baseada em vegetais. O fato de muitos adventistas viverem em Loma Linda também lhes dá um forte senso de comunidade. Sua fé une as pessoas em uma rede de apoio que reduz o estresse.

123

Ainda assim, é difícil descobrir quanta influência cada um desses fatores tem quando todos ocorrem juntos. Ao tentar isolar o impacto da religião, podemos nos voltar para outro ponto no mapa americano em que a Igreja é muito bem recebida, mas onde acontece o mesmo com as linguiças de porco, a banha e as almôndegas, e onde a neve cai durante boa parte do ano: Roseto, na Pensilvânia. Roseto é uma pequena cidade nas Montanhas Pocono. Durante a primeira metade do século XX, imigrantes italianos se estabeleceram ali e criaram uma comunidade muito unida. Como é típico dos ítalo-americanos — eu sei porque sou um deles —, a família e o catolicismo são uma parte tão central da vida quanto a boa comida. Mas, enquanto os rosetanos conseguiram importar os dois primeiros fatores em suas formas normais — as escolas católicas e os bancos das igrejas ficaram cheios de gente, assim como suas casas multifamiliares —, a dieta diária não seguia exatamente o modelo mediterrâneo. O azeite de oliva era caro, e a estação ideal para vegetais frescos, sem falar dos exercícios ao ar livre, era mais curta que na Itália. Então, os moradores da cidade se contentaram com substituições. Comiam mais carne, macarrão e queijo, e fritavam a carne em banha em vez de dourá-la em azeite de oliva.

Apesar dessa dieta, os médicos começaram a notar, na década de 1960, que, por algum motivo, os italianos de Roseto sofriam taxas muito mais baixas de doenças cardíacas do que as pessoas nas cidades vizinhas — um fato que levou o pesquisador e residente de verão Stewart Wolf a analisar a situação de maneira mais científica.

O que o dr. Wolf descobriu foi surpreendente.[14] Para a maioria dos homens norte-americanos, o risco de morrer de doença cardíaca aumenta com a idade, especialmente depois dos cinquenta anos. Mas, para os homens de Roseto, o risco permanecia próximo de zero dos 55 aos 64 anos. Embora aumentasse para aqueles com mais de 65 anos, o aumento era a metade da média nacional. Por mais que tentasse, Wolf não conseguia encontrar nenhuma razão física para a resiliência do coração dos rosetanos. Não havia mutação genética benéfica. Suas dietas não eram mais baixas em gordura saturada do que as dos moradores de cidades vizinhas. No entanto, havia uma grande diferença: a maneira como os rosetanos viviam.[15] Como Wolf e seu colega John Bruhn observaram, a vida em Roseto era definida pela família e pela Igreja. Mais de 75% da cidade era composta de católicos.

Os rosetanos eram tão dedicados à fé que até construíram sua própria igreja quando a diocese da região se recusou a financiar uma. Fora de casa, a vida em Roseto era definida pelos ritmos da paróquia local: missa toda semana, festivais mensais para homenagear os santos, campanhas de caridade e eventos sociais dirigidos pela Igreja.

Roseto não é uma zona azul oficial. E, desde a década de 1960, a vida começou a mudar por lá, com mais pessoas da cidade chegando em busca de casas mais baratas, e jovens ítalo-americanos se mudando para outros lugares em busca de empregos melhores. Porém, a história de Roseto oferece uma maneira de avaliar como a conexão social induzida pela religião afeta a saúde, para além do ambiente e de dietas locais. Na verdade, no final de sua pesquisa, Wolf e Bruhn concluíram que o catolicismo dos rosetanos — precisamente por causa das maneiras como a religião fortalecia os vínculos sociais que reduziam a solidão e o estresse — desempenhava um papel fundamental na proteção de sua saúde cardiovascular.[16] Ao reunir as pessoas regularmente, a religião reduzia a solidão e o estresse, além de todos os problemas cardiovasculares que eles trazem.

Em comunidades de fé mista ou maiores, o que é conhecido como efeito Roseto tende a ser menos marcante. As pessoas terão menos probabilidade de frequentar a mesma igreja ou de se juntar aos mesmos clubes. Mas isso não significa que os benefícios da religião estejam fora do alcance dos não rosetanos. A maioria das igrejas, sinagogas, mesquitas e templos estão de portas abertas para qualquer pessoa recém-chegada a uma comunidade que esteja procurando companhia. Mas, enquanto as sociedades se afastam das religiões, essa opção vai sendo enfraquecida. E, com isso, perde-se uma ferramenta importante para formar os vínculos que sustentam nossa mente e corpo.

Tome seu remedinho

A prevenção é uma ótima estratégia, mas não é capaz de nos proteger completamente de ferimentos e doenças. Quando esses desafios surgem, os rituais religiosos assumem um papel terapêutico, seja tentando curar uma pessoa de uma doença específica ou pelo menos reduzindo a dor que ela causa.

Os rituais de cura podem ser divididos em dois tipos: passivos e ativos. Como o nome sugere, os rituais passivos não exigem muito dos enfermos. Eles só precisam aceitar o poder de cura vindo de outras pessoas. Os rituais ativos adotam a abordagem oposta. Enquanto um padre, xamã ou ancião pode estar presente para guiar o rito, as pessoas que esperam ser curadas não podem simplesmente ficar sentadas em silêncio. Elas devem se envolver ativamente no processo de cura para que ele funcione. Ambos podem ser bastante eficazes, mas dependem de mecanismos diferentes.

Começaremos com o tipo passivo. Em todas as religiões, muitos ritos de cura fazem uso do toque e da oração, ou pela imposição de mãos. No cristianismo, fé em que essa prática é mais desenvolvida, acredita-se que o poder de curar seja um dos dons do Espírito Santo. Aqueles que possuem esse dom raro são considerados capazes de curar doenças físicas e mentais — exatamente *quem* o possui, e se a lista pode incluir leigos, é algo que varia de acordo com a denominação. No início desses rituais, quem deseja realizar a cura reza pedindo a capacidade de canalizar a energia curativa de Deus. Em seguida, ele se aproxima do enfermo e coloca as mãos sobre a cabeça ou outras áreas afetadas. Mas, embora essa parte central do ritual varie pouco, o contexto em que ocorre pode assumir duas formas diferentes.

Na forma tradicional desse processo, todo o ritual ocorre em silêncio. Um padre, ministro ou outro membro autorizado do laicato encontra-se com uma pessoa que precisa de cura e reza com ela. O responsável, então, impõe solenemente as mãos sobre a cabeça do enfermo enquanto continua a oração. No rito católico romano conhecido como unção dos enfermos, por exemplo, o padre coloca as mãos sobre a pessoa doente usando o *oleum infirmorum* — um óleo santo que tradicionalmente consistia em azeite de oliva puro abençoado. Enquanto aplica suavemente o óleo na testa do enfermo, o padre entoa silenciosamente: "Por esta santa unção e pela Sua infinita misericórdia, o Senhor venha em teu auxílio com a graça do Espírito Santo". Em seguida, massageando o óleo na mão do enfermo, ele diz: "Que o Senhor, que te liberta do pecado, te salve e te levante". No passado, esse rito era frequentemente reservado apenas para pessoas em seu leito de morte, sendo conhecido como o sacramento da extrema-unção. Hoje, porém, também é usado para dar força e coragem a qualquer um que esteja enfrentando uma doença. Nesse caso, a parte "te levante" da última frase do ritual refere-se ao ato de levantar-se de uma cama ou cadeira de rodas, e não a uma ascensão ao céu após a morte.

A segunda maneira de conduzir esse ritual não é nem de longe tão silenciosa ou solene. Cristãos carismáticos e pentecostais adoram a Deus de forma diferente de seus irmãos mais tradicionais. A diferença entre os movimentos carismático e pentecostal é pequena: o primeiro permanece sob o manto das igrejas tradicionais, enquanto o último opera de forma independente. Ambos são unidos por sua crença na importância de experimentar pessoalmente o poder do Espírito Santo — uma experiência frequentemente manifestada através de cantos barulhentos, pregações apaixonadas e, em muitas congregações, "falar em línguas".

As "línguas", aqui, referem-se à linguagem dos anjos. É algo muito semelhante à fala humana, com uma cadência semelhante, além de entonações e sons familiares. Mas a maneira como os sons são encadeados não produz nenhuma palavra conhecida. Então, embora o "falar em línguas" soe como uma língua estrangeira, não é algo que qualquer pessoa comum possa traduzir. Digo "comum" porque as pessoas também podem ser abençoadas com o dom da tradução. Ser capaz de falar em línguas marca alguém como imbuído do poder do Espírito Santo — uma crença especialmente importante quando o responsável pela cura é um leigo, pois o assinala, tal como os membros do clero, como alguém favorecido por Deus.

Além de ser barulhenta, a imposição de mãos carismática e pentecostal geralmente acontece em salões ou auditórios lotados de igrejas, com orações e cânticos fervorosos ecoando pelas paredes. Qualquer um que sinta necessidade pode se aproximar de quem cura e, ao fazê-lo, algumas pessoas, conhecidas como "apanhadoras", posicionam-se atrás do doente. Quando o responsável pelas curas, que pode estar falando em línguas, impõe as mãos sobre os enfermos, a eletricidade emocional no ar normalmente os leva a chorar, tremer ou até mesmo desmaiar. Essa é a razão da presença dos apanhadores. Aqueles que desmaiam passam um tempo "descansando no espírito" antes de despertar para um estado novo e, espera-se, com melhoras.

Sejam esses ritos silenciosos ou barulhentos, o seu foco é o mesmo: um toque de uma pessoa agraciada por Deus para canalizar

Seu poder de cura. Para o destinatário, é o mais perto que ele pode chegar de sentir a mão de Deus nesta vida. Por essa razão, pode ser um evento muito transformador psicologicamente.

A crença em Deus pode reduzir o estresse, e isso é bom para o corpo. Mas esse benefício se acumula ao longo do tempo. A crença da qual estou falando aqui é a de que alguém pode se curar rapidamente: uma crença no método de cura em si. Deixando de lado o debate sobre milagres, sempre que as pessoas acreditam que um tratamento pode curar, elas têm um remédio formidável do seu lado: o efeito placebo.

Por definição, um placebo é algo que não tem efeito biológico discernível; seus ingredientes são inertes. Para muitos, a ideia de que um placebo pode curar parece boba. No entanto, faz muito tempo que os médicos usam placebo como uma ferramenta poderosa.[17] O *New Medical Dictionary* — um manual influente publicado em Londres em 1785 — descreve o uso de placebo como uma prática médica comum. No início dos anos 1900, o dr. Richard Clarke Cabot, da Escola Médica de Harvard, declarou que ele e quase todos os médicos que conhecia frequentemente davam placebo a seus pacientes na forma de pílulas de pão. Esses médicos acreditavam que as pílulas falsas ajudavam os pacientes por causa de suas expectativas. E, para que ninguém pense que esses médicos antigos eram ignorantes ou supersticiosos, a ciência moderna continua a mostrar que os placebos funcionam. Está demonstrado que eles produzem melhorias clinicamente significativas em uma ampla gama de problemas de saúde:[18] dor crônica, ansiedade, depressão, doença de Parkinson, asma, alergias, recuperação de cirurgias e deficiências no sistema imunológico. O efeito placebo não é um truque frívolo de salão, mas uma solução parcial para um problema — algo que as religiões usaram durante milênios antes que a medicina moderna descobrisse seus benefícios.

O placebo pode funcionar de várias maneiras. A mais simples é por meio do viés de confirmação. Se você acabou de participar de um ritual de cura, provavelmente estaria ansioso para ver se funcionou, o que significa que provavelmente notaria qualquer sinal de melhora. Em poucas palavras, é assim que o viés de confirmação funciona. Quando procuramos fatos que podem confirmar uma previsão, nossa mente tende a ignorar sinais que não a confirmam. Nosso cérebro não processa informações objetivamente. Ele direciona nossa atenção para o que estamos procurando e filtra o resto como ruído. O resultado pode ser uma visão tendenciosa dos fatos. Mas, se os efeitos placebo se resumissem a isso, não seriam muito intensos. A influência do viés de confirmação desapareceria à medida que as evidências conflitantes aumentassem. Porém, os efeitos placebo também funcionam de outras maneiras.

Até certo ponto, as previsões que seu cérebro faz podem realmente moldar sua realidade. Além de dizer o que procurar, elas podem mudar a maneira como você vivencia o mundo ao redor. Vamos usar a dor como exemplo. Com o tempo, a maioria de nós aprende que os medicamentos nos fazem sentir melhor. Assim, quando tomamos aspirina, esperamos que a dor diminua. Ao observar os resultados de tomar aspirina repetidamente, nossa mente constrói a crença sensata de que a aspirina funciona.

O trabalho de uma equipe de cientistas da Universidade de Maryland demonstra o quão poderosas previsões como essa podem ser.[19] Em uma enfermaria pós-cirúrgica, a equipe montou um sistema em que alguns pacientes recebiam analgésicos da maneira usual: uma enfermeira os injetava em seus acessos intravenosos. Outros recebiam em horários não revelados por meio de uma bomba escondida conectada aos acessos. Mesma droga; mesmos tipos de cirurgias. A única diferença era que alguns pacientes podiam ver o medicamento sendo administrado. Se isso e a expectativa a que ela deu origem não importassem, os dois tipos de pacientes — aqueles que sabiam que estavam recebendo o medicamento e aqueles que não sabiam — deveriam ter experimentado o mesmo grau de alívio da dor. Mas não foi isso que aconteceu. Pacientes que não viram a enfermeira injetando o analgésico em seus acessos intravenosos precisaram de doses muito maiores para atingir o mesmo grau de redução da dor daqueles que viram o processo. É verdade que isso não foi exatamente um efeito placebo, já que os medicamentos para dor eram reais em ambos os casos, mas é algo que também mostra o poder do "ver para crer".

Por outro lado, cirurgias falsas — onde os médicos realizam incisões, mas não fazem mais nada — são placebos no verdadeiro sentido da palavra. Para serem aprovados, estudos que comparam cirurgias falsas com cirurgias verdadeiras tendem a se concentrar em doenças mais leves, como refluxo. Não seria eticamente apropriado atrasar o tratamento para condições mais sérias, mesmo com o consentimento do paciente. Ainda assim, eles oferecem uma maneira muito poderosa de estudar como os placebos funcionam. Para os pacientes, ser levado para uma sala de cirurgia e acordar com a imagem de uma incisão cirúrgica na pele está entre os sinais mais claros de intervenção médica. Surpreendentemente, uma revisão de estudos de cirurgia placebo descobriu que 74% das pessoas que passaram por cirurgias falsas tiveram uma redução nos sintomas incômodos.[20] E, daqueles que relataram algum benefício, quase metade classificou a melhora em seus sintomas como sendo igual à intensidade de melhora relatada por outros que de fato foram submetidos a uma cirurgia para curar suas doenças.

A crença é tão poderosa que seus efeitos podem até ser medidos dentro do próprio cérebro. Em outro trabalho, a equipe da Universidade de Maryland descobriu que os neurônios no cérebro de pacientes de Parkinson continuam a responder a um placebo da mesma forma que respondem a um verdadeiro medicamento para Parkinson quando uma pílula falsa o substitui. Já que espera funcionar melhor, o cérebro na verdade se obriga a fazê-lo.

No entanto, as crenças não operam no vácuo; elas também têm um aspecto social. Como vimos, elas podem ser contagiosas — capturadas ou reforçadas pelas crenças de outros ao nosso redor. E, como a base dos placebos são as crenças, seu efeito é modulado pelo quanto os outros acreditam neles. Um dos melhores exemplos dessa sensibilidade social vem de um experimento no qual pessoas foram aleatoriamente destinadas a desempenhar o papel de médico ou paciente em um cenário montado para testar a eficácia de duas pomadas para controlar a dor. Na verdade, as pomadas não eram medicinais; eram apenas vaselina. Porém, para ver como as crenças de uma pessoa sobre a eficácia de um placebo podem influenciar as de outra, primeiro os pesquisadores tiveram de convencer o "médico" de que o thermedol — nome da pomada-placebo — funcionava melhor que a outra pomada.

Fazer o médico acreditar nesse fato exigiu um truque de prestidigitação inteligente, usando um dispositivo médico que podia produzir quantidades dolorosas (mas não prejudiciais) de calor quando aplicado à pele. Embora os pesquisadores tenham dito aos médicos que a produção de calor era a mesma em todos os testes, eles realmente aplicaram uma intensidade menor à pele que haviam tratado com thermedol do que com a outra pomada. Conforme esperado, os médicos relataram sentir menos dor quando a sonda foi colocada na pele besuntada com thermedol — uma experiência que se traduziu em uma forte crença de que o thermedol era um analgésico melhor.

Em seguida, os pesquisadores disseram aos médicos que aplicariam as duas pomadas diferentes na pele dos pacientes antes de conduzir com eles um teste semelhante. No entanto, a parte mais interessante dos experimentos foi que os médicos não deveriam dizer nada aos pacientes sobre qual das pomadas eles acreditavam que funcionaria melhor. Quando os médicos colocavam a sonda de calor na pele dos pacientes, ela sempre fornecia a mesma quantidade de calor. Mas é aqui que o poder social da crença se tornou surpreendentemente claro. Embora o nível de calor e os dois medicamentos usados fossem objetivamente os mesmos, os pacientes relataram menos dor quando o thermedol foi aplicado —[21] exatamente a situação que o médico, que estava sentado à frente deles, esperava que ocorresse. Além disso, o que aconteceu não foi simplesmente que os pacientes, de alguma forma, sentiram que deveriam relatar erroneamente menor dor. Seus estados fisiológicos também diferiam, indicando que realmente sentiam menos dor quando utilizavam a pomada placebo.

A partir dessa descoberta, replicada depois pela equipe, ficou evidente que os pacientes estavam captando, de algum modo, as crenças dos "médicos" sobre o quão bem cada tratamento funcionaria. Na verdade, os pacientes relataram que os médicos pareciam mais atenciosos quando aplicavam o thermedol, o que seria de se esperar, já que eles realmente acreditavam que o medicamento era melhor para reduzir a dor. A mensagem aqui é muito forte: quanto mais confiança o responsável tem em um tratamento, mais eficaz ele será, mesmo que seja um placebo.

Os ritos de cura fazem bom uso de todos esses mecanismos psicológicos. Por meio de orações, óleos santos, cantos etc., eles focam a atenção das pessoas no ritual de imposição de mãos. Assim como uma cicatriz cirúrgica falsa, as pessoas não conseguem ignorar ou esquecer aquele processo. A memória é fortalecida porque é multissensorial — visão, som, olfato e tato estão todos presentes ali.

Esses rituais também dão aos responsáveis pela cura uma aura de perícia. É como se Deus estabelecesse que eles são especiais — um status reforçado por vestimentas cheias de simbologia ou pelo respeito que os outros demonstram diante deles. E, como vimos no capítulo 2, a percepção de perícia contribui muito para o aumento da crença. Além do mais, diferentemente dos médicos, que podem usar conscientemente um placebo para ajudar um paciente, os curandeiros religiosos realmente acreditam que esses ritos têm poder. Isso também aumenta o efeito deles. Ao combinar todos esses elementos, os rituais de cura são uma tecnologia imensamente útil.

O que acho mais fascinante é que a crença no efeito placebo em si — acreditar que uma pílula que você sabe que é falsa ainda assim vai curá-lo — funciona da mesma forma. Embora pareça incrivelmente difícil de acreditar, pesquisas recentes usando placebos de rótulo aberto — medicamentos claramente rotulados como inertes, para todo mundo ver — mostram que eles podem ter os mesmos efeitos benéficos que seus primos enganosos.[22]

As primeiras evidências disso vêm de um estudo sobre a síndrome do intestino irritável (SII) em que alguns pacientes tomaram uma cápsula contendo apenas um enchimento inerte. Embora soubessem que as pílulas não tinham ingredientes terapêuticos, aqueles que as tomaram duas vezes ao dia durante duas semanas, seguindo as instruções de um médico, relataram uma redução significativa nos sintomas da SII.[23] Os ensaios de rótulo aberto também mostraram sucesso com problemas médicos que variam de transtorno de déficit de atenção e hiperatividade (TDAH) a enxaquecas e dores nas costas.

Ninguém sabe bem como e por que essas coisas funcionam. Mas o que está se tornando evidente é que três ingredientes são necessários. Primeiro, uma pessoa tem de confiar no profissional de saúde. Se ela não vê essa pessoa como alguém atencioso e competente, o placebo tem pouco efeito. Segundo, é preciso um ritual. O profissional de saúde não pode simplesmente dizer: "Você está curado. Próximo paciente". Ele deve oferecer uma pílula ou um creme, tocar a área dolorida, ou agir de alguma forma que sugira que a cura está em andamento. Terceiro, é necessário acreditar no poder do efeito placebo; é preciso esperar que tomar um placebo pode ajudar.

Quando todos esses fatores estão presentes, a mente consegue operar sua mágica no corpo. Como mostrou a pesquisa de uma equipe de psicólogos da Universidade Stanford, essa combinação pode até reduzir a gravidade de uma reação alérgica. Quando a equipe injetou uma solução de histamina sob a pele dos participantes — uma maneira segura de gerar urticária, típica de uma reação alérgica —, eles descobriram que a crença das pessoas no poder dos efeitos placebo, quando combinada com esses outros ingredientes, reduziu a gravidade da resposta. Aqueles que se sentiram reconfortados pelo médico que aplicou um creme placebo no local da injeção — um creme que o médico disse que era completamente inerte — mostraram menos reação cutânea quando também acreditavam no efeito placebo.[24]

Os placebos abertos não são tão diferentes dos tipos fechados encontrados em muitos rituais de cura. Em ritos religiosos, tanto o responsável pela cura quanto o enfermo acreditam que o ritual tem o poder de curar. O mesmo vale para placebos abertos. Só que, nesse caso, as crenças sobre cura não são baseadas na religião, mas na ciência. Se acreditamos que a ciência prova que os placebos podem curar, tomar um deles provavelmente nos ajudará. Mas essa crença não é suficiente para funcionar por si só. Precisamos de um profissional de saúde em quem confiamos para nos dizer que um placebo funcionará e, mais importante, precisamos de um ritual. É necessário fazer algo — tomar uma pílula, usar um creme, tocar pontos do nosso corpo — para que nossa mente, em suas profundezas, compre essa ideia. E, quando esse "algo" está inserido em um contexto complexo de oração e símbolos, ele se torna ainda mais convincente. Essa é a genialidade da religião. Séculos atrás, em diferentes continentes, em eras sem as incríveis tecnologias médicas que temos à disposição hoje, as religiões descobriram uma fórmula para ajudar as pessoas a se curar — uma fórmula que estamos redescobrindo só agora.

Antes de prosseguirmos, quero deixar uma coisa clara. Embora os efeitos placebo sejam reais, eles geralmente não são a melhor maneira de lidar com problemas médicos. Eles podem ajudar com doenças para as quais o corpo tem o potencial de se curar. O cérebro pode produzir suas próprias endorfinas para combater a dor. O corpo pode modular seu próprio estresse e respostas imunológicas. Mas, quando se trata de extirpar um tumor, reparar uma fratura exposta e coisas do tipo, os placebos não ajudam muito. Portanto, não estou defendendo que as pessoas recorram a tratamentos baseados em placebos em vez de usar outros que sejam mais adequados clinicamente. O que estou dizendo é que certamente devemos considerar o placebo uma das muitas tecnologias que podemos utilizar para curar.

Dado o poder dos placebos, recomendo que experimente criar seus próprios rituais de cura do tipo passivo com a família ou amigos. Apenas certifique-se de que sigam a mesma estrutura geral. Fale sobre a eficácia cientificamente comprovada dos placebos e como colocar as mãos em uma cabeça dolorida ou barriga roncando pode funcionar de forma semelhante. Transforme isso em um verdadeiro ritual. Cante calmamente uma música suave ou movimente sua mão de forma calma e ritmada. Envolva alguém que esteja se sentindo mal em um cobertor "mágico" de forma bem pausada. As chaves são demonstrar compaixão, empregar um ritual e se ajudar mutuamente a crer que o processo como um todo pode fazer a diferença. Porque ele pode.

Deus ajuda a quem se ajuda

Até agora, me concentrei em rituais que não exigem muito esforço dos enfermos. Mas, assim como alguns tipos de tratamentos modernos precisam que as pessoas se esforcem em favor da cura — participando de sessões complicadas de fisioterapia para reaprender a andar, resistindo e superando impulsos não saudáveis para vencer o vício —, isso também acontece com algumas tecnologias espirituais. Embora não sejam fáceis, essas práticas podem oferecer processos curativos poderosos para aqueles dispostos a se esforçar ou fazer os sacrifícios necessários.

A meditação budista é um excelente exemplo. Ainda que possa parecer passiva ao observador casual, para o praticante ela envolve uma grande luta interior para domar a mente. Se você perguntar a qualquer mestre budista por que a meditação foi desenvolvida, receberá uma resposta direta: para reduzir o sofrimento. No entanto, essa resposta aparentemente simples disfarça uma boa dose de complexidade. O sofrimento pode assumir muitas formas: a dor de doenças do corpo, a angústia de desejos não realizados, a depressão derivada da separação e desconexão e coisas semelhantes. Na última década, a ciência está começando a descobrir que, de maneiras amplas e mais específicas, há algo de verdadeiro na crença budista sobre o tema: a meditação pode ajudar a enfrentar cada um desses males. Por enquanto, vamos nos concentrar nas doenças do corpo.

Mesmo que existam muitas formas de meditação, a maioria delas enfatiza o desenvolvimento de um estado de aceitação consciente. Ao se concentrar na respiração, vasculhar seu corpo em busca de sensações e fazer recuar sua mente errante, o praticante começa a se libertar do ego e de suas tentativas infinitas de controlar seus arredores. Ele deixa de se preocupar com todos os "e se" e começa a viver mais no presente. O resultado disso é menos estresse, menos ansiedade, depressão e inflamações.[25]

Para mim, um dos melhores exemplos do poder da atenção plena para reduzir o sofrimento físico vem da pesquisa conduzida pela neurocientista Hedy Kober, da Universidade Yale. Não digo "melhor" por essa pesquisa mostrar o efeito mais dramático — muitos outros estudos mostram uma forte associação entre a meditação e a melhora de problemas de saúde mais graves —, mas porque ela nos permite ver como a atenção plena altera a resposta do cérebro à dor em tempo real.

Depois de passar trinta minutos treinando pessoas em técnicas de aceitação consciente, Kober as fez ficar reclinadas num aparelho de ressonância magnética. Durante os trinta minutos seguintes, ela mostrou aos participantes, alternadamente, imagens agradáveis e horríveis, enquanto também aplicava sondas quentes (entre 40.5 e 44 graus Celsius) e muito quentes (entre 45 e 48 graus Celsius) em sua pele. Lembra um pouco uma câmara de tortura moderna, mas todos eram integrantes consentidos com os protocolos de segurança em vigor para garantir que a sonda de calor não danificasse a pele. Enquanto estavam dentro das máquinas de ressonância magnética, Kober disse aos participantes, em momentos específicos, para usarem as técnicas que tinham acabado de aprender.

O que a pesquisadora previu que aconteceria era simples: ao utilizarem as técnicas de atenção plena, as pessoas sentiriam menos sofrimento emocional, tanto em resposta a imagens negativas quanto a sondas quentes na pele. O melhor desse estudo foi que ele não se baseou apenas nos relatos dos participantes. Esse é um detalhe importante, porque as pessoas poderiam ter sentido pressão para moderar suas avaliações verbais de desconforto ao serem instruídas a usar as técnicas. Para contornar esse problema, Kober examinou a atividade cerebral dos participantes. Por isso, eles estavam dentro do aparelho de ressonância magnética.

Conforme esperado, Kober descobriu que, quando as pessoas utilizavam técnicas de aceitação consciente, a atividade nas áreas cerebrais associadas a emoções negativas e dor se acalmava significativamente.[26] Isso indica que os participantes estavam respondendo com precisão quando relatavam sentir menos angústia. Enquanto estavam nesse estado de aceitação, seu cérebro de fato registrava menos desconforto ao ver imagens horríveis ou ao sentir a sonda quente sendo colocada na pele.

O estudo de Kober envolveu apenas uma aula de meia hora sobre aceitação consciente. Esse esforço não é nada em comparação com o que ocorreria ao longo de meses ou anos de treinamento de meditação. E o mesmo valeria para os efeitos no cérebro. Ainda assim, sua descoberta mostra o quanto uma versão curta e simplificada da meditação budista pode influenciar a maneira como as pessoas reagem à dor.

Essas tecnologias espirituais ativas também são capazes de funcionar para enfrentar formas sérias de angústia. Já mencionei como a meditação pode ajudar na depressão e na ansiedade, mas há outros tipos de doenças psicológicas. O transtorno de estresse pós-traumático (TEPT) é um problema que pode ser especialmente debilitante. Mas uma antiga tecnologia espiritual está se mostrando promissora como terapia para ele.

Como o próprio nome sugere, o TEPT surge da exposição a um evento traumático — que frequentemente envolve ferimentos graves, abusos ou até mesmo a morte de outras pessoas. Embora qualquer um possa ser afetada, o TEPT frequentemente atinge os soldados por causa de sua proximidade com esses horrores. Seja qual for sua fonte, os fardos que as pessoas com TEPT carregam são excruciantes. Sem aviso, memórias do trauma irrompem em sua mente, às vezes vividamente, a ponto de fazê-las tremer, chorar ou até mesmo correr de medo. Como resultado, em uma tentativa de aliviar seus sintomas, as pessoas com o problema frequentemente abusam de álcool e opioides.

Guerra e trauma não são flagelos novos. Assim como doenças, eles lamentavelmente estão conosco desde a aurora dos tempos. Por essa razão, as religiões desenvolveram tecnologias eficazes para ajudar a curar a dor que causam. Uma das tecnologias mais intrigantes é o ritual do suadouro dos indígenas norte-americanos. Durante séculos, ele tem sido usado para ajudar os guerreiros indígenas a se recuperarem dos horrores do combate. Hoje, muitos soldados dos Estados Unidos, graças ao Departamento de Assuntos de Veteranos norte-americano, começaram a usá-lo para o mesmo propósito.

Embora as especificidades do ritual possam variar entre as sociedades, a forma básica é bastante padronizada. A primeira coisa de que você precisa é de uma cabana de suadouro. Muitas sociedades indígenas usam os galhos flexíveis de salgueiros para construir uma estrutura em forma de domo para a cabana, com a porta geralmente voltada para o leste, em direção ao sol nascente. Em seguida, os construtores cobrem a estrutura com cobertores, peles ou outros materiais isolantes. Embora o tamanho das cabanas possa variar, elas normalmente acomodam de seis a dezoito pessoas. Porém, independentemente do tamanho, as cabanas são construídas com uma depressão no centro, para armazenar pedras aquecidas. Na hora do ritual, o líder acende uma fogueira do lado de fora da cabana e coloca as pedras, geralmente com cerca de trinta centímetros de diâmetro, na cavidade.

No momento certo, o curandeiro ou outro ancião conduz os participantes em orações, cânticos e batidas de tambores. Depois, todos são convidados a entrar na cabana, sentando-se ao redor da cavidade central. Enquanto esperam, outros participantes levam cuidadosamente pedras quentes do fogo, do lado de fora, para dentro da cabana, e as colocam no poço. Quando as pedras são suficientes, o curandeiro as molha com água contendo ervas medicinais. O vapor sobe, assim como a temperatura. E, quando a abertura para o mundo exterior é fechada, tudo fica escuro como breu.

Os detalhes do que acontece dentro da cabana são guardados a sete chaves. Mas, em geral, a maioria das cerimônias envolve quatro ciclos de suadouro, com a aba da cabana sendo aberta entre cada um deles. Durante os suadouros, as pessoas enfrentam temperaturas bem acima de 38 graus Celsius enquanto estão sentadas na escuridão. Alguns descrevem a sensação como uterina; outros, como algo desorientador. Porém, independentemente de como a descrevem, todos concordam que é uma provação desconfortável. Enquanto suam, o líder do ritual encoraja as pessoas a expressar o que sentem quando são tocadas pelas forças espirituais. Alguns choram, outros gemem, há os que ficam balançando enquanto soltam todos os sentimentos, medos ou arrependimentos que reprimiram — albatrozes que voam para longe quando o ar frio entra, assim que levantam a aba da cabana.

Em uma entrevista para a Voice of America, Craig Falcon, um membro do grupo Blackfeet, que coordena os suadouros para veteranos, descreveu a experiência da seguinte forma: "Você volta da guerra com coisas presas a você. E algumas dessas coisas podem não ser boas. Podem ser memórias. Ou pode ser alguém que matou, e essa pessoa se prende a você e volta para casa ao seu lado. As cerimônias ajudam a lavar essas coisas, mandá-las de volta para o lugar de onde vieram e fazer você voltar a ser quem é".[27]

Embora ainda não existam estatísticas oficiais sobre os benefícios dos rituais de suadouro, mais de mil veteranos que sofriam de TEPT já participaram deles.[28] Suas experiências foram tão positivas que mais hospitais da Administração de Veteranos no noroeste dos Estados Unidos decidiram construir cabanas em seus terrenos.

Os suadouros oferecem paz e uma comunidade de apoio. Em nível psicológico, o calor e a escuridão que envolvem as pessoas criam uma sensação de desorientação espacial. Não há nada em que possam focar sua atenção, por isso as pessoas se voltam para dentro. A escuridão também cria uma sensação de anonimato que pode encorajá-los a expressar suas tristezas e medos, ao mesmo tempo que constrói um vínculo entre os participantes que enfrentam o calor opressivo juntos. Todos aceitam empaticamente o que os outros revelam, conquistando um forte senso de fraternidade. Quando a aba do alojamento é finalmente aberta, as brisas refrescantes que lavam o vapor carregado de problemas oferecem uma sensação de alívio e renovação.

Esse antigo ritual se assemelha um pouco a uma das terapias modernas mais bem-sucedidas para TEPT. Esse tratamento, conhecido como terapia de exposição prolongada, encoraja as pessoas a relembrar repetidamente e recontar a história de seus eventos traumáticos em um ambiente em que se sintam seguras. O princípio orientador é que, fazendo isso, em algum momento elas se tornem mais capazes de processar o trauma e, por fim, deixá-lo sumir. Para mim, parece que os xamãs indígenas descobriram uma fórmula semelhante centenas de anos atrás — e as pesquisas futuras podem revelar que ela funciona ainda melhor que a técnica moderna.

Apesar de todos os seus benefícios, devemos ter em mente que esses rituais de cura são complexos. O suadouro difere da imposição de mãos, e ambos divergem muito da meditação. Se não for controlada corretamente, a força desses ritos pode gerar problemas, em vez de cura. Por exemplo, embora a meditação seja frequentemente benéfica, já vimos que ela pode levar a distúrbios psicológicos.[29] Cuidados semelhantes se aplicam às cabanas de suadouro. Já ocorreram mortes quando pessoas que não foram treinadas nas técnicas antigas para gerenciar a exposição ao calor e o estresse tentaram conduzir o ritual. Então, embora possamos tentar criar novas práticas ou modificar as existentes, correremos certo risco se nos afastarmos muito das técnicas já aprimoradas.

Isso não significa que os rituais de cura não possam ser usados em um contexto secular se honrarmos a sabedoria ancestral que está em suas raízes. Há evidências em favor dessa visão. Muitos norte-americanos que meditam o fazem sem ligar doutrina religiosa alguma a isso. Da última vez que ouvi o dalai-lama falar em uma conferência, ele declarou explicitamente que as pessoas não precisam se tornar budistas para aproveitar os benefícios da meditação. Aqueles que estão interessados no tema são livres para estudar e debater a doutrina budista sobre reencarnação e coisas do tipo. Mas nada disso é necessário para meditar. Seja pessoalmente, ou com a ajuda de um livro ou aplicativo, a única coisa necessária é encontrar um professor experiente e bem-informado para orientá-lo. Essa é uma regra que vale a pena seguir, independentemente do novo ritual de cura que você esteja procurando realizar.

6   TAREFAS DA MATURIDADE II:

A manutenção da alma

"Para tudo há um tempo, para cada coisa há um propósito debaixo do céu." Assim começa uma famosa passagem de Eclesiastes, nas Escrituras judaico-cristãs. Há um tempo para rir, um tempo para chorar, um tempo para dançar e um tempo para construir. Mas as Escrituras são vagas quanto ao momento exato em que esses ciclos deveriam ocorrer. Às vezes, a resposta é clara. Há o momento em que você tem um filho, ou quando perde alguém que ama. Mas, em geral, a resposta não é óbvia.

O hinduísmo, ao oferecer uma espécie de agenda para a vida toda, é uma exceção. Remontando ao período anterior a 500 a.C., os Vedas hindus sugerem que o caminho da vida deveria ser composto de quatro seções distintas, conhecidas como *ashramas*. A primeira, *brahmacharya*, é o tempo do aprendizado. Do nascimento até o início da vida adulta, o foco deve estar na educação e na preparação para uma profissão. A segunda *ashrama*, *grihastha*, começa aos 25 anos e é fase de dar ênfase à família e ao progresso profissional. É um momento centrado nos objetivos mundanos: riqueza, status e prazer sexual. Por volta dos cinquenta anos de idade, imagina-se que as pessoas façam a transição para a fase *vanaprastha* — um momento de afastar-se da ambição profissional, da criação dos filhos e dos prazeres materiais, buscando sabedoria, espiritualidade e serviço. Se a transição para a *vanaprastha* for bem-sucedida, e para muitos ela pode ser difícil, a pessoa estará bem-preparada para a fase final da vida, a *sannyasa*. Nela, os idosos são encorajados a se dedicar completamente ao divino, em preparação para a morte e a *moksha* — a libertação definitiva do ciclo de renascimentos.

141

Deixando de lado questões teológicas ligadas à reencarnação, as primeiras três fases das *ashramas* são tão relevantes para a vida atual quanto eram milhares de anos atrás. Mas é a *vanaprastha* — aquela última mudança necessária para as primeiras três fases, e, como observam as leis de Manu, quando a pele das pessoas começa a enrugar e seus cabelos vão ficando grisalhos — que gostaria de abordar aqui. Como vimos no capítulo anterior, a meia-idade é uma época de mudanças. Mas os processos são mais graduais do que na puberdade ou no casamento. As mudanças pegam a gente de surpresa. Nossa saúde pode começar a piorar lentamente. O cabelo fica grisalho aos poucos. Mas as mudanças da meia-idade não se limitam ao físico. A vida social das pessoas também se transforma. Durante a meia-idade, a geração anterior à nossa começa a desaparecer, e a posterior passa a achar seu caminho. O resultado disso é que se torna difícil ignorar as preocupações com a nossa própria mortalidade e a perda de conexão com aqueles que amamos. Acrescentemos a isso o fato de que, no mundo moderno, muitos dos que continuam a ter uma carreira na meia-idade também estão começando a se sentir exauridos ou menos satisfeitos com sua vida profissional,[1] com uma espécie de tempestade perfeita a ameaçar a felicidade das pessoas.

Dados do mundo inteiro mostram os efeitos dessa tempestade. Independentemente do lugar, a felicidade das pessoas ao longo da vida forma uma curva em U, com o ponto mais baixo em torno dos cinquenta anos.[2] Ela começa a sofrer um declínio no final dos trinta e início dos quarenta anos, atingindo o fundo do poço entre o final dos quarenta e início dos cinquenta, antes de começar a subir novamente do final da casa dos cinquenta até os setenta e oitenta anos. Nesse ponto, as trajetórias de felicidade das pessoas apresentam uma boa dose de variabilidade, dependendo do surgimento de problemas sérios de saúde. Um padrão semelhante é observado no uso de antidepressivos. Informações de 27 países europeus que documentam o consumo dessas drogas mostram um padrão de U invertido nas mesmas idades.[3] O uso de antidepressivos começa a aumentar na metade da casa dos vinte anos, atinge um pico no final dos quarenta e depois cai durante os sessenta e setenta anos. Os estudos deixam claro que as pessoas têm três vezes mais probabilidade de tomar antidepressivos por volta dos cinquenta anos do que aos vinte ou oitenta.

Uma das principais razões por trás dessa queda na felicidade na meia-idade é que a maioria de nós não faz a mudança para uma mentalidade do tipo *vanaprastha* quando deveria. E, embora isso seja verdade no mundo todo, é especialmente verdadeiro em sociedades mais modernas e de padrão ocidental, como os dados sobre antidepressivos enfatizam. Quando adiamos o redirecionamento de nosso foco para virtudes como gentileza, generosidade, serviço e perdão — aquelas que nos ajudam a encontrar propósito e conexão —, postergamos a adoção de valores e comportamentos que naturalmente nos sustentam à medida que envelhecemos. Em seu livro *A segunda montanha*, David Brooks descreve a importância de fazer essa mudança da seguinte forma:

> Se a primeira montanha é importante para construir o ego e definir sua identidade, a segunda montanha está ligada a se livrar do ego e relativizar essa identidade. Se a primeira montanha tem a ver com aquisição, a segunda montanha é definida pela contribuição. Na primeira montanha, você tende a ser ambicioso, estratégico e independente. Na segunda montanha, tende a dar mais peso às relações, é mais íntimo e incansável.[4]

As duas montanhas correspondem, naturalmente, a duas fases da vida. A ciência apoia o argumento de Brooks de que fazer essa transição no momento certo leva a um maior bem-estar conforme as pessoas atravessam a meia-idade.

Dois fatores psicológicos ajudam a realizar essa transição. O reconhecimento crescente da própria mortalidade traz a motivação para esse processo, enquanto tecnologias que facilitam a compaixão, a generosidade e o perdão fornecem as ferramentas necessárias. Para as religiões, isso se traduz em rituais que destacam a inevitabilidade da morte e a busca pelo perdão.

Se esse é o caso, pode parecer um tanto esquisito, de início, que a maioria das religiões não contem com rituais específicos para atingir esses objetivos. Mas, refletindo um pouco mais, acho que a razão é óbvia. Já que não existe uma idade única na qual essas virtudes não sejam benéficas, um foco ritualístico nelas somente na meia-idade seria um erro. Por isso, rituais e práticas que enfatizam lembretes sobre a mortalidade e a necessidade da gentileza — como o Yom Kippur do judaísmo, a Quarta-feira de Cinzas cristã, ou as meditações budistas sobre a impermanência e o amor universal — acontecem ao longo de toda a vida. No entanto, também é verdade que o interesse por esses rituais aumenta rapidamente na meia-idade e continua nos anos que se seguem. Assim, não é preciso criar um ritual específico para essa fase da vida porque a mente naturalmente tende a buscar, por si só, os rituais que lhe parecem mais apropriados.

Por exemplo, embora a ênfase que os judeus dão à maioria dos festivais religiosos seja relativamente constante ao longo da vida, ela acaba mudando de forma dramática para dois desses festivais.[5] Enquanto 37% dos judeus com idade entre dezoito e 39 anos acreditam que o Yom Kippur — o Dia do Perdão ou da Expiação — é o festival mais importante do calendário religioso, 20% deles colocam o Chanuká nessa posição. Mas, entre judeus com mais de sessenta anos, os números passam a ser 53% versus 6%, respectivamente. Em outras palavras, embora o Yom Kippur seja visto como o dia mais sagrado do ano litúrgico para a maioria dos judeus, para os jovens o interesse por presentes e diversão também é relativamente alto. Conforme as pessoas envelhecem, elas deixam de pensar só nos prazeres imediatos e passam a meditar sobre a melhor maneira de viver o tempo que lhes resta — um dos principais focos do Yom Kippur.

Vemos um padrão parecido quando o assunto é começar a meditar: a porcentagem daqueles que meditam com regularidade aumenta constantemente ao passo que as pessoas envelhecem.[6] Enquanto 29% das pessoas entre dezoito e 29 anos seguem essa prática, o número sobe para 44% entre quem tem entre cinquenta e 64 anos, chegando a 53% acima dos 65 anos. Não são os jovens *hipsters* que mais se interessam pela atenção plena, mas sim as pessoas mais velhas, buscando paz, alegria e significado no tempo que lhes resta.

És pó e ao pó voltarás

Todos os anos, no 46º dia antes do Domingo de Páscoa, católicos ao redor do mundo fazem fila, solenes, para se aproximar do padre que preside a celebração da Quarta-feira de Cinzas. O sacerdote mergulha os dedos em um recipiente com cinzas antes de usá-los para fazer o sinal da cruz na testa dos fiéis. Conforme aplica a marca, olha-os nos olhos e diz: "Lembra-te de que és pó e ao pó voltarás". Não há nada de sutil nesse dia santo. É um lembrete direto de que, não importa quem você é e o que já fez na vida, a morte é inevitável. Para as pessoas de meia-idade — aquelas para quem a morte de repente já não parece tão distante e inconcebível quanto antes — é um lembrete bastante forte.

Tal como a Quarta-Feira de Cinzas, os Dez Dias de Teshuvá — os grandes dias santos que vão de Rosh Hashaná ao Yom Kippur — também funcionam como um lembrete da mortalidade. Simbolicamente, os Dez Dias representam o ciclo da vida. Começam em Rosh Hashaná, com uma celebração da criação da humanidade, e terminam no Yom Kippur, lembrando os fiéis da morte inevitável. No último dia, muitos judeus costumam usar roupas brancas, como lembrete dos sudários alvos com os quais serão enterrados. Abandonam as necessidades do corpo, abstendo-se de comida, bebida e sexo, libertando-se simbolicamente, dessa forma, de seus veículos corpóreos. Por meio de leituras da Torá, reflexões pessoais e oração, as cerimônias desse dia enfatizam o arrependimento.

Para os judeus, o processo de arrependimento, ou teshuvá, é bastante formalizado e exigente. Para ser perdoado, você deve não apenas sentir remorso por uma transgressão, mas também estar decidido a não cometê-la novamente e confessá-la diante de Deus. O Yom Kippur ajuda nesse processo ao exigir que os judeus recitem nove vezes o *viddui* como parte das cerimônias específicas do dia santo. O *viddui*, também conhecido como confissão judaica no leito de morte, é entoado na primeira pessoa do plural. A maioria de seus muitos versos começa com "nós já...", seguidos de uma litania de pecados: nós já mentimos; roubamos; causamos tristeza; causamos o mal aos outros; nós... Conforme as pessoas citam cada um dos pecados de forma comunal, batem de leve no peito, como sinal de responsabilidade pelo pecado e de punição. O surpreendente é que a melodia do canto não é solene, mas levanta o ânimo. Isso, na verdade, funciona bem para o propósito do Yom Kippur: fazer as pessoas sentirem que são capazes de alterar suas atitudes, em vez de ficar chafurdando em seus pecados.

Embora admitir as próprias transgressões e buscar perdão por cometê-las seja sempre algo nobre, isso nem sempre é fácil. Portanto, além do *viddui*, as cerimônias do Yom Kippur incluem um empurrãozinho psicológico a mais. Enquanto a congregação recita a *Unetanneh*

Tokef — uma das principais orações do Yom Kippur — as pessoas são forçadas a encarar o fato de que não sabem quanto tempo terão para consertar seus erros. Enquanto entoam "Quem vai viver e quem vai morrer? Quem morrerá na hora predestinada e quem morrerá antes do tempo? Quem vai perecer pela água e pelo fogo, pela espada, por meio de feras, pela fome, pela sede, por tempestade, por peste?", a possibilidade de que qualquer um deles acabe morrendo no ano vindouro é difícil de negar.

Enquanto os dias santos, como a Quarta-feira de Cinzas e o Yom Kippur, enfatizam a mortalidade, seu impacto, ainda que poderoso e importante, fica restrito a certas épocas do ano. Por isso, muitas religiões também usam regularmente ferramentas menos complicadas para nos lembrar que nosso tempo é limitado. Em *A imitação de Cristo*, um dos mais longevos e populares livros devocionais do cristianismo, o erudito religioso medieval Tomás de Kempis explica como refletir intensamente sobre a morte pode melhorar a vida. Ele exorta com veemência os cristãos a meditar sobre o fim da vida todos os dias, e a partir disso reconhecer que devem viver como se pudessem estar mortos ao anoitecer. Com uma abordagem semelhante, santo Inácio de Loyola, fundador da ordem dos jesuítas, incluiu meditações sobre a morte nos exercícios espirituais que elaborou. Ele recomendava, por exemplo, que as pessoas que buscam crescimento espiritual refletissem sobre a seguinte questão: se você estivesse em seu leito de morte, pensando em como foi sua vida, que decisões gostaria de ter tomado?

Embora essas técnicas judaico-cristãs certamente mostrem convergências em seu foco na inevitabilidade da morte, o budismo também oferece um conjunto similar de ferramentas. E, ainda que existam muitas formas diferentes de meditação budista, como vimos, todas elas compartilham o objetivo de promover um senso libertador de vazio e não eu. Um mergulho profundo na teologia por trás desses conceitos exigiria um livro dedicado a isso, mas, para nossos propósitos, precisamos apenas observar que uma das mensagens centrais dessa fé é a de que as coisas no mundo — incluindo as pessoas — não contêm essências únicas. Uma das principais razões pelas quais sofremos na vida é o fato de nossas mentes destreinadas discordarem disso.

146

Todos nós categorizamos regularmente as pessoas e os objetos de alguma maneira, e, por isso, criamos apegos a eles, que geralmente nos causam ansiedade, dor, desejo e coisas do tipo. A meditação busca romper essas ilusões sobre quem somos e sobre nosso lugar no mundo. Tudo é impermanente. Embora este não seja o lugar apropriado para debater a validade da doutrina budista, essa prática tem uma razão de ser, que é altamente relevante para os temas que estamos considerando neste momento. Como sugeriu o importante mestre budista Atisha há mais de mil anos, a consciência em relação à morte é necessária para que a meditação cumpra seus objetivos.[7] Se não aceitarmos que a morte é uma parte normal da vida — que nosso corpo, em última instância, vai deixar de funcionar —, continuaremos negando a possibilidade dela ou ficaremos aterrorizados quando ela chegar.

Por essa razão, muitas práticas meditativas têm o objetivo de fazer com que as pessoas fiquem mais conscientes a respeito da morte e da impermanência, criando uma sensação de tempo limitado que estimula o praticante a ter preocupações menos materialistas. De fato, os budistas desenvolveram um conjunto específico de práticas que tem como foco explícito a consciência em relação à morte, algumas das quais podem ser bastante intensas. Numa delas, quem está meditando se senta perto de cadáveres em decomposição ou esqueletos durante semanas, contemplando o fato de que também vai ter o mesmo destino. Ao observar os cadáveres em decomposição ao mesmo tempo que treina a mente para aceitar esse espetáculo macabro, em vez de recuar diante dele, a pessoa passa a aceitar de forma aberta e destemida o destino comum.

Por sorte, o budismo também oferece técnicas menos extremas de aceitar a morte. Uma das mais comuns emprega as Nove Contemplações de Atisha.[8] Como parte dessa prática, os budistas consideram nove "verdades" — entre as quais o fato de que todas as pessoas vão morrer; que o tempo de vida de todo mundo está sempre diminuindo; que a morte vai chegar de qualquer jeito, independentemente de que se esteja pronto para ela; que os entes queridos de alguém não são capazes de salvá-lo da morte; e que o corpo humano é frágil e vulnerável.

É, eu sei, não parece nada divertido. Mas destacar a inevitabilidade da morte tem uma função positiva, especialmente na meia-

-idade. Laura Carstensen, que dirige o Centro Stanford da Longevidade, argumenta que o que ela chama de horizontes de tempo ao longo da vida — o tempo que sentimos que nos resta para viver — tem um papel central para as nossas motivações. Quando a nossa percepção sobre o tempo é de algo aberto, quando a morte parece quase infinitamente distante, queremos adquirir conhecimento e habilidades. Valorizamos as novidades. Estamos buscando desenvolver nossas carreiras, nossa riqueza e nosso status. Mas, quando o tempo parece limitado, quando a morte de repente parece uma possibilidade próxima, as motivações mudam. Passamos a valorizar aquilo que é familiar, as pessoas e os relacionamentos que já conhecemos nos fazem mais felizes, assim como as atividades que descobrimos serem emocionalmente significativas. Trocando em miúdos, conforme sentimos o tempo fugir de nós, queremos preencher o que resta com alegria, conexão e propósito.

Carstensen e seus colegas encontraram esse padrão repetidas vezes em suas pesquisas. Mas, para mim, o que realmente prova a validade de sua teoria é que ela não está vinculada apenas à idade. Seus dados mostram que, embora a maioria das pessoas comece a perceber por volta dos sessenta anos um horizonte de tempo menor até a morte, o movimento que aproxima ou afasta alguém da busca por conexões e bem-estar mais profundos pode acontecer em qualquer idade, caso os horizontes de tempo mudem de repente, de maneiras inesperadas.[9]

As epidemias funcionam como uma espécie de lente de aumento para estudar essa ideia. Quando uma doença se espalha sem controle, os sentimentos de vulnerabilidade à morte aumentam rapidamente. Por exemplo, durante o surto de SARS de 2003 em Hong Kong, os jovens de repente se sentiram mais vulneráveis. Assim como os idosos, não tinham certeza de quanto tempo de vida ainda lhes restava, dada a força do vírus. O resultado disso foi que seus valores mudaram repentinamente, aproximando-se daqueles que predominam entre pessoas com mais de sessenta anos.[10] Os pesquisadores descobriram que o interesse típico dos jovens pelo progresso pessoal desapareceu, sendo substituído por um desejo de buscar realização e contentamento em conexões sociais mais profundas e pelo tempo gasto em atividades mais significativas socialmente. As motivações, porém, também podem funcionar na direção oposta. Um exemplo disso é que, quando a equipe de Carstensen pediu a pessoas mais velhas que imaginassem o que fariam se surgisse um novo avanço na área médica, que lhes permitisse viver muito mais do que esperavam, seus valores passaram a lembrar mais os dos jovens.[11] Queriam passar mais tempo aprendendo novas habilidades e experimentando coisas novas.

Essas descobertas são importantes por duas razões. Primeiro, elas trazem evidências de que as motivações das pessoas não mudam só porque elas chegaram à determinada idade. Embora a mudança costume acontecer em torno dos sessenta anos, ela pode começar em qualquer momento da vida. O que a impulsiona é a sensação de que os horizontes de tempo estão se estreitando. É essa flexibilidade, acredito, que dá às pessoas uma chance de evitar a diminuição da felicidade que normalmente acontece uns dez anos antes da mudança.

Imagine se todos fizéssemos essa transição de valores aos cinquenta anos, e não aos sessenta — quando os *ashramas* hindus sugerem que é o correto. Sabemos que pessoas com idades entre sessenta e oitenta anos tendem a ser muito mais felizes do que suas contrapartes de meia-idade. Também sabemos que elas dão mais ênfase a encontrar alegria nas conexões e em servir outras pessoas do que em objetivos individualistas ou materialistas. Ao perceber e aceitar que a morte é inevitável, reorientam sua maneira de viver. Mas, antes de recomendar fortemente que as pessoas de cinquenta anos adotem uma ênfase diferente em sua busca pela felicidade — seja baseada nas conexões e no serviço, e não em objetivos mais individualistas —, seria preciso saber se existe alguma evidência de que essa mudança *pode* funcionar em um momento anterior da vida. Na meia-idade, e não na fase de aposentadoria. Por sorte, essas evidências existem.

Quando os psicólogos comparam os modos como os norte-americanos e as pessoas do Leste Asiático buscam a felicidade, normalmente percebem que os americanos preferem seguir uma rota mais individualista. Por exemplo, quando querem se sentir mais felizes, compram alguma coisa ou tentam aprender uma habilidade nova. Já os asiáticos, passam mais tempo com a família ou adotam atividades que beneficiam a comunidade, como voluntariado beneficente ou ajuda a vizinhos idosos. Os dados mostram que só uma dessas estratégias funciona.[12] Nos Estados Unidos, quanto mais as pessoas buscam a felicidade pensando só nos próprios desejos e objetivos, menos satisfeitas com a vida elas acabam ficando. Mas, quando os asiáticos buscam a felicidade do seu jeito — por meio das conexões sociais e do serviço —, eles tendem a encontrá-la.

Embora seguir esse conselho possa aumentar a felicidade em qualquer fase da vida, ele será mais útil precisamente quando, socialmente falando, estamos mais infelizes: o momento em que as crises de meia-idade nos atingem e precisamos descobrir quais mudanças tornarão o restante dos nossos anos mais gratificantes.

Cada uma das práticas e dos rituais que acabei de descrever, entre outras, pode atingir esses objetivos de forma muito mais potente do que os simples lembretes de morte usados em pesquisas de psicologia. Assim, se os experimentos mostram que perguntar às pessoas o que elas gostariam de fazer se tivessem apenas seis meses de vida as leva a preferir atividades emocional e socialmente significativas,[13] imagine o quão mais poderosos os rituais religiosos podem ser. As táticas utilizadas em experimentos como esses aparecem em ambientes insossos e estéreis. Elas não falam com nossas mentes por meio de uma multiplicidade de "canais". Não evocam sentimentos fortes através de músicas, imagens ou contemplação intensa. Esse é o território dos rituais religiosos, o que nos dá uma razão pela qual essas práticas podem ter um efeito muito mais profundo e duradouro.

Como disse anteriormente, aceitar que a morte pode chegar mais cedo do que esperamos nos leva a fazer mudanças que trazem felicidade duradoura. Os rituais que enfatizam isso não são feitos apenas para sacudir a mente e libertá-la de suas ilusões sobre a imortalidade; eles são projetados, como veremos a seguir, para nos convencer de que a sensação de plenitude vem da conexão com os outros e de estar a serviço deles também. São coisas positivas que não dependem de um bom emprego, de força física ou status (todos se tornam mais incertos à medida que envelhecemos). São fontes de felicidade que estão disponíveis para nós até soltarmos o último suspiro. Ao usar ou adaptar as ferramentas que esses rituais oferecem, podemos mudar mais cedo a forma como buscamos a felicidade (digamos, aos cinquenta anos, em vez de aos sessenta), evitando uma década ou mais de infelicidade e arrependimentos futuros sobre o tempo desperdiçado.

Consertando a alma

Voltemos agora para os dias santos do judaísmo, porque eles funcionam particularmente bem quando a questão é apertar os interruptores psicológicos que nos fazem pensar sobre os valores que levam à felicidade de forma mais segura — e, mais importante, colocá-los em prática. Durante esse período de dez dias, os fiéis adentram uma espécie de estufa psíquica na qual confrontam a proximidade da morte e também os próprios comportamentos que os impedem de experimentar a felicidade.

O Talmude descreve três livros celestiais.[14] Em Rosh Hashaná, Deus escreve o nome dos justos no Livro da Vida. Já o nome dos perversos é escrito no Livro da Morte. O daqueles que pecaram, mas não estão além da esperança (isto é, a maioria de nós), vai parar em um terceiro livro. Deus suspende o julgamento dessas pessoas até o Yom Kippur, indicando que, nos dias posteriores a Rosh Hashaná, o destino delas ainda não está definido. Se provarem seu valor antes do Dia do Perdão, como é conhecido o Yom Kippur, os nomes deles vão para o Livro da Vida. Do contrário, podem parar no Livro da Morte. De qualquer modo, o destino deles é selado durante o ano vindouro.

Para ajudar as pessoas a fazer as escolhas certas — estimulando-as a praticar virtudes como gentileza, generosidade e perdão — esses dez dias têm como foco os temas da teshuvá (arrependimento e perdão) e da tsedacá (boas ações e caridade). Assim, durante essa época, os judeus são conclamados a agir de forma caridosa e também forçados a recordar seus malfeitos e buscar o perdão. Uma maneira de fazer isso, como vimos, é recitar ritualmente o *viddui*. Mais importante ainda, precisam reparar seus erros, lidando diretamente com as pessoas que prejudicaram. No judaísmo, orar a Deus não é suficiente para ser perdoado pelo mal causado aos outros: é preciso buscar o perdão das vítimas. Essa é a melhor maneira de curar os relacionamentos neste mundo.

Ao combinar a sensação de um tempo que está encolhendo com um forte *nudge* para fazer o que é certo — ajudando os outros, sendo justo, fazendo as pazes —, os grandes dias santos judaicos influenciam a prática de ações e valores que são capazes de trazer felicidade duradoura. E, para quem está na meia-idade — uma época da vida na qual a preocupação com esses rituais aumenta —, esse efeito promete ser especialmente poderoso.

Embora não haja nenhuma pesquisa que examine diretamente efeitos de rituais como esses, há boas razões para imaginar que fazer as pessoas refletirem sobre seus pecados realmente é algo capaz de mudar seu comportamento para melhor. Isso pode parecer improvável, especialmente se considerarmos nossa discussão anterior sobre dissonância cognitiva. Dessa perspectiva, fazer as pessoas perceberem que mentiram ou trapacearam pode levá-las a aceitar a crença de que, no fundo, são egoístas. Afinal de contas, uma das maneiras de colocar em sintonia as crenças sobre si mesmo e o comportamento é alterando as crenças para que elas correspondam ao comportamento. Porém, há outros fatores a serem considerados aqui: ninguém quer ser classificado como egoísta ou imoral, e a maioria dos pecados não é cometida publicamente. Então, ao contrário da situação em que as pessoas estão tentando descobrir se acreditam em Deus — em que a melhor opção nem sempre é clara —, há um resultado obviamente desejável: as pessoas querem ver a si mesmas como boas. Isso deixa apenas duas maneiras para reduzir a dissonância: mudar seu comportamento daqui para a frente ou esquecer seus pecados passados.

Na maioria das vezes, as pessoas tendem a escolher a segunda opção. Esquecer os pecados do passado é muito mais fácil do que mudar de vida. Por isso, nossas mentes costumam maquiar as lembranças sobre nossos atos antiéticos,[15] o que significa que esses atos se tornam mais imprecisos, com o tempo, em comparação com outros tipos de memórias. À medida que essas memórias conspurcadas somem, também somem nossos motivos para melhorar o comportamento.

É aqui que os rituais de expiação têm efeito máximo. Eles não nos deixam esquecer essas coisas e nos forçam a admitir verbalmente a culpa. Para os católicos, os dias entre a Quarta-feira de Cinzas e a Páscoa (um período conhecido como Quaresma) são, tal como os Dez Dias judaicos, um momento voltado à reflexão e à busca por perdão. Embora os católicos possam participar do sacramento da confissão ou reconciliação (um ritual de perdão) em qualquer momento do ano, são especialmente encorajados a fazê-lo durante a Quaresma.

Todos podemos concordar que admitir nossas falhas não é divertido. Muitas vezes, é um processo que provoca sensações de culpa ou vergonha, duas coisas que podem desestimular a participação no ritual, inicialmente. Então, para tornar a admissão dos pecados mais fácil, a confissão católica, assim como o *viddui* do judaísmo, traz certo grau de anonimato. Enquanto os judeus confessam recitando uma lista de pecados em uníssono — um ato que impede outras pessoas de saber quais pecados se aplicam a cada um —, os católicos listam seus pecados de forma isolada.

Antes de fazer sua confissão, os católicos geralmente se acomodam em um banco da igreja para rezar. Ficam com o olhar fixo em um ponto da parede, esperando que uma porta ou cortina grossa se abra, sinalizando que o confessionário está livre. Entram em uma sala pequena e mal-iluminada, ou então vão até um canto da igreja, e se ajoelham diante de um biombo. Logo depois, o padre, que está sentado dentro do confessionário, do outro lado do biombo, dá as boas-vindas ao penitente. A tela deixa passar o som, mas não a luz, para proteger a identidade da pessoa. "Abençoe-me, padre, pois pequei", começa quem está se confessando, e, nos minutos seguintes, admite suas transgressões num tom abafado. Depois de uma oração, o padre oferece a absolvição pelos pecados, e o penitente sai, geralmente com instruções para fazer mais orações ou atos de penitência para o bem de sua alma. Assim como na recitação do *viddui*, os pecados são descritos com clareza, fazendo com que a expiação deles pareça mais urgente. Maquiar as transgressões passa a ser muito mais difícil.

Mas há outra ferramenta que podemos usar todos os dias para atingir objetivos semelhantes: a meditação. Embora ela ajude as pessoas a lidar com a natureza temporária da vida, seu objetivo primordial é acabar com o sofrimento de todos os seres. Uma das melhores maneiras de fazer isso é ajudando as pessoas a desenvolver uma compaixão profunda e duradoura.

Para os budistas, duas virtudes interligadas levam ao bem-estar: a sabedoria e a compaixão. Conforme já discutimos, eles acreditam que nossa tendência a imaginar que as coisas possuem essências, atribuindo a elas qualidades e categorias permanentes, é uma ilusão problemática. Concordando ou não com esse princípio teológico, fica evidente que a meditação nos ajuda a ver o mundo com mais clareza, em vez de enxergá-lo com nossas lentes costumeiras e muitas vezes nocivas. Ao fazer isso, ela nos ajuda a parar e enxergar cada pessoa não como branca, negra, de esquerda ou de direita, mas como seres humanos dignos de compaixão e cuidado. Essa sensação de semelhança compartilhada permite que a empatia, a generosidade e o perdão mais profundos — emoções que estão na base da conexão com os outros — guiem nossas ações.

Essa ideia de que existe uma tecnologia da compaixão pode soar boa demais para ser verdade. Então, permita que eu apresente algumas evidências disso. Há alguns anos, meu grupo de pesquisa decidiu testar se a meditação é capaz de fazer com que as pessoas sejam mais compassivas. Recrutamos voluntários da região de Boston que nunca tinham meditado para participar de um experimento de oito semanas de duração. Metade deles ia até o campus uma vez por semana para aprender meditação com um lama budista. Nos períodos entre as sessões de treinamento, eles praticavam em casa, guiados por gravações feitas pelo lama. Colocamos a outra metade — o grupo de controle — numa lista de espera para participar dos treinamentos.

No fim dessas oito semanas, chamamos os participantes ao laboratório, um por vez. Contamos que haviam participado de testes de memória e atenção para ver se a meditação havia melhorado essas capacidades. Mas não era verdade. Estávamos testando a gentileza delas.

Quando um voluntário chegava, entrava numa sala de espera em que havia três cadeiras. Duas delas já estavam ocupadas. Portanto, como qualquer pessoa normal, ele se sentava na terceira cadeira. Sem que soubesse, os ocupantes das outras cadeiras eram atores que trabalhavam para nós. Alguns minutos mais tarde, aparecia a terceira atriz. Ela usava muletas e aparentava dor. Fazia careta toda vez que mexia o pé, que estava coberto por uma daquelas botas médicas que usam quando quebram o pé (embora o dela estivesse inteiro). Quando entrou na sala de espera, os outros atores a ignoraram e ficaram mexendo em seus celulares. Sem lugar para sentar-se, ela foi em direção à parede e se apoiou nela com ar de desconforto.

A questão-chave para nós era se o participante do estudo — o único ali que não era ator — também ignoraria o problema ou aliviaria a dor da moça oferecendo sua cadeira. Para nossa surpresa, 50% dos que tinham meditado nas oito semanas anteriores rapidamente ofereceram seu lugar, mas apenas 16% dos membros do grupo de controle fizeram o mesmo. É uma diferença grande nas demonstrações de compaixão.[16] Para ter certeza de que isso não aconteceu por acaso, repetimos o experimento e chegamos a resultados semelhantes.[17]

Por fim, realizamos um terceiro estudo, dessa vez analisando o perdão. Para encurtar a história, quando retornaram ao laboratório após meditar ou fazer diferentes tipos de exercícios cerebrais por algumas semanas, pedimos que escrevessem e elaborassem um breve discurso sobre seus objetivos de vida para um companheiro. Essa segunda pessoa era um ator, que lhes deu um feedback bastante negativo sobre a fala — uma situação que, já se sabe, tende a provocar um desejo de vingança. Ninguém gosta de ouvir que seus objetivos de vida não fazem sentido! No entanto, quando demos às pessoas uma oportunidade de infligir alguma dor física leve no companheiro que as insultou, a maioria das que meditaram não aceitou.[18] Mas aquelas que não tinham meditado aproveitaram a chance de buscar vingança (o que, é claro, não permitimos na prática).

Um ou dois meses de meditação certamente não fazem de alguém um especialista. Os benefícios completos vêm com anos de prática. Mas, quando combinamos nossos achados com os de outros grupos, mostrando que períodos curtos de meditação também fazem com que as pessoas passem a ser mais generosas, fica claro que a prática possibilita que incorporemos rapidamente as virtudes que trazem tanto a paz interior quanto conexões mais fortes com os outros.[19]

O Meghiya Sutta, um texto crucial do budismo, argumenta explicitamente que ter bons amigos é tão essencial para o bem-estar quanto a conduta virtuosa e a percepção da impermanência.[20] Eis aqui, de novo, uma mensagem ecoada por muitas outras religiões — uma mensagem que a ciência finalmente está decifrando por meio de suas lentes empíricas. Compaixão, serviço, generosidade, perdão: embora, no curto prazo, tais sentimentos e ações pareçam apenas ajudar os outros, as redes sociais que eles formam e fortalecem, em última análise, ajudam a quem se doa. Por isso, se doar provoca uma sensação boa. Por isso, a amizade cura o corpo e a mente. Por isso, evitar essas virtudes pode trazer os maiores arrependimentos conforme nossos dias vão se escoando. Essa é a razão pela qual nossas mentes se voltam para as preocupações sociais com intensidade cada vez maior à medida que envelhecemos, para garantir que nossos relacionamentos com os outros não se dissolvam.[21]

Para aqueles que estão entrando na meia-idade, eu recomendaria começar a praticar algum tipo de meditação, porque é algo que acelera esse processo de reorientação. Felizmente, muitas tradições religiosas oferecem formas de meditação que podem ser praticadas com frequência. E a maioria pode ser adaptada a um contexto secular.

Quanto ao Yom Kippur ou à Quaresma, as práticas que sustentam esses períodos santificados também podem ser aplicadas com mais regularidade. Você pode definir seus próprios momentos para fazer as pazes e realizar boas ações — momentos que garantem que os anos não passarão sem que você considere buscar perdão ou trabalhar para ajudar outras pessoas de sua família ou comunidade. Da mesma forma, você pode estipular que vai refletir, até mesmo diariamente, sobre o que significaria morrer hoje. Considere tanto os seus arrependimentos quanto o que pode mudar, a partir deste exato momento, para reduzir esse remorso. Os conselhos de Tomás de Kempis e a estratégia de pesquisa de Laura Carstensen (ambos podem ser resumidos em imaginar que estaremos mortos muito em breve) produzem o mesmo resultado: uma reorientação temporária dos nossos valores e motivações. E, se você transformar isso num hábito, o que é temporário pode se tornar permanente.

Dessa forma, se e quando a angústia da meia-idade aparecer, a coisa mais importante é lembrar que você precisa enfrentar ao mesmo tempo a destruição de duas ilusões — a imortalidade e o materialismo — para obter o máximo de benefícios. Como os líderes religiosos perceberam há muito tempo, nossa mente é avessa a alterar ideais e estratégias enquanto está obtendo recompensas deles. Somente depois de mudanças em nossas circunstâncias e em nosso corpo fracassarem seguidas vezes na tentativa de trazer felicidade que nossas mentes perceberão que os objetivos egoístas se tornaram sem sentido. E só então que nossas mentes finalmente vão reavaliar o que consideram valioso. Nesse momento, porém, já teremos perdido um tempo precioso — tempo gasto controlando a ansiedade ou uma insatisfação irritante, causada por nos agarrarmos a uma fase da vida que já passou, em vez de nos adaptar à nova fase. São problemas que a sabedoria da religião pode ajudar a evitar quando nossa pele começa a enrugar e nosso cabelo começa a ficar grisalho.

7 DIZENDO ADEUS:

Tudo que é vivo morre

A dúvida sobre o que vem depois da morte — se é que existe algo do outro lado — pode assustar qualquer pessoa que a enfrente. Para aqueles que ficam para trás, a dor pode ser quase equivalente. Embora a trajetória desse luto possa variar, e de fato varie, a dor que traz nunca é bem-vinda. Quando alguém que amamos morre, sentimos dor. É como se houvesse uma ferida no fundo do nosso peito. De fato, o cérebro interpreta a separação de alguém que amamos como uma espécie de dor física.[1] E, quanto mais tempo ficamos de luto, maior o peso que ele tem para a mente e o corpo.

Não estou dizendo que o luto seja ruim. Ele é uma parte natural e necessária da vida. De muitas maneiras, é algo que honra a pessoa que nos deixou. Mas, se durar demais, pode extinguir prematuramente as alegrias que ainda temos para sentir no tempo que *nos* resta neste mundo — algo que as almas que partiram não desejariam para aqueles que ficaram para trás. Por essas razões, todas as religiões do mundo contam com práticas cujo objetivo é facilitar o passo final da vida, tanto para aqueles que estão partindo quanto para os que estão dizendo adeus.

Atravessando o véu

Quando um católico está perto da morte, um padre administra os chamados últimos ritos. Como o plural indica, não se trata de um ritual único; na verdade, o processo abrange três rituais distintos: confissão, unção dos enfermos e Santa Comunhão. Cada um desses ritos é familiar para os católicos, pois, quando conduzidos separadamente, não são reservados às pessoas que estão próximas da morte.

Mas, quando ligeiramente modificados e reunidos no conjunto dos últimos ritos, a combinação é primorosamente adequada para atender às necessidades daquele momento: confortar as pessoas durante o processo da morte, ao mesmo tempo que as prepara para entrar no que esperam ser uma vida celestial após a morte.

Enquanto a confissão geralmente acontece em espaços privados, no caso dos últimos ritos ela acontece cara a cara. Nesse contexto, a intimidade e a empatia expressas pelo rosto do padre superam qualquer preocupação com o anonimato. As pessoas próximas da morte não precisam se preocupar em manter as aparências.

A beleza da confissão é que ela oferece uma garantia objetiva de perdão. Ao contrário do ato de rezar pelo perdão de Deus, que não traz uma resposta direta, quando um padre perdoa um fiel em nome de Deus, este pode ter certeza de que foi perdoado. E, ao enfrentar uma transição para a vida após a morte, em que entrar num domínio celestial depende de possuir uma alma virtuosa, a confissão pode ser bastante reconfortante. Ela também oferece uma maneira de as pessoas admitirem e, assim, enfrentarem falhas que podem ter abrigado silenciosamente por anos. O ato de confessar pode ser simplesmente catártico, assim como pode aliviar uma culpa de longa data e a dor psicológica que ela causa. Naqueles momentos em que um padre toca uma pessoa perto da morte e diz que Deus a entende e a ama, a paz do perdão a envolve, permitindo que seu corpo relaxe.

O segundo ritual é a unção dos enfermos, que a doutrina católica descreve como algo destinado a oferecer força, paz e conforto. Descrevi esse ritual no capítulo 5, pois ele também é usado para curar os gravemente doentes. Mas, quando a morte parece iminente, o significado e o simbolismo do ritual se alteram. Quando o padre passa o óleo sagrado na cabeça da pessoa moribunda, ele também pede três coisas a Deus. Primeiro, que Deus ajude o enfermo a suportar a dor e a ansiedade que podem vir com a aproximação da morte. Em segundo lugar, que Deus perdoe a pessoa por seus pecados — algo que pode ser importante, especialmente se a pessoa no leito de morte aparentar fragilidade ou a incapacidade de realizar uma confissão completa. E, em terceiro, que a pessoa seja levada ao céu.

Nesse ponto, com a mente acalmada e a alma preparada, a única coisa que resta é a jornada em si. E isso nos leva ao viático.

O viático, ou a última Santa Comunhão, é o terceiro ritual desse conjunto. Seu nome praticamente diz tudo, pelo menos em latim. O termo designa as provisões necessárias para uma viagem. Ao contrário de outros cristãos, os católicos acreditam que a hóstia e o vinho que consomem durante a Comunhão são o corpo e o sangue de Jesus Cristo (em vez de representações simbólicas de seu corpo e sangue). No Evangelho de João, Jesus ensina especificamente que ele permanecerá naqueles que comerem sua carne e beberem seu sangue dessa forma, e os ressuscitará para a vida eterna quando morrerem.

Por causa desse ensinamento, os católicos que recebem a Comunhão perto da hora da morte acreditam que Deus está física e espiritualmente com eles e os levará para o céu. A intenção do ritual é clara, pois o padre acrescenta as palavras "que o Senhor Jesus Cristo o proteja e o leve à vida eterna" — palavras que não são ditas como parte do ritual normal da Comunhão — ao oferecer ao fiel essa última hóstia.

Os rituais hindus em favor dos enfermos, embora derivem de uma teologia totalmente diferente, servem às mesmas funções. Quando de fato uma pessoa está perto da morte, os costumes hindus determinam que ela deve ser levada para casa, se ainda não estiver lá. O hinduísmo enfatiza fortemente a crença de que devem fazer a passagem no lugar que acharem mais confortável e seguro. Geralmente, isso significa o quarto. O objetivo, durante os dias ou as horas em que a pessoa continua viva, é preparar a alma para seu próximo renascimento. O enfermo é deitado com a cabeça voltada para o leste, em direção ao próximo nascer do sol, e uma lâmpada costuma ser colocada ao seu lado, simbolizando a iluminação de seu caminho.

À medida que a morte — ou "a grande partida", como os hindus a chamam — se aproxima, a família cerca o enfermo, entoando cânticos, fazendo orações para que ela tenha companhia e conforto. O enfermo repete um mantra para beneficiar seu carma. O Gayatri Mantra[2] é utilizado com frequência:

Meditamos sobre a glória do Criador;
Ele que criou o Universo;
Que é digno de adoração;
Que é a personificação do conhecimento e da luz;

Que retira todo pecado e ignorância;
Que Ele ilumine nosso intelecto.

Tanto os ritos católicos quanto os hindus têm como foco as necessidades dos enfermos. A mais importante delas é reduzir a incerteza e a ansiedade sobre a transição mais misteriosa da vida. Os últimos ritos, por exemplo, nunca são oferecidos a um cadáver. Se é indiscutível que a morte chegou e se acredita que a alma da pessoa partiu, o tempo deles já passou. A situação é semelhante no hinduísmo. Uma vez que a morte ocorreu, o corpo é imediatamente preparado para sua cremação. Ele é colocado na entrada da casa, em um catre baixo, ou no chão, simbolizando seu retorno à terra, e coberto com um pano branco. A questão central aqui é que corpos mortos não são ansiosos; pessoas morrendo o são.

Em qualquer momento da vida, a incerteza traz ansiedade. E, quanto maior a possível ameaça, maior o medo. Portanto, quando se trata de encarar a possibilidade de um fim completo e permanente para o eu, faz sentido sentir ansiedade. Na verdade, pensadores proeminentes, de Durkheim a Freud e Kierkegaard,[3] já argumentaram que o medo da morte é tão central para a condição humana que é a principal razão pela qual a religião surgiu. Embora eu não compre essa ideia, já que as religiões fornecem ferramentas para lidar com muitos dos desafios da vida, certamente concordo que a morte é um dos maiores.

Como acontece em muitas áreas, a crença provavelmente desempenha um papel útil aqui. Muitos estudos exploraram se a crença em Deus reduz a ansiedade relacionada à morte. E o consenso é que sim. Ao combinar os resultados de uma centena de estudos diferentes, pesquisadores encontraram um padrão intrigante.[4] Em geral, à medida que a fé religiosa aumenta, o desconforto sobre a morte diminui. Mas também há um elemento contraintuitivo nesses achados. Embora seja verdade que, em média, as pessoas que eram menos religiosas se preocupavam mais com a morte em comparação com aquelas com a fé mais forte, houve um ligeiro aumento no meio dessa variação. Pessoas que tinham alguma crença religiosa, mas também enfrentavam dúvidas, eram as mais ansiosas. Em outras palavras, os fortemente crentes são menos ansiosos quanto à morte do que os ateus decididos, mas as pessoas que não têm certeza quanto ao que acreditam sobre Deus são as mais ansiosas de todas.

Se parar para pensar sobre isso, verá que o padrão faz muito sentido. Para todos, exceto para os ateus mais firmes, a morte representa uma transição para outro domínio. Para alguns, essa transição é uma certeza; para outros, é uma possibilidade. Mas, de qualquer forma, a presença de um grande limiar fica clara. E isso significa que os ritos para enfermos são, em essência, outro rito de passagem. Na verdade, poderiam ser enxergados como o rito de passagem mais importante de todos. Não ajudam você a se tornar um adulto ou a se casar, mas ajudam a determinar sua eternidade. Parte da ansiedade crescente entre aqueles inseguros sobre Deus certamente decorre da incerteza sobre o que (se houver mesmo algo) está do outro lado desse limiar. Outra parte provavelmente também vem de uma preocupação com o valor da pessoa: ser um crente fraco geralmente significa não seguir as regras de uma fé (e, por extensão, as de Deus) tão assiduamente.

Vimos que, diferentemente de outros rituais, completar ritos de passagem requer mais do que apenas administrar o estresse e desconforto; também é preciso provar algo. Quando você passa de criança para adulto, precisa provar sua competência. Quando deixa de viver neste mundo para entrar no próximo, precisa provar seu valor — não para a comunidade, mas para Deus ou para a balança do carma. Para facilitar a transição, os rituais em torno da morte devem diminuir a ansiedade sobre ter atendido aos requisitos para ir a um lugar melhor.

Nos ritos católicos para os enfermos, a confissão e a unção têm esse propósito. Ambos foram projetados para purificar a alma do pecado e ajudar a pessoa que está morrendo a acreditar que Deus vai enxergá-la como digna Dele. Nos ritos hindus, a recitação dos mantras tem o mesmo objetivo. Ela confere uma pontuação de virtude a uma alma que, para a maioria dos fiéis da religião, está prestes a renascer. Mas, num nível neuropsicológico mais profundo, esses ritos trazem outro tipo de conforto. É algo destinado às ansiedades ligadas não ao futuro, mas àquele exato momento: a experiência corporal da morte que se aproxima.

O toque de um sacerdote segurando as mãos de quem está morrendo, a respiração mais lenta e ritmada que acompanha a recitação de mantras ou do rosário (oração que, embora não sendo parte formal dos últimos ritos, muitas vezes é feita pelos católicos conforme a morte se aproxima), a sensação de um elo com Deus que vem do viático, tudo isso concorre para acalmar o corpo e a mente ao passo que os sinais sobem e descem o nervo vago. O objetivo, mais uma vez, é reduzir a reação de luta ou fuga que muitas vezes acompanha a ansiedade, permitindo que as pessoas se sintam mais seguras e calmas à medida que a morte as alcança.

Essa peculiaridade na relação entre crença e ansiedade (a que mostra que pessoas com crenças ambivalentes sobre Deus eram as mais ansiosas) parece sugerir que, ao se aproximar da morte, haveria um pequeno benefício em ser ateu. Os ateus não eram tão calmos quanto os fortemente crentes, mas eram um pouco menos ansiosos do que aqueles que não tinham certeza sobre a existência de uma vida após a morte. Isso parece lógico, já que a ausência de Deus também implica a ausência de qualquer tipo de vida após a morte. Se nada há depois da morte, um ateu pode ter poucos motivos para se preocupar se está adequadamente preparado. Mas então me lembro do velho ditado: "Não há ateus em trincheiras". Como cientista, os aforismos não me convencem, mas também reconheço que podem conter alguma verdade. E, pelo que podemos dizer, esse é o caso quando enfrentamos a morte. Ela pode fazer as pessoas encontrarem a fé.

Embora não possamos conduzir eticamente certos tipos de pesquisa com pessoas que estão se aproximando rapidamente da morte, pedimos a voluntários que pensem sobre a morte em outros momentos. E, quando o fazem, até mesmo ateus mostram um aumento na suspeita de que Deus possa existir.[5] Não é que eles de repente dizem que acreditam em Deus, mas se tornam menos certos ao negar a existência Dele.

Para os crentes (e para os ateus arrependidos), a vida após a morte geralmente se enquadra em dois tipos diferentes de existência. Em muitas religiões ocidentais, o mundo vindouro é semelhante a este: as pessoas mantêm suas identidades e memórias intactas ao entrar em um reino (espera-se) celestial, para se reunir com seus entes queridos. Nas religiões orientais, é um pouco mais complexo. Primeiro, há a questão da reencarnação, que geralmente significa que a morte precede uma nova vida. O hinduísmo e o budismo também ensinam que, depois que uma alma atinge o auge da sabedoria ou iluminação, ela pode se libertar do ciclo de renascimento e passar para um estado melhor.

As crenças sobre a natureza desse estado melhor variam muito. Alguns budistas acreditam que aqueles que estão prontos para se libertar do renascimento se fundem em um tipo de vazio ou força universal. Outros, dizem que primeiro entram em um reino paradisíaco conhecido como a Terra Pura. Enquanto alguns creem que a mente do indivíduo será extinta, outros consideram que a pessoa pode escolher se tornar um *bodhisattva* de características quase angelicais — um ser que se dedica a reduzir o sofrimento de todas as outras criaturas sencientes.

É claro que não sei o que acontece depois da morte ou quais religiões estão certas (se é que alguma está). Mas a ideia de que nossa consciência continua viva faz com que a morte pareça menos uma extinção e mais uma transição. As religiões são excelentes quando o assunto é ajudar as pessoas a passar por transições. Acreditar em um ser ou força divina que criou o que está do outro lado do limiar definitivo facilita essa transição.

Em termos psicológicos, não vejo razão para lutar contra essas crenças. Nenhum de nós sabe se existe uma vida após a morte. Mas sabemos que essa perspectiva traria alguma paz de espírito aos crentes. Então, por que não acreditar? De certa forma, você pode estar se torturando desnecessariamente se não acreditar. A única razão para evitar uma crença na vida após a morte seria se ela causasse algum dano aqui e agora. Embora alguns ateus proeminentes tenham argumentado que é isso o que acontece, os dados não apoiam esse argumento.

Steven Pinker resumiu essa posição de forma clara quando disse que "a crença na vida após a morte é uma ilusão maligna que desvaloriza as vidas reais e desencoraja ações que as tornariam mais longas, seguras e felizes".[6] Ele fez essa declaração em resposta às exigências de muitos evangélicos para que os lockdowns fossem encerrados durante a pandemia de covid-19. Ele argumentou que as pessoas de fé estariam mais dispostas a correr riscos com sua vida na Terra porque presumiam que sua morte significaria apenas uma transição mais rápida para o Paraíso.

Duvido que a oposição dos evangélicos ao distanciamento social tenha muito a ver com sua crença no Céu. É muito mais provável que a ideologia política tenha sido o fator determinante. Ainda assim, a noção de que a crença no Céu leva as pessoas a desvalorizar a vida na Terra permeia as mensagens dos ateus. E, embora existam casos notórios de comportamentos mortais possibilitados por uma busca pela vida após a morte, principalmente entre seitas apocalípticas, esses casos são extremamente isolados e raros. Em geral, não há evidências de que a crença na vida após a morte represente qualquer problema para o fiel ou para os outros.

Uma descoberta frequentemente usada para apoiar o argumento dos ateus é um estudo de 2015 que sugere que lembretes simples sobre a crença em Deus levam as pessoas a dizer que vão correr mais riscos.[7] Embora esse estudo tenha recebido muita atenção quando publicado pela primeira vez, seus resultados não se sustentaram após um exame mais aprofundado. Estudos posteriores com mais pessoas não conseguiram mostrar nenhuma ligação entre pensar em Deus e aumentar a tomada de riscos.[8] Além disso, se você observar os comportamentos reais das pessoas, o aumento da religiosidade, que geralmente acompanha o aumento das crenças na vida após a morte, está claramente ligado a uma saúde melhor e a uma vida mais longa, como vimos no capítulo 5. Os crentes fumam menos, bebem menos, evitam sexo arriscado e usam mais o cinto de segurança. Na verdade, algumas religiões instruem seus seguidores com todas as letras a se manterem saudáveis. O judaísmo, em particular, diz aos fiéis para evitarem perigos físicos e qualquer coisa que possa causar um grande dano à saúde.[9]

Portanto, embora nenhum de nós consiga dizer com certeza o que vai acontecer quando fecharmos os olhos pela última vez, também não podemos dizer que esperar que algo aconteça — que seguiremos em frente de alguma forma — é uma ilusão prejudicial. No mínimo, a crença em si parece útil, tanto quando vivemos nossa vida como quando enfrentamos seu fim.

Seja qual for a sua fé, ou a ausência dela, há outra lição a ser tirada dos rituais que cercam a morte: proporcionar conforto por meio de oportunidades de perdão pode aliviar a mente das pessoas. Todos nós já ouvimos falar de confissões no leito de morte. E a maioria delas não é feita para padres. Dar às pessoas uma última oportunidade de buscar perdão pelos pecados que carregaram consigo é um ato de misericórdia. E tirar um pouco da culpa de uma pessoa enferma pode trazer a ela um imenso alívio. Por esse motivo, sugiro oferecer a seus amigos e entes queridos oportunidades de perdão. Ofereça espaço e até mesmo incentive-os gentilmente a se abrir sobre arrependimentos ou transgressões que podem ter remoído durante anos. Faça isso como um padre faria: ouça, não julgue, aja de maneira a trazer cura, em vez de condenar. No tempo fugaz que resta aos que estão para morrer, você pode se surpreender com a facilidade com que eles conseguem aproveitar uma oportunidade assim para discutir questões que se recusaram firmemente a enfrentar em momentos anteriores da vida.

As práticas religiosas nos mostram outra maneira, mais física, de confortar aqueles que nos deixarão em breve. Como na tradição hindu, recomendaria deixar a pessoa em ambientes familiares, se possível. Também sugeriria usar técnicas contemplativas. Se uma pessoa não for religiosa, mantras, rosários e coisas do tipo não terão muita influência sobre ela. Mas outras estratégias que produzem mudanças corporais semelhantes podem ajudá-la. Respirem profundamente juntos. Cantem músicas favoritas juntos. Passem alguns minutos concentrando a atenção dela e a sua em objetos cheios de beleza. Deem as mãos. Ao fazer isso, você aumentará o tônus vagal dela. E, por meio do movimento sincronizado, você a ajudará a se sentir subconscientemente menos isolada em seus últimos dias e horas neste mundo.

Porém, quando a pessoa faz a passagem, é hora de confortar a nós mesmos — aqueles que permanecem aqui. E, quanto mais rápido essa boa obra começar, melhor.

Como lidar com o luto

Para os judeus, o período de luto é dividido em três partes principais: *aninut*, *shivá* e *sheloshim*. O *aninut*, que significa "tristeza profunda", começa no momento da morte de uma pessoa e dura até seu enterro. Normalmente, é um período breve, com duração de horas a um ou dois dias, mas é emocionalmente intenso. Durante esse tempo, as pessoas mais próximas do falecido — cônjuges, filhos, pais e irmãos — assumem um status religioso conhecido como *onein*. A raiz hebraica dessa palavra significa "estar sob pressão" e, dado o choque que provavelmente estão sentindo, bem como a necessidade de fazer rapidamente preparativos para o enterro, o rótulo faz todo o sentido. Para destacar a dor que sentem, tradicionalmente, esses familiares mais próximos colocavam a imagem de uma lágrima sobre o coração nas roupas que usavam durante o período de luto do *shivá*. Hoje, porém, muitos optam por prender uma fita preta rasgada em suas roupas para simbolizar a mesma coisa. Esse marcador de luto, ou *kriah*, é um sinal que outros judeus reconhecem como uma indicação para lidar com os familiares adequadamente.

De muitas maneiras, o período de *aninut* não é tão diferente do que acontece em outras religiões, exceto por ser um pouco mais formalizado. Em todas as religiões, o período entre a morte e o enterro é aquele em que a família recebe espaço e apoio para lamentar enquanto faz os preparativos necessários. Porém, de uma perspectiva psicológica, talvez o aspecto mais importante do *aninut* seja sua brevidade. É o que explica o rabino Benjamin Resnick, estudioso do misticismo judaico e rabino-chefe de uma das maiores escolas judaicas de Chicago: "Como judeus, enterramos os mortos rapidamente, não apenas como um ato de bondade para com eles, mas também como um lembrete para nós. A vida pode e deve continuar mesmo após as perdas mais trágicas".[10]

Seguindo essa lógica, no fim do funeral, a situação dos membros da família muda de *onein* para *avelin*. De estar sob pressão para pessoas enlutadas no sentino pleno da palavra. É aí que o *shivá* se inicia e, com ele, todas as atenções da família mais ampla, dos amigos e da comunidade se voltam para o cuidado com os que estão pranteando os mortos.

O termo "*shivá*" vem da palavra hebraica que significa "sete", já que normalmente dura sete dias. Depois do funeral, o costume é que todos voltem para a casa da família enlutada para uma refeição e para transmitir suas condolências, e a comida muitas vezes é preparada por vizinhos ou amigos. Aliás, o ato de oferecer a comida ou algum outro tipo de apoio para uma família de luto é considerado um "mitsvá", ou "mandamento" estabelecido por Deus. Não é só uma gentileza; é uma obrigação.

Os enlutados preparam suas casas para o *shivá* cobrindo os espelhos e acendendo uma vela em memória do falecido. Nos dias seguintes, eles não precisam se preocupar em fazer a barba, pentear o cabelo, lavar roupa ou vestir seus melhores trajes para os visitantes. Eles também se sentam mais perto do chão, em bancos feitos especialmente para isso ou em travesseiros, enquanto os convidados chegam. Tradicionalmente, também deixam as portas de suas casas destrancadas, para que a família e os amigos possam entrar facilmente para prestar suas homenagens.

À medida que cada um dos sete dias de *shivá* se desenrola, amigos, familiares e membros da comunidade continuam a visitar os enlutados. Por costume, os convidados continuam seguindo o mitsvá, levando comida para a família. Quando chegam à casa, eles não correm até os enlutados para expressar suas condolências; esperam que eles comecem uma conversa, acompanhando os desejos da família. Se querem falar sobre sua perda, esse será o tema da conversa. Se querem se distrair falando de esportes, tudo bem, também. O importante é dar a eles o que precisam naquela ocasião. Mas, em algum momento durante o *shivá*, as conversas entre convidados e enlutados invariavelmente passam a abordar reminiscências sobre o falecido.

Os costumes do *shivá* também exigem momentos formais de oração na casa dos enlutados, que geralmente ocorrem três vezes ao dia. No entanto, para que as rezas ocorram, a lei religiosa determina que um *minyan* — um grupo de ao menos dez adultos judeus — esteja presente. Como parte do ritual, o *minyan* do *shivá* recita várias orações, sendo o chamado *kaddish* dos enlutados a principal delas.

Embora os rituais de funeral e luto de todas as religiões possam ajudar a enfrentar a tristeza, o *shivá* é um exemplo particularmente bem pensado. De um ponto de vista psicológico, todos os seus elementos, incluindo o ato de cobrir os espelhos e usar bancos baixos, auxiliam a mente enlutada. Ao entender o motivo, compreenderemos como as pessoas passam pelo luto. Mas, antes de fazermos isso, quero evitar um equívoco comum sobre os estágios desse processo.

Se perguntar à maioria das pessoas (ou mesmo ao dr. Google) sobre como funciona o luto, vai acabar recebendo a mesma resposta. O luto teria cinco estágios: negação, raiva, barganha, depressão e, por fim, aceitação. Porém, se analisarmos os verdadeiros estudos sobre o tema, veremos que não há evidência alguma que corrobore a existência de tais estágios.[11] Ao afirmar isso, não quero dizer que esses estágios nunca ocorram ou que não se apliquem a algumas pessoas, mas eles não correspondem ao padrão do processo. E basta pensar um pouco para perceber que isso faz sentido. É muito improvável que uma pessoa de meia-idade se sinta da mesma maneira a respeito da morte de sua mãe de noventa anos, depois de uma enfermidade dolorosa, do que diante do fim inesperado e trágico de um filho adolescente em um acidente de carro.

No entanto, isso não significa que o processo de luto seja aleatório. Há uma boa quantidade de pesquisas mostrando que ele segue certos padrões. A natureza específica desses padrões depende de quanta tristeza as pessoas sentem e por quanto tempo. O psicólogo George Bonanno, um dos maiores especialistas do mundo em luto e resiliência, descobriu que 92% das pessoas seguem uma entre três trajetórias.[12] A categoria mais comum é o que ele chama de *resilientes*. Embora essas pessoas certamente sintam tristeza quando um ente querido morre, trata-se de algo administrável. Sim, elas sentem dor, mas a depressão não sai do controle. Elas conseguem continuar com as responsabilidades diárias da vida. Um total de 67% das pessoas segue essa trajetória. Outros 15% vivenciam o luto de uma forma mais debilitante — que dificulta sua capacidade de trabalhar, de cuidar bem de si mesmas e até mesmo de encontrar alegria na vida por longos períodos de tempo. Esse padrão — o que Bonanno chama de *luto comum* — é caracterizado por um aumento significativo na depressão, que pode levar até dezoito meses para desaparecer. E há ainda os outros 10% — aqueles que seguem a trajetória do *luto crônico* —, que se tornam permanentemente deprimidos.

No geral, a pesquisa de Bonanno mostra que a maioria das pessoas supera o sofrimento e a depressão que cercam a perda. Mas, mesmo entre essa maioria, existem diferenças importantes na intensidade do sofrimento que enfrentam e na rapidez com que o superam. O truque para lidar com o sofrimento, então, não é evitá-lo completamente, mas moldar sua intensidade e duração. Embora lidar com uma perda nem sempre leve à depressão e à dor emocional debilitante, só é possível evitar o pior se o luto não for crônico ou muito intenso. Se o sofrimento e a depressão durarem muito tempo, muitas vezes podem levar as pessoas a agir de maneiras que pioram ainda mais a situação no longo prazo, usando drogas viciantes para amenizar a dor ou se isolando socialmente, o que acabará intensificando o problema.

Desse modo, o objetivo das tecnologias espirituais não é impedir o luto — certa medida dele é natural e necessária —, mas sim dar aquele empurrãozinho, ou seja, colocar as pessoas na trajetória de resiliência de Bonanno, na qual elas sentirão o pesar, mas evitarão a angústia intensa, de longo prazo e prejudicial.

Demonstrando a capacidade que a religião tem de ajudar,[13] pesquisas mostram que participar de atividades religiosas funciona como um apoio para os enlutados, especialmente no que se refere à redução da duração de seu luto.[14] Nesse caso, três fatores principais desempenham um papel aqui,[15] pois são determinantes para o modo como as pessoas atravessam a fase de luto. E, enquanto os rituais de todas as religiões empregam um ou dois deles, o *shivá* usa os três.

O primeiro é o mais difundido: o elogio fúnebre. Qualquer um que já tenha ido a um funeral ou ritual de luto sabe que nele todos passam um bom tempo relembrando o falecido. Por mais comum que essa prática seja, a princípio ela pode parecer contraintuitiva. Se você acabou de perder um emprego que amava ou um prêmio para o qual tinha sido indicado, provavelmente não gostaria de gastar muito tempo pensando nisso. Você perdeu; acabou. Aquilo tudo dói. Melhor seguir em frente.

No que diz respeito a pessoas que perdemos, o oposto é verdadeiro. Reforçar as memórias que temos delas, especialmente de forma idealizada, faz com que elas continuem conosco. De certa forma, isso nos impede de perdê-las duas vezes — uma quando morrem e outra se as lembranças que temos delas desaparecem. Na verdade, Bonanno observou uma ligação clara entre memórias positivas de entes queridos que se foram e trajetórias saudáveis de luto. Aqueles que são resilientes mantêm lembranças sólidas. Os que estão em luto comum têm memórias turvas até que a depressão se dissipe, e aqueles que entram em luto crônico têm dificuldade de recordar memórias positivas. Portanto, reforçar boas lembranças conduz as pessoas em direção à resiliência.[16] E, enquanto quase todos os rituais religiosos de luto fazem isso como parte de um funeral — ou, no caso de velórios cristãos, por um ou dois dias antes do funeral —, o *shivá* garante que isso continue por um período mais longo após o funeral, no momento preciso em que as trajetórias de luto estão começando a se desenrolar e, portanto, são mais facilmente alteradas.

O segundo fator consiste na aceitação. Passar a ver a morte de entes queridos como uma parte triste, mas, natural da vida, reduz o sentimento de raiva e a sensação de perseguição cósmica que algumas pessoas poderiam enfrentar. É verdade que você não precisa da religião para ver a morte como algo natural. Até mesmo os jovens às vezes morrem inesperadamente, de acordo com as leis da probabilidade. Uma vacina ou procedimento médico geralmente seguro pode acabar matando algumas pessoas em raras ocasiões. Acidentes de carro podem acontecer com qualquer um. Todos nós aceitamos esses fatos de maneira abstrata, mas, quando alguém que amamos se transforma em estatística, essa lógica não traz muito conforto.

É aqui que está outro benefício da religião. Algumas pessoas se voltam para a ideia de que Deus opera de maneiras misteriosas, ou que estamos aqui apenas até o momento em que Ele decide nos chamar. A sensação de que a vida não é aleatória, de que há uma razão pela qual um ente querido seguiu em frente, às vezes pode ajudar a aceitar mais prontamente uma morte. O *shivá* oferece um empurrãozinho adicional em direção à aceitação quando os enlutados recitam o *kaddish* juntos. Como o rabino Lorde Jonathan Sacks[17] observou, "O *kaddish* é uma oração que recitamos quando estamos de luto, mas, estranhamente, tem a ver com a vida, e não com a morte. E essa é uma maneira de nos trazer conforto no momento em que mais sentimos uma sensação de perda. Nós nos reconectamos com a vida". Ao proclamar a glória de Deus e pedir paz e bênçãos na Terra, o *kaddish* reforça a ideia de que não se deve duvidar de Deus ou culpá-Lo por uma morte. A morte é natural, e Deus quer que Seu povo continue vivendo em paz e felicidade.

O terceiro e mais eficaz fator na redução da intensidade e duração do luto é o suporte instrumental. Esse termo se refere a um tipo muito específico de ajuda: a presença. Uma pessoa pode ter muitos amigos no Facebook ou seguidores no Twitter, mas a maioria dessas pessoas não largará tudo para oferecer ajuda e conforto pessoalmente quando necessário. Em tempos de perda e luto, os benefícios trazidos pela presença de pessoas que passam algum tempo ao seu lado, cozinhando ou fazendo compras para você, são maiores do que se imagina.

Nesse aspecto, o *shivá* se destaca. Ao estabelecer que a ajuda aos enlutados é um mitsvá — uma obrigação sagrada da fé —, o *shivá* garante que eles terão acesso frequente a apoio instrumental e companhia. É claro que o judaísmo não é a única religião em que as pessoas visitam os enlutados e levam comida. Mas é uma das poucas que ritualizam o apoio instrumental dessa forma. As pessoas *vão* aparecer durante sete dias para fornecer ajuda, companhia e formar um *minyan* para rezar. Elas têm de fazer isso. E essa regra pode fazer toda a diferença na forma como os enlutados atravessam sua dor.

O *shivá* incorpora ainda mais *nudges* psicológicos em seu funcionamento. À primeira vista, cobrir espelhos e não se preocupar com a aparência não parece ter nenhuma ligação óbvia com o luto. Mas ambas as coisas têm uma função psicológica: reduzir o foco em si mesmo. Quando você olha para o espelho, sua atenção necessariamente se concentra em si mesmo — um fato que tanto a lógica quanto a pesquisa deixam claro. Quando está tentando arrumar o cabelo, fazer a barba ou escolher sua melhor roupa, está novamente pensando sobre o que faz você ficar com boa aparência. E muitos estudos psicológicos descobriram que o foco em si mesmo intensifica qualquer emoção que uma pessoa esteja sentindo.

Num trabalho que tem relação direta com os costumes do *shivá*, pesquisadores demonstraram que olhar para um espelho quando estamos tristes piora essa tristeza.[18] Outros experimentos descobriram que, quando os pensamentos sobre nós mesmos aumentam, eles podem amplificar e perpetuar sentimentos negativos.[19] Desse modo, quando os judeus cobrem seus espelhos e ignoram a própria aparência, estão usando ferramentas psicológicas comprovadamente capazes de reduzir o sofrimento.

O judaísmo não é a única religião que se esforça para minimizar o foco da pessoa em si mesmo durante o luto. Certas seitas do hinduísmo cobrem os espelhos em casa após uma morte. Isso também acontece em velórios irlandeses. Nenhuma dessas tradições faz essas coisas porque obtiveram dados demostrando que cobrir espelhos reduz o luto. Cada uma delas tem suas próprias justificativas baseadas em crenças sobre respeito aos mortos, sobre fechamento de portais para o reino espiritual etc. No entanto, é provável que esses costumes persistam, porque, ao longo do tempo, ajudaram os enlutados a se sentir um pouco menos perturbados.

O *shivá* também encoraja os enlutados a sentar-se ao nível do chão. Teologicamente, esse costume frequentemente é associado a uma passagem do livro de Jó que descreve como os amigos do personagem-título sentaram-se com ele diretamente no chão durante sete dias por causa de sua tristeza. Simbolicamente, acredita-se que esse tipo de posição também reflete a impressão de que as pessoas se sentem "para baixo" quando estão de luto. Embora ambas as coisas sejam verdadeiras, em nível neurológico, sentar-se em uma posição mais baixa serve a outro propósito. Quando se senta numa posição mais baixa do que em uma cadeira ou banco normal, aquilo é fisicamente desconfortável. Ao tentar colocar os pés no chão, seus joelhos ficam mais altos, o que significa que suas coxas estão em um ângulo menor do que noventa graus em relação às canelas e você acaba se curvando para a frente. Se tentar esticar as pernas, estará em uma posição ainda mais anormal.

Ficar sentado no chão durante um longo período, como alguns fazem durante o *shivá*, é igualmente desconfortável, pois exige uma boa dose de força no centro de gravidade do corpo para manter o tronco ereto sem apoio. Qualquer especialista em ergonomia diria que todas essas posições produzem uma tensão dolorosa na parte inferior das costas. Levantar-se alivia a dor. E, se você seguir essa sequência de vez em quando — como os enlutados provavelmente fazem enquanto estão sentados durante o *shivá* —, significa que sentirá repetidamente uma dor leve acompanhada pelo alívio ao levantar-se.

Pesquisas mostram que alívios repetidos de uma dor leve aumentam sentimentos de bem-estar e reduzem o sofrimento, além de evitar que a pessoa fique murmurando algo.[20] Considerando que o sofrimento e o múrmurio frequentemente ocorrem em um ciclo contínuo durante o luto, repetir o processo de sentar-se mais baixo e levantar-se pode ajudar a reduzir a dor psicológica que os enlutados sentem.

Por fim, há o *minyan*. A oração comunitária, que geralmente envolve algum balanço sincronizado, fortalecendo os vínculos psicológicos durante o *shivá*. Lembre-se que o movimento sincronizado também faz as pessoas se sentirem mais compassivas umas com as outras — oferecendo grande benefício quando algumas delas estão sofrendo.

No geral, o período do *shivá* cria uma espécie de casulo protetor no qual os enlutados podem se ajustar à perda de alguém que amam. Mas, à medida que o sétimo dia chega (o sexto após o dia do funeral), vai se aproximando o momento de retornar gradualmente à vida normal. Duas coisas são importantes aqui: o fato de ser algo *gradual* e também um *retorno*. A ideia de retorno é importante, pois implica que os enlutados são resilientes — que podem e devem começar a seguir em frente após o luto. É por isso que, no final do *shivá*, os enlutados se levantam de seus assentos baixos e, apoiados por familiares e amigos, saem de casa para uma caminhada pela vizinhança. Essa primeira saída ao ar livre serve para mostrar para a comunidade e para os próprios enlutados que eles entraram em uma nova fase.

Isso nos leva ao segundo conceito importante: o processo *gradual*. Seria irracional e cruel supor que, ao final de sete dias, a tristeza das pessoas desapareceria e a vida voltaria a parecer completamente normal. Portanto, o fim do *shivá* não marca o fim do luto, mas sim o *começo* do fim do luto. A caminhada ao ar livre inicia o *sheloshim*, terceiro período do luto judaico.

A palavra *sheloshim* significa "trinta" em hebraico, correspondendo ao número de dias que dura o luto. Durante o *sheloshim*, os enlutados retornam lentamente aos ritmos normais da vida. As pessoas começam a ajustar suas maneiras de interagir com os enlutados. Mas também há restrições. Por exemplo, os enlutados geralmente se abstêm de comparecer a eventos sociais comemorativos, sem que, por causa disso, os anfitriões se sintam insultados. Isso também conta como uma gentileza, pois seria difícil demonstrar alegria de modo apropriado estando ainda tão perto da perda de um ente querido. O fim do *sheloshim* geralmente é marcado por uma cerimônia em homenagem ao falecido. Essa é outra oportunidade de reforçar memórias positivas sobre eles.

Como observado, todas essas ferramentas ritualísticas não são apenas domínio do judaísmo. Muitas religiões compartilham alguns elementos com o *shivá*. Por exemplo, além de cobrir espelhos, algumas tradições hindus também incorporam várias refeições de recordação, durante as quais as famílias normalmente servem os alimentos favoritos do falecido, e os convidados fazem orações e compartilham boas lembranças sobre ele. Os rituais do islamismo exigem que os muçulmanos observem um período de luto de três dias, durante o qual os enlutados não precisam cumprir a maioria de suas responsabilidades e ficam em casa para receber apoio instrumental de familiares e amigos.

Apesar de todo o seu poder psicológico, essas técnicas ritualísticas ainda ficam aquém de um objetivo importante: manter a conexão com um ente querido. Se isso é objetivamente possível, é claro, depende da sua fé. Mas, para ver como isso pode funcionar, vamos examinar uma tradição religiosa que incorpora a veneração dos mortos. Os chineses queimam uma moeda falsa, chamada de dinheiro-fantasma ou incenso de papel, para beneficiar seus parentes mortos. Embora sua origem não seja óbvia, o ritual parece ter surgido com a crença taoísta de que os mortos podem e vão usar esse dinheiro para comprar o que desejam na vida após a morte. Quanto mais dinheiro queimado, mais eles têm para gastar com luxos.

De acordo com as crenças chinesas, os ancestrais também têm o poder de influenciar o que acontece no presente. E assim, ao honrá-los, também estão buscando sua ajuda e assistência. De certa forma, isso dá continuidade à conexão que tinham com seus entes queridos quando ainda estavam vivos. Na verdade, a oferta de presentes pode ser bastante complexa. Nas comunidades chinesas, muitas vezes existem lojas que vendem centenas de objetos construídos com "incenso de papel". As pessoas queimam réplicas de casas, roupas, aparelhos eletrônicos — o que você imaginar — para seus ancestrais usarem, pois a fumaça leva esses presentes ao reino celestial.

Adoro esse ritual porque ele fornece uma maneira de continuar expressando gratidão às pessoas que se foram. E não apenas com dinheiro, mas realmente gastando tempo pensando nas coisas de que elas gostam ou precisam. Fazer isso serve a dois propósitos psicológicos. O primeiro tem a ver com alegria. A mente interpreta o ato de presentear alguém como algo prazeroso —[21] isso vale para qualquer um, mas especialmente para alguém com quem realmente nos importamos. Quando essa doação ocorre perto da hora da morte, como seria o caso em um funeral, essa centelha de alegria pode ajudar um pouco a aliviar o desespero.

As pessoas também queimam presentes nos aniversários de seus ancestrais e nos aniversários de sua morte. Isso significa que elas têm uma maneira contínua de interagir com aqueles que já se foram. Esse segundo propósito psicológico — o sentimento de conexão contínua — também ajuda a combater o luto persistente: a conexão se mantém, embora de forma diferente. Ao abraçar essa crença, passam a aceitar a ideia de que a morte não é o fim, mas sim uma transição. E essa transição é do tipo que, quando chegar a hora da partida para o além, ajudará a reuni-las com aqueles que já se foram, ao mesmo tempo que lhes permitirá manter algum contato com os que deixarão neste mundo.

Ao lidar com sua própria dor ou com a dos outros, você pode adaptar muitas das ferramentas que esses rituais de luto usam. Independentemente da sua fé ou da falta dela, você provavelmente já emprega, em certa medida, alguma versão do elogio fúnebre para reforçar memórias positivas sobre o falecido. Definir horários para fazer isso com mais regularidade, não apenas durante o funeral propriamente dito ou nos dias próximos dele, mas também nas semanas ou nos meses seguintes, pode ampliar os benefícios dessa prática.

Encontrar uma maneira de garantir apoio instrumental aos enlutados também é primordial. Com exceção de alguns rituais religiosos, como os do *shivá*, há poucas diretrizes definidas para garantir que as pessoas apareçam sempre que forem necessárias. Fui criado como cristão e, embora a oferta de conforto e ajuda aos enlutados após um funeral seja encarado como uma atitude nobre, essa decisão não é formalizada ritualmente de maneira alguma. Se isso for verdade em seu grupo de familiares ou amigos, um modo de preencher essa lacuna é começar a fazer isso você mesmo. Defina uma norma que outros possam copiar. Ou, melhor ainda, crie seu próprio *shivá*. O que realmente importa não são os textos exatos das orações, mas a união, a sensibilidade e as ações inerentes ao ritual. Comam juntos. Programem horários para se reunirem nas primeiras semanas após o falecimento. Relembrem bons momentos da pessoa que morreu. Cantem músicas, talvez até as favoritas dela.

Não se esqueça daqueles *nudges*, os empurrõezinhos, desta vez associados ao luto. Cubra os espelhos. Não se preocupe em passar suas melhores roupas para receber visitantes; você não precisa agir como anfitrião. Além disso, faça algo capaz de produzir um pouco de desconforto físico e repita esse processo algumas vezes por dia. Talvez até algo que seja bom para a saúde, como exercícios. Compreendo que, em meio ao luto, achar motivação para malhar pode ser difícil. Mas é por isso que a criação de rituais pode ser útil.

Quando estiver de luto, você também pode se planejar para fazer doações. Não é preciso acreditar nos deveres do culto aos ancestrais para que isso seja útil. Não é preciso nem mesmo acreditar em vida após a morte. Lembre-se de que, da mesma maneira que o cérebro interpreta a perda como um tipo de dor, ele também interpreta o ato de doar como um tipo de prazer, não importando quem recebe o que você doou. Portanto, em vez de queimar uma oferenda em honra da alma dos falecidos, caso isso não tenha sentido para você, faça uma doação para outra pessoa em nome de quem morreu. Melhor ainda, passe algum tempo pensando no que a pessoa que você perdeu valorizava na vida. Pense no que ela significava. Com isso na cabeça, escolha cuidadosamente quem ou o que ajudar — uma pessoa ou entidade que, se ajudada, seria fonte de alegria e satisfação para seu ente querido. Isso também pode funcionar como uma espécie de incenso de papel.

Talvez o mais importante de tudo seja o esforço para permanecer em sintonia com as necessidades dos enlutados, que mudam com o tempo. Se você não é judeu, não precisa seguir estritamente o roteiro do *shivá* e do *sheloshim*. Mas você precisa ajudar os enlutados da maneira que eles mais precisam. Um bom modo de fazer isso pode ser adaptando uma ideia que os vitorianos já punham em prática há mais de um século. Eles usavam a cor das roupas para marcar os estágios do luto. Logo depois da morte de um ente querido, vestiam roupas pretas como um símbolo de dor. Mas, conforme o tempo passava e o luto ficava menos pesado, o mesmo acontecia com a cor das roupas: de cinza e lilás, durante o "meio-luto", elas adquiriam cores claras, e, no final, o branco. As cores sinalizavam em que ponto de tristeza estavam — informações que permitiam que os demais interagissem com eles de forma mais apropriada.

Quando emergimos da sombra da tristeza, não há como negar que a vida será diferente. Não apenas nossos relacionamentos terão mudado; nós também. O cristianismo frequentemente fala do poder do sofrimento para ajudar as pessoas a se aproximar de Deus. Enquanto os budistas entendem o sofrimento como a condição normal da vida e usam a meditação como uma maneira de superá-lo, os cristãos enxergam o sofrimento como uma maneira de imitar Jesus e, assim, tornarem-se mais semelhantes a Cristo. Para eles, aceitar o sofrimento é uma maneira de perder qualquer senso de orgulho, arrogância ou possessividade. Se Deus, na forma humana de Jesus, conseguia aceitar o sofrimento, eles também deveriam conseguir. Assim, ainda que o sofrimento não seja um objetivo em si mesmo, ele oferece uma maneira de purificar a alma por meio da aceitação e, tal como na meditação, ajudar as pessoas a serem mais compassivas e amorosas — uma mudança que também favoreceria seu bem-estar.

Embora eu já tenha dito muitas vezes que não quero debater teologia, há alguma verdade na ideia de que sofrer bem, seja devido à tristeza ou por outras causas, pode levar ao crescimento. O trabalho que realizei com meu colega Daniel Lim mostra que, diversas vezes, a maioria daqueles que sofreram perdas e adversidades semelhantes na vida se tornaram mais compassivos e altruístas depois. Eles têm mais empatia por outras pessoas em sofrimento e estão mais dispostos a ajudar em termos de tempo, dinheiro ou esforço.[22] São até mais resistentes à fadiga da compaixão —[23] o fenômeno pelo qual tendemos a nos afastar de um número crescente de pessoas em dificuldades porque nos sentimos sobrecarregados pelo sofrimento ou acreditamos não ser capazes de ajudar de verdade.

Mas o que significa sofrer bem? Em nosso trabalho, sofrer bem significa tentar lidar positivamente com a situação. Não culpe Deus ou o destino pelas tragédias que acontecem com você. Não adote a visão de que a vida neste mundo é necessariamente algo terrível, e que cada pessoa deve, portanto, cuidar apenas de si mesma. Não abrace a raiva ou a inveja. Escolher essas respostas à adversidade limita a compaixão e, junto com ela, sua capacidade de formar relacionamentos que podem ajudar a sustentá-lo. Quando a tragédia acontece, as pessoas que desenvolvem e demonstram empatia e compaixão umas pelas outras sobrevivem melhor e passam a ter melhor saúde psicológica. Na verdade, como nosso trabalho mostra, essas mudanças derivadas da capacidade de sofrer bem são duradouras. As pessoas que aceitaram o sofrimento sem explodir de culpa ou raiva, que passaram a entender que mesmo pequenos atos de gentileza podem levar a mudanças, foram as que desenvolveram uma capacidade duradoura de compaixão, que as ajudou a construir e reforçar relacionamentos significativos à medida que sua vida seguia em frente.

Dessa forma, acredito que os cristãos têm razão em dizer que o sofrimento pode servir a um propósito maior. Ele é capaz de fazer com que as pessoas se tornem mais gentis e fortaleçam seus vínculos com os outros — vínculos que podem ajudar em momentos de luto ou outros problemas. Isso não significa, é claro, que você deva procurar maneiras de sofrer. Em vez disso, significa que, quando o sofrimento vier, como invariavelmente acontece para cada um de nós quando perdemos alguém que amamos, devemos aceitá-lo. Acolha o sofrimento. Não se enfureça contra ele. Reconheça as maneiras pelas quais essa situação une a sua vida à dos outros; a tristeza e a perda são comuns a todos nós, independentemente de raça, religião ou renda. Perceba como até as gentilezas aparentemente insignificantes que outras pessoas fazem em seu favor podem ser relevantes.

A sabedoria que vem desse tipo de sofrimento, ao contrário da raiva e da desesperança derivada de diferentes maneiras de lidar com ele, podem fazer uma grande diferença quanto ao modo como o luto nos transforma. Se sofrermos bem, isso acabará nos tornando mais capazes de cuidar dos outros, e isso, independentemente de sua crença em Deus, é um sinal de esperança. Sim, a morte e a perda vão nos tocar a todos. Mas, assim como a morte gera o luto, o luto é capaz de gerar o amor.

EPÍLOGO

"Deus está morto... E nós o matamos." Para Friedrich Nietzsche, que escreveu essas palavras em 1882, esse era o resultado lógico do Iluminismo. A razão e a observação empírica não traziam evidências em favor de Deus; portanto, devíamos concluir que Ele não existe. E, se Deus não existia, a consequência era que as crenças morais e o aparato associado à figura Dele podiam ser ignorados, já que eram baseados na ilusão de uma presença divina no Universo.

Dizer se a conclusão de Nietzsche sobre um vácuo moral foi uma coisa boa ou ruim depende do seu ponto de vista. Muita gente acreditava que, sem o temor em relação a um Deus onisciente e moralizante, a humanidade ficaria descontrolada. A cobiça, o egoísmo e a violência dominariam tudo. Para outros, como o ateu Nietzsche, isso trazia uma possibilidade mais positiva — uma certa liberdade. Sem mais bases que apoiassem as antigas regras de moralidade, novas oportunidades surgiriam para que o *Übermensch* — o novo e esclarecido ser humano — trilhasse seu próprio caminho, com suas próprias regras, e, talvez, transformasse tais regras em algo que os demais seguiriam.

Refletindo sobre o tema quase um século e meio depois que Nietzsche escreveu seu aforismo, creio que faz sentido dizer que nenhuma dessas visões está correta. A religião não está totalmente morta, embora pareça estar em declínio em sua forma institucional. Conforme o conhecimento científico continua a crescer, muitos se afastam da influência religiosa — um êxodo que está se acelerando. Só no período entre 2010 e 2019, a porcentagem de norte-americanos que se identificava como protestante — a categoria religiosa mais comum nos Estados Unidos — caiu de 51% para 43%.[1] E, nesses anos, a porcentagem de adultos que não se identificam com *nenhuma* religião subiu de 17% para 26%. Ainda assim, a cobiça e a violência não tomaram conta de nós. Sim, elas ainda estão por aí, mas a moralidade mundo afora não se esfacelou completamente.

A ideia do *Übermensch* também não se saiu muito melhor. Em sua forma mais forte, é um conceito autoritário. Quem tem o direito de ser especial e determinar a nova moralidade? Os bilionários? Os cientistas? As celebridades? Nietzsche não estava sugerindo que isso fosse decidido em uma eleição democrática. Mas, mesmo se suavizarmos o conceito do *Übermensch*, aplicando-o a uma pessoa que está vivendo o seu potencial máximo, baseado em uma busca pela realização individual, ele não vai oferecer uma rota verdadeira para a vida plena. Os seres humanos funcionam melhor quando estão inseridos em relacionamentos sociais de cuidado mútuo, e manter esses relacionamentos muitas vezes exige sacrifícios que afetam as realizações pessoais: tirar algum tempo para cuidar da família ou de um parente idoso, ficar perto das pessoas amadas em vez de se mudar para o outro lado do país por causa de um salário maior, dedicar certo tempo a uma organização de voluntários em sua comunidade, em vez de colocar todas as energias na tentativa de progredir na carreira ou na busca de mais status.

Como Alison Gopnik observou em sua resenha de *O novo Iluminismo*,[2] impressionante livro do psicólogo Steven Pinker, "Os valores [humanos] têm suas raízes tanto na emoção e na experiência quanto na razão, tanto no que é local quanto no que é universal. [...] A família e o trabalho, a solidariedade e a autonomia, a tradição e a inovação, têm valor real, e existem em uma tensão real, tanto na vida dos indivíduos quanto na vida de uma nação". Ela argumenta ainda que a visão que a sociedade ocidental tem sobre o sucesso — uma visão que normalmente dá menos peso a valores tradicionais, locais e sociais — provavelmente é uma das razões pelas quais, embora Pinker defenda que a situação do mundo hoje, como um todo, é melhor agora do que no passado, muita gente não sinta a alegria e a satisfação que esperaríamos neste cenário. Fazer de tudo para satisfazer os próprios desejos de status ou riqueza, mas deixando de lado os laços com os outros, muitas vezes pode fazer com que as pessoas se sintam alienadas e solitárias. Em sua melhor forma, a religião ajuda a combater esse problema, a partir da construção de laços de comunidade.

A chave para uma vida bem vivida, portanto, é encontrar o equilíbrio certo entre priorizar nossas próprias necessidades e as dos outros. E as duas coisas não são totalmente separadas, ainda que muitas vezes pareçam ser. Quando consideramos o ingrediente do tempo, elas se fundem um pouco. Do ponto de vista imediato, dedicar parte de seu tempo pessoal, dinheiro ou esforço para ajudar os outros, deixando um pouco de lado a carreira ou os interesses pessoais, pode parecer um sacrifício. Mas, em longo prazo, as pesquisas mostram que as maneiras como os outros retribuem esses favores geralmente superam qualquer perda momentânea que possamos sentir.[3] Os seres humanos são cooperativos e sociais por natureza. Nós nos saímos melhor quando trabalhamos juntos, mesmo que possa ser difícil às vezes. É por isso que muitos rituais religiosos do mundo se dedicam a reforçar nossa empatia e preocupação uns com os outros.

Admito que as pessoas não precisam de religião para serem éticas, bem-sucedidas ou felizes. A capacidade para a bondade está literalmente entretecida em nosso DNA. O mesmo vale para o potencial para o egoísmo e o mal. A prática da religião, independentemente de seus fundamentos teológicos, oferece uma gama impressionante e testada de tecnologias psicológicas que complementam nossa biologia, ajudando a resolver problemas que a adaptação biológica, por si só, não conseguiu enfrentar. E, se a natureza desses problemas muda com o tempo, isso também acontece com os rituais e até mesmo com as próprias religiões.

Às vezes, porém, o ritmo das mudanças na sociedade pode ultrapassar a capacidade das religiões formais de alterar o que é preciso. Ou o rápido crescimento da compreensão científica pode lançar dúvidas sobre tantos pilares de uma fé que, ao a abandonarem, as pessoas podem acabar deixando também suas práticas úteis pelo caminho. O momento atual é uma dessas situações. Conforme as estatísticas que citei atestam, estamos nos afastando da religião formal. Ao mesmo tempo, também andamos ficando menos felizes,[4] menos conectados e, portanto, menos satisfeitos com nossa vida. Abandonar as práticas religiosas certamente não é a única razão para esses problemas. Mas, ao deixá-las de lado, estamos esquecendo ferramentas que podem melhorar nossa vida todos os dias.

Acho que todos percebem esse fato. Talvez não conscientemente, mas podemos observar isso em seus anseios. Dados do Pew Research

Center mostram que, embora o número de pessoas que se identificam como religiosas tenha diminuído na última década, as que se descrevem como espiritualizadas está aumentando. Por exemplo: em 2017, 27% dos adultos dos Estados Unidos disseram se considerar espiritualizados,[5] mas não religiosos. Trata-se de um aumento de 8% desde que o Pew havia feito essa pergunta pela última vez, em 2012. Talvez o mais interessante seja que um olhar mais atento sugere que os ateus não estão se tornando mais espiritualizados. Em vez disso, aqueles que eram religiosos estão se voltando para diferentes maneiras de viver a religiosidade. Estão encontrando uma nova forma de vida espiritual, ao mesmo tempo que abandonam religiões mais organizadas, que não fazem mais sentido para eles.

Daqui em diante, portanto, a questão mais importante para nós será como satisfazer o anseio por capacidades espirituais que costumavam enriquecer nossa vida. Como sempre fizeram, as pessoas de agora procuram na religião uma fonte de apoio, mas não encontram exatamente o que precisam. Ainda hoje, dois terços dos que frequentam a igreja regularmente observam que o fazem para dar aos filhos uma base moral,[6] para se tornar pessoas melhores ou receber conforto em momentos de angústia e tristeza. Mas, à medida que muitos se afastam das religiões organizadas — às vezes com razão, dependendo das falhas de determinadas instituições —, acabam perdendo ferramentas destinadas a facilitar seu caminho ao longo da vida. E, mesmo para aqueles que desejam permanecer associados a uma fé tradicional, as ferramentas que essas religiões fornecem poderiam se beneficiar de alguns ajustes.

Três caminhos

Não há um único caminho melhor a seguir, porque pessoas diferentes têm necessidades espirituais diferentes. Para algumas delas, a melhor maneira de encontrar ferramentas espirituais úteis é aumentar seu envolvimento com as fés tradicionais. Para outras, faz sentido afrouxar sua ligação com uma teologia construída em torno de uma divindade, mantendo intactos os outros aspectos de sua religião. E, para um terceiro grupo, é necessário criar algo inteiramente novo. Todas essas abordagens são válidas. Não me cabe empurrar as pessoas rumo a uma dessas opções. Mas o que posso oferecer — enxergando algum papel para os insights deste livro — são conselhos construtivos sobre como lidar com cada um desses caminhos, levando em conta suas inclinações. Portanto, vamos começar com o primeiro.

Uma razão que as pessoas muitas vezes citam para deixar uma fé de lado é que ela não é mais capaz de tocá-las. Parte desse sentimento pode vir de discordâncias em relação às políticas sociais, atitudes ou ações preferidas por uma determinada religião. Porém, é algo que também pode ter outra fonte: a modernização dos rituais diários que cercam a vida e o culto religioso. Na tentativa de alcançar mais fiéis ou de se adaptar à modernidade, diversos aspectos dos rituais mudaram, assim como a arquitetura dos espaços sagrados.

Vamos usar o catolicismo como exemplo. Depois do Concílio Vaticano II, muitos aspectos da missa mudaram. A alteração mais notável é que as cerimônias deixaram de acontecer em latim, passando à língua materna de cada congregação. Os sacerdotes passaram a se voltar para os fiéis durante a missa inteira; antes do Vaticano II, era comum que dessem as costas aos presentes. A música, em muitas missas, foi ficando mais popular. Várias igrejas foram construídas seguindo uma estética mais moderna. Embora essas mudanças tenham atualizado o ritual católico, o abandono de práticas que tinham sido refinadas ao longo de séculos reduziu parte da força psicológica da missa. Com menos cantochão, menos incenso e uma separação menor entre o púlpito e os paroquianos, muitos católicos sentiram que a "magia" da missa havia desaparecido.

Bem, é importante reconhecer que essa insatisfação com a modernização não vem somente dos mais velhos, que sentem falta daquilo a que estavam acostumados. Muitos jovens adultos que estão interessados nas principais religiões do mundo, na verdade, querem que elas sejam mais tradicionais. Um exemplo interessante: na faixa dos vinte e trinta anos, há uma porcentagem maior de judeus que se classifica como ortodoxa do que entre aqueles com cinquenta anos ou mais.[7] É verdade que muitos desses jovens provavelmente foram criados como ortodoxos, já que as famílias dessa tradição geralmente têm mais filhos do que as reformistas ou conservadoras, mas muitos também são convertidos, ou *baalei teshuvá* (aqueles que "retornam" a Deus). Do mesmo modo, menos judeus ortodoxos deixam sua fé e vão para outras denominações se comparados aos conservadores ou reformistas.[8]

A situação entre os cristãos é semelhante,[9] com as denominações tradicionais continuando a perder fiéis à custa de outras igrejas mais ortodoxas. Até mesmo o número de mulheres jovens nos Estados Unidos que decidem dedicar sua vida a Deus se tornando freiras está aumentando pela primeira vez em cinquenta anos.[10] Muitas das razões citadas para esse interesse nos costumes antigos[11] têm a ver com a beleza das cerimônias, a estrutura que elas dão à vida diária e seu apelo simultâneo a muitos dos nossos sentidos (visão, audição, olfato). Na verdade, pesquisas feitas com a geração Y confirmam que, mesmo na hora de escolher locais de culto, eles preferem os que têm arquitetura tradicional e ambiente tranquilo.

Para mim, isso sugere que, para aqueles que sentem afinidade com uma fé tradicional, o melhor caminho pode ser o de retorno. Ao afirmar isso, não quero necessariamente dizer a volta de uma maior segregação dos sexos, crenças reacionárias ou coisas do tipo, mas um retorno a rituais e práticas mais antigos, que foram refinados para incentivar a mente por meio da emoção, do estímulo dos sentidos e da atividade comunal. As ações, a música e os símbolos podem ser mantidos, mesmo se a teologia for atualizada. Essas ferramentas se comunicam com nossas mentes de maneiras que vão além das palavras e das crenças.

Para um outro grupo de pessoas, os próprios conceitos por trás de uma divindade específica, ou mesmo de qualquer divindade, podem parecer restritivos ou ultrapassados. Contudo, para essas mesmas pessoas, seguir um conjunto de princípios e pertencer a uma comunidade que também os segue — ou seja, a base cotidiana da vivência de uma religião — continua sendo algo atraente. Exemplos dessa atitude podem ser encontrados no unitarismo universalista e no judaísmo humanista. Ambos acreditam no valor de certas características morais e ações positivas. E ambos fazem bom uso de rituais e práticas. Mas diferem um pouco no que diz respeito às ideias sobre Deus. Enquanto os unitário-universalistas acolhem todas as concepções sobre o tema, incluindo a ausência desse tipo de ideia, o judaísmo humanista é completamente secular. Ele considera que os rituais típicos do judaísmo não são mandamentos vindos do alto, mas mecanismos que servem para unir uma comunidade, marcar os grandes momentos da vida e celebrar uma herança compartilhada.

Para mim, religiões ou movimentos como esses correspondem a um segundo caminho que é viável — o da readequação. Eles trazem uma maneira de reconsiderar o modo como concebemos a figura de Deus, ou até se acreditamos Nele, ao mesmo tempo que ainda é possível tomar parte em rituais e práticas que se mostraram eficazes ao longo de milênios: rituais de nascimento e morte, cerimônias de compromisso e outros ritos de passagem. Às vezes, esses rituais são fixos, como os do judaísmo humanista. Em outras ocasiões, são misturas e ajustes envolvendo diferentes fés, como no universalismo unitarista. E há ainda circunstâncias em que eles são aplicados fora do contexto de quaisquer crenças religiosas, como no "shabat de tecnologia", que está cada vez mais popular (um dia longe das telas, que tem o objetivo de estimular a reflexão e as conexões com os outros). Mas, em todos esses casos, os rituais são influenciados pelas tradições antigas, ainda que não pela teologia.

Por fim, há o caminho da reformulação. Ele permite níveis máximos de flexibilidade. Você não precisa pegar rituais emprestados ou reaproveitá-los. Pode criar a sua própria versão. Não é algo tão radical quanto pode parecer. Toda religião que existe começou em algum lugar. Cada divisão em certas fés aconteceu porque alguém pensou que havia um caminho novo e melhor a ser seguido. A religião nunca foi estática. Desta vez — na nossa vez — não é diferente.

Novas fés estão sendo construídas em torno da IA, por exemplo. Em 2015, Anthony Levandowski, um engenheiro do Vale do Silício, um dos fundadores do programa de carros autônomos do Google, criou uma igreja que chamou de Caminho do Futuro (WOTF, na sigla em inglês). Embora tenha fechado a denominação recentemente, por conta de várias batalhas jurídicas ligadas ao seu trabalho com veículos autônomos, sua visão sobre religiões baseadas em IA é provavelmente um prenúncio do que está por vir. Ele descreve a WOTF como uma fé centrada na adoração a uma "deidade baseada em inteligência artificial".[12] A ideia central era criar uma IA "divina" com capacidade suficiente para coletar e analisar bits quase infinitos de informação pela internet sobre as consequências das ações das pessoas. Esse conhecimento permitiria que a divindade-IA oferecesse orientação sobre como viver e se comportar. Levandowski acredita que, em algum momento, uma IA assumirá o controle da sociedade. Por isso, achou melhor moldar a natureza dessa entidade para que ela seja benéfica. Para fazer as pessoas aceitarem essa nova "divindade" e seguirem sua orientação, bem como influenciá-la quando ela começar a evoluir por conta própria, ele acredita que novos rituais de adoração serão necessários.

Essa possibilidade não é tão absurda quanto parece. No templo budista de Kodaiji, que existe há quatrocentos anos em Kyoto, no Japão, um robô chamado Mindar já está fazendo sermões para os fiéis.[13] Mindar não se parece com um robô comum: foi projetado para ser parecido com Kannon, o *bodhisattva* budista da compaixão. No momento, Mindar não é controlado por uma IA; ele dá conselhos e bênçãos gravados previamente, movimentando-se e fazendo gestos que imitam o comportamento humano. Mas os criadores do robô têm como objetivo a construção de sistemas controlados por IA, que permitam que Mindar reaja de forma adequada às necessidades de cada fiel. Entre uma IA agindo como sacerdote numa religião tradicional e outra liderando uma religião nova, a diferença é pequena.

A WOTF e abordagens semelhantes são exemplos extremos de possíveis novas religiões. No entanto, elas tendem a atrair aqueles que acreditam que a big data e a tecnologia podem trazer respostas para as grandes questões da vida. E há, é claro, outras rotas de reformulação. O movimento mexicano *Santa Muerte*, por exemplo, ainda que incorpore aspectos do catolicismo, centra-se em uma nova santa, ainda que ela seja tratada mais como uma divindade. Como o nome sugere, a Santa Muerte personifica energias divinas associadas à mais profunda das transições. Geralmente, ela é retratada como um esqueleto trajando vestes coloridas, e acredita-se que tenha tanto o poder de curar quanto o de garantir o caminho rumo a um Além celestial. Embora a veneração à Santa Muerte talvez já exista há mais de um século, foi a partir de 2001 que começou a crescer exponencialmente. Com esse crescimento explosivo, incluindo mais de 10 milhões de pessoas, o simbolismo e os rituais ligados a ela também estão mudando.[14]

Um exemplo é que a Santa Muerte está sendo associada com frequência a símbolos como uma balança e uma ampulheta. Enquanto a primeira simboliza a equidade e a justiça, já que a morte pode ser vista como o grande nivelador (pois ninguém está imune a ela), a segunda simboliza que, ainda que o tempo na Terra seja curto, a vida pode começar novamente em um novo reino quando a ampulheta é virada. Os rituais associados à Santa Muerte não são padronizados, mas frequentemente incluem elementos emprestados da santeria, do catolicismo e de ideias com ares de Nova Era sobre energia espiritual, tudo remixado de diferentes maneiras. Nessa mistura, as pessoas encontram abordagens criativas sobre como orar e fazer oferendas à Santa Muerte na esperança de que ela melhore a saúde e a prosperidade dos fiéis na Terra ou facilite o caminho deles rumo à vida no Além.

Assim como tantos outros rituais que examinamos, o objetivo é fortalecer crenças que confortam as pessoas e, ao mesmo tempo, construir laços comunitários. Ainda que Santa Muerte tenha adeptos em todos os estratos sociais, seu maior apelo parece ser para aqueles que têm mais dificuldades econômicas ou tradicionalmente são marginalizados no México e na América Latina: a classe trabalhadora urbana, a comunidade LGBTQIA+ e os pobres. O foco dessa crença nos temas de igualdade, aceitação e em um caminho para a salvação (seja neste mundo ou no próximo) funciona especialmente bem com esses grupos.

Entretanto, construir uma religião inteira do zero dá um trabalho gigantesco. A maioria das novas religiões não dura ou, quando sobrevive, não cresce muito. Mesmo que parte da razão para isso certamente seja a falta de um patrocinador estatal — afinal, antigamente as pessoas muitas vezes seguiam a religião que seus governantes as obrigavam seguir —, é preciso considerar outro fator: uma nova fé precisa funcionar do ponto de vista psicológico. Precisa oferecer sentido para as coisas, emocionar as pessoas e passar a sensação de que está correta. Sem isso, não é muito diferente de um clube. O crescimento de novas religiões, portanto, depende de sua capacidade de adaptar práticas e rituais às necessidades dos fiéis.

Se você está procurando uma nova rota rumo à espiritualidade, o que fazer, então? Minha sugestão não é que você tente criar uma nova religião, mas que siga o exemplo de organizações como o Laboratório de Design Sagrado (SDL, na sigla em inglês),[15] que modifica e aplica, de forma criativa, práticas antigas para desafios emergentes. O SDL foi fundado por três *fellows* do programa de Inovação dos Ministérios de Harvard — Angie Thurston, Casper ter Kuile e Sue Phillips — para ser um laboratório de pesquisa e desenvolvimento voltado para o bem-estar espiritual no século XXI. Eles já trabalharam com o Google — para examinar como as dinâmicas cambiantes do mundo do trabalho podem impactar o bem-estar espiritual —, com a Fundação Obama — para formular um currículo de ação social que traga conexões sociais mais profundas — e com o Festival de Cinema de Sundance — para refletir sobre a criação de ambientes digitais e rituais. Também são consultores frequentes de muitas organizações religiosas sobre o tema da inovação em rituais.

O que mais admiro no SDL é que sua filosofia é baseada em três pilares que são comuns a muitas religiões importantes. O primeiro é o *pertencimento*: a capacidade de reconhecer que os seres humanos são mais felizes quando se importam com os outros, apoiam os demais e demonstram compaixão para com eles. O segundo é a *evolução*: a percepção de que precisamos encontrar maneiras de desenvolver e compartilhar nossos dons, competências e experiência. Para promover essas metas, no entanto, o pessoal do SDL também reconhece que é útil para as pessoas sentir uma conexão com algo maior, algum tipo de poder ou propósito superior. E isso nos leva ao terceiro pilar: o *além* — a crença de que estamos todos ligados a algo maior. De uma forma ou de outra, quase todos os rituais e práticas que consideramos neste livro abrangem esses pilares em diferentes momentos da vida. São necessidades e preocupações gerais dos seres humanos, como se vê pela onipresença da religião. Mas o SDL acrescenta algo único em sua abordagem para construir novas tecnologias espirituais. Ao contrário de outras organizações ou startups que criam rituais na hora, ela estuda muito e se aprofunda antes de fazê-lo.

Para criar novos rituais, a SDL leva em consideração práticas tradicionais mundo afora que há séculos têm sido usadas para ajudar as pessoas a viver bem. Em seguida, ela remixa essas tradições de maneira ponderada, avaliando o resultado por meio de testes com pessoas reais: é como se fossem experimentos de laboratório. É um trabalho intensivo e demorado. Requer muita reflexão e motivação. Mas é precisamente por causa dessa estratégia que os resultados produzidos têm mais probabilidade de oferecer benefícios. Maneiras diferentes de usar a respiração e os movimentos corporais para construir conexões. Jeitos inovadores de prestar culto em grupo, aplicando aspectos do canto muçulmano e orações sincronizadas a diferentes formas de espiritualidade. E assim por diante, com o objetivo de projetar novos rituais e práticas que ajudem as pessoas a se sair bem diante de desafios.

Juntando as peças

A coisa mais importante compartilhada pela maioria dos cientistas sociais, sacerdotes, imãs, xamãs e rabinos é o desejo de ajudar as pessoas a levar a melhor vida possível. A crescer, amar, encontrar as alegrias que este mundo pode trazer e, ao mesmo tempo, ajudar os menos afortunados a conseguir isso também. Porém, descobrir exatamente como fazê-lo da maneira mais pensada e produtiva possível vai exigir uma colaboração entre pensadores do lado científico e do lado religioso. Sim, ultimamente temos visto um pouco disso. Trabalhando juntos, cientistas e monges budistas identificaram e quantificaram os benefícios da meditação e secularizaram sua prática para torná-la disponível a todas as pessoas, independentemente da fé. Mas deve haver mais por ser descoberto. A atenção plena não é apenas um acaso em que a religião simplesmente esbarrou. Como disse no início desta nossa jornada, os cientistas precisam ser um pouco mais humildes. Tal como alguns de nossos colegas médicos que fazem bioprospecção para encontrar curas para os males físicos das pessoas, os cientistas precisam trabalhar com religioprospecção, sondando as profundezas das práticas religiosas para descobrir como e por que elas podem ajudar ao longo do caminho da vida.

Por meio da religioprospecção, os médicos podem encontrar maneiras de ser ainda mais eficazes e mais capazes de confortar os doentes. Reservar um tempo para fazer algumas respirações sincronizadas junto com os pacientes, em um ritual simples e não religioso, provavelmente aumentaria os sentimentos de empatia e confiança nos envolvidos. Por sua vez, esses sentimentos ajudariam os tratamentos a funcionar melhor em alguns casos e, em situações estressantes ou dolorosas, como biópsias, também reduziriam a ansiedade e o desconforto dos pacientes. Definir horários para rituais simples de gratidão pode ajudar os pais a estimular a honestidade, a generosidade e a paciência em seus filhos (e uns nos outros). Criar uma rotina diária na qual aqueles que enfrentam o luto realizam ações (como exercícios físicos simples) que provocam leve aumento e diminuição do desconforto pode ser mais uma estratégia de ferramentas dos terapeutas. Reservar regularmente algum tempo para lembrar a nós mesmos, por meio de um ritual simples, tendo em mente que a morte não está tão distante quanto costumamos pensar, pode ser útil para redirecionar nossos valores, fazendo-os migrar do materialismo egoísta para a gentileza e a conexão com os outros. Essas são só algumas possibilidades inspiradas pelas tecnologias que as religiões empregam. Outras coisas como essas certamente nos esperam, se estivermos dispostos a procurá-las.

É claro que a colaboração é uma via de mão dupla. Assim como os cientistas são capazes de aprender com a religião, os líderes religiosos podem aprender com a ciência. Ao descobrir o modo como rituais e práticas influenciam a mente da maneira mais eficaz — quais são os elementos que reduzem a ansiedade, quais constroem conexões, quais aumentam a moralidade ou curam o pesar e a dor —, os líderes religiosos contarão com melhores meios de ajudar seus seguidores a se adaptar a situações difíceis ou novas. Podem fazer isso desde o começo, inspirando-se na ciência para buscar ideias sobre como direcionar melhor os rituais para certas necessidades, ou, retrospectivamente, usando as ferramentas científicas para avaliar mudanças que fizeram em tempo real (como muitas das que foram exigidas pelo distanciamento social durante a pandemia de covid-19) e fazê-las suprir as necessidades de seu rebanho. Colaborações como essas também ajudam as religiões a se adaptar aos avanços tecnológicos e aproveitá-los. Os líderes espirituais podem descobrir novas maneiras de conduzir rituais por meio de aparelhos móveis. Os xamãs podem descobrir maneiras novas e mais seguras de usar ou combinar substâncias psicodélicas para promover a transcendência por meio de vias neurais específicas — vias que os neurocientistas estão apenas começando a mapear.

Reconheço que, no começo, esse tipo de busca colaborativa pelo conhecimento não será fácil. Em muitos casos, isso exige a derrubada de algumas das barreiras mais empedernidas que existem na área da educação — barreiras que podem ser encontradas desde o ensino fundamental até as maiores universidades do mundo. Os debates continuam acalorados: evolução versus criacionismo, lógica versus superstição. Tais barreiras, como muitas das que existem no mundo social, são reforçadas pela ideologia. Elas dividem as pessoas em grupos que ridicularizam uns aos outros. Mas, quando se remove a ideologia, as barreiras desmoronam. As pessoas começam a enxergar as outras como pessoas, e não como inimigos.

Embora não se deva esperar que os cientistas abandonem o empiricismo ou que os líderes religiosos abandonem a teologia, não há razão para achar que eles não podem trabalhar juntos para melhorar as condições de vida dos seres humanos nas áreas em que estão de acordo. Muitas instituições religiosas gerenciam hospitais que usam tecnologias desenvolvidas por cientistas para curar as pessoas; não ficam só dependendo das orações. Por que não usar a ciência para estudar como as práticas religiosas também podem melhorar a saúde e o bem-estar? Do mesmo modo, mostrei ao longo deste livro como a ciência "descobriu" muitas ferramentas que as religiões já vinham usando há milhares de anos para influenciar a mente. Por que não procurar outros exemplos? Eu argumentaria que a escolha de não trabalharmos juntos (não usar todas as ferramentas que a evolução ou Deus nos deu para ajudar uns aos outros) é um dos maiores pecados que poderíamos cometer.

Para colaborar dessa maneira, vamos precisar desenvolver um novo campo de pesquisa interdisciplinar — uma área que não fique entre dois lados que jogam pedras um no outro, mas que tenha os pés firmemente postados em dois domínios que conduziram o desenvolvimento humano ao longo da história: a ciência e a religião. É aqui que as universidades e as agências de fomento à pesquisa precisam ter papel de liderança. Juntas, elas impulsionam a busca pelo conhecimento, e isso significa que têm o poder de manter as barreiras intactas ou de destruí-las. Os formadores de opinião precisam fazer o mesmo, criando espaços na sociedade em que ocorram conversas produtivas, em vez de difamação arrogante. Não se trata de fazer cientistas, líderes religiosos, pessoas de todas as fés e pessoas sem fé alguma concordarem a respeito de tudo. Mesmo dentro de cada grupo, certamente não é isso o que acontece. Mas todos devemos concordar quanto à importância da humildade intelectual e da cooperação. É por meio do trabalho conjunto da ciência e da religião, e do respeito mútuo entre elas, que podemos achar novas maneiras de realizar "a obra de Deus" aqui na Terra.

Agradecimentos

Escrever um livro é sempre uma grande jornada. E, nesta, recebi uma ajuda imensurável dos meus companheiros de viagem. Em primeiríssimo lugar, quero agradecer à minha esposa, Amy, que teve um monte de funções: editora, parceira de conversas, líder de torcida e crítica. Ela me ajudou não apenas a refletir mais profundamente sobre algumas ideias como também a comunicá-las de maneira mais eficiente. No mínimo, fez com que este livro (e minha vida) fossem melhores de muitas maneiras que não sou capaz de listar! Também gostaria de agradecer às minhas duas filhas. O amor delas foi uma grande fonte de apoio ao longo de todo este projeto.

Também me beneficiei dos insights de muitos amigos e colegas — uma quantidade grande demais para citar, então nem vou tentar. Mas aqui dois amigos merecem menção especial pelo tempo gigantesco que dedicaram conversando comigo sobre este projeto. Jamie Ryerson me ajudou a formular e refinar meus insights originais sobre como e por que a ciência e a religião deveriam trabalhar juntas. E o rabino Geoffrey Mitelman me ajudou a entender mais detalhes sobre certos rituais judaicos e por que os líderes religiosos deveriam estar abertos ao conhecimento científico.

Sou eternamente grato ao meu agente, Jim Levine, que mais uma vez me ajudou a trabalhar com um editor de mão cheia, Eamon Dolan, e também sou grato ao próprio Eamon por seu interesse neste projeto e sua parceria ao fazê-lo acontecer. Quando digo "parceria", estou usando a palavra no seu sentido mais verdadeiro. Eamon contribuiu em todos os estágios do processo de escrita. Desde a ajuda para estruturar os argumentos originais, passando por sugestões com seus próprios insights e o debate sobre os meus, até a capacidade de podar minha habitual verborragia, as impressões digitais dele estão no livro todo — uma obra que não existiria (ou não seria tão legível) sem a mão firme de Eamon.

Também estou em dívida com a Universidade Northeastern por apoiar minhas pesquisas ao longo dos vinte anos em que trabalho lá, e com a National Science Foundation e a John Templeton Foundation pelo financiamento que apoiou alguns dos estudos do meu laboratório citados neste livro.

Finalmente, também quero agradecer ao Centro de Liderança Pública na Harvard Kennedy School por me receber durante um período sabático recente, o qual me permitiu escrever boa parte deste livro.

Notas

Introdução: A jornada diante de nós

1   PEW RESEARCH CENTER. "Religion's Relationship to Happiness, Civic Engagement, and Health Around the World". *Pew Forum*, 31 jan. 2019. Disponível em: https://www.pewforum.org/2019/01/31/religions-relationship-to-happiness-civic-engagement-and-health-around-the-world. Acesso em 28 jan. 2021.

2   AL WEBB. "Richard Dawkins Says He's Not Entirely Sure God Doesn't Exist". *The Washington Post*, 27 fev. 2012. Disponível em: https://www.washingtonpost.com/national/on-faith/richard-dawkins-says-hes-not-entirely-sure-god-doesnt-exist/2012/02/24/gIQA7496XR_story.html. Acesso em: 28 jan. 2021.

3   GYATSO, Tenzin. "Our Faith in Science". *The New York Times*, 12 nov. 2005. Disponível em: https://www.nytimes.com/2005/11/12/opinion/our-faith-in-science.html. Acesso em: 13 set. 2024.

4   BELL, Catherine. *Ritual Theory, Ritual Practice*. New York: Oxford University Press, 1992.

5   SAMUEL, Sigal. "A Design Lab Is Making Rituals for Secular People. Will it Work?". *Atlantic*, 7 maio 2018. Disponível em: https://www.theatlantic.com/technology/archive/2018/05/ritual-design-lab-secular-atheist/559535. Acesso em: 13 set. 2024.

6   TIAN, A. D., et al. "Enacting Rituals to Improve Self-Control". *Journal of Personality and Social Psychology* 114, n. 6 (2018), pp. 851-76. DOI: 10.1037/pspa0000113.

7   CRAMER, Holger et al. "Prevalence, Patterns, and Predictors of Meditation Use Among us Adults: A Nationally Representative Sample". *Scientific Reports* 6, n. 1 (2016), p. 36760. DOI: 10.1038/srep36760. GOYAL, Madhav; SINGH, Sonal; SIBINGA, Erica M. S. "Meditation Programs for Psychological Stress and Wellbeing: A Systematic Review and Meta-Analysis", *JAMA Internal Medicine* 174, n. 3 (2014), pp. 357-68. DOI: 10.1001/jamainternmed.2013.13018. DESTENO, David. "Compassion and Altruism: How Our Minds Determine Who Is Worthy of Help". *Current Opinion in Behavioral Sciences* 3 (2015), pp. 80-3. DOI: 10.1016/j.cobeha.2015.02.002.

8 KILHAM, Chris. "Rosy Periwinkle: A Life Saving Plant". *Fox News*, 31 jul. 2013. Disponível em: https://www.foxnews.com/health/rosy-periwinkle-a-life-saving-plant. Acesso em: 13 set. 2024.

9 PEW RESEARCH CENTER. "The Global Religious Landscape". *Pew Forum*, 18 dez. 2012. Disponível em: https://www.pewforum.org/2012/12/18/global-religious-landscape-exec. Acesso em: 13 set. 2024.

10 IYEMGAR, Sheena S.; LEPPER, Mark R. "When Choice Is Demotivating". *Journal of Personality and Social Psychology* 79, n. 6 (2000), pp. 995-1006. DOI: 10.1037/002-3514.79.6.995.

11 SCHWARTZ, Barry et al. "Maximizing Versus Satisficing: Happiness Is a Matter of Choice". *Journal of Personality and Social Psychology* 83, n. 5 (2002), pp. 1178-97. DOI: 10.1037/0022-3514.83.5.1178.

12 INZLICHT, Michael et al. "Neural Markers of Religious Conviction". *Psychological Science* 20, n. 3 (2009), pp. 385-92. DOI: 10.1111/j.1467-9280.2009.02305.x.

13 INZLICHT, Michael; TULLETT, Alexa M. "Reflecting on God: Religious Primes Can Reduce Neurophysiological Response to Errors". *Psychological Science* 21, n. 8 (2010), pp. 1184-90. DOI: 10.1177/0956797610375451.

14 SEYBOLD, Kevin S.; HILL, Peter C. "The Role of Religion and Spirituality in Mental and Physical Health". *Current Directions in Psychological Science* 10, n. 1 (2001), pp. 21-4. DOI: 10.1111/1467-8721.00106.

15 HARMS, William. "AAAS 2014: Loneliness Is a Major Health Risk for Older Adults". University of Chicago News, 16 fev. 2014. Disponível em: https://news.uchicago.edu/article/2014/02/16/aaas-2014-loneliness-major-health-risk-older-adults. Acesso em: 28 jan. 2021.

16 EISENBERGER, Naomi; LIEBERMAN, Matthew; WILLIAMS, Kipling. "Does Rejection Hurt? An fMRI Study of Social Exclusion". *Science* 302, n. 5643 (2003), pp. 290-2. DOI: 10.1126/science.1089134.

17 FAWCETT, Christine; TUNCGENC, Bahar. "Infants' Use of Movement Synchrony to Infer Social Affiliation in Others". *Journal of Experimental Child Psychology* 160 (2017), pp. 127-36. DOI: 10.1016/j.jecp.2017.03.014.

18 VALDESOLO, Piercarlo; DESTENO, David. "Synchrony and the Social Tuning of Compassion". *Emotion* 11, n. 2 (2011), pp. 262-6. DOI: 10.1037/a0021302.

19 FISCHER, Ronald et al. "How Do Rituals Affect Cooperation?". *Human Nature* 24 (2013), pp. 115-25. DOI: 10.1007/s12110-013-9167-y

1 Infância: Acolhendo e unindo

1 VAEES, Jeroen et al. "Minimal Humanity Cues Induce Neural Empathic Reactions Towards Non-Human Entities". *Neuropsychologia* 89 (2016), pp. 132-40. DOI: 10.1016/j.neuro psychologia.2016.06.004.

2 NETSI, Elena; et al. "Association of Persistent and Severe Postnatal Depression with Child Outcomes". *JAMA Psychiatry* 75, n. 3 (2018), pp. 247-53. DOI: 10.1001/jamapsychiatry.2017.4363.

3 GORDON, Ilanit et al. "Oxytocin and the Development of Parenting in Humans". *Biological Psychiatry* 68, n. 4 (2010), pp. 377-82. DOI: 10.1016/biopsych.2010.02.005.

4   HALLIDAY, Josh. "One-Third of New Mothers Struggle to Bond with Their Baby, Research Shows". *The Guardian*, 5 jun. 2016. Disponível em: https://www.theguardian.com/lifeandstyle/2016/jun/06/one-third-of-new-mothers-struggle-to-bond-with-their-baby-research-shows. Acesso em: 13 set. 2024.

5   GOPNIK, Alison. *The Gardener and the Carpenter*. New York: Picador, 2016, p. 127.

6   BAER, Drake. "The Fallacy That Keeps People in Unhappy Relationships". *The Cut*. Disponível em: https://www.thecut.com/2016/12/why-people-stay-in-unhappy-relationships.html. Acesso em: 29 jan. 2021.

7   HARTING, Bjoern. "Two Wrongs Make a Right? Is the Sunk-Cost-Effect a Commitment Device Against Present Bias?" *SSRN*, 21 ago. 2017. DOI: 10.2139/ssrn.3023700.

8   CIALDINI, Robert B., Trost, M. R. "Social Influence: Social Norms, Conformity and Compliance". In: GILBERT, Daniel; FISKE, Susan T; LINDZEY, Gardner. *The Handbook of Social Psychology*. Boston: McGraw-Hill, 1998.

9   HOLLOWAY, Susan D.; NAGASE, Ayumi. "Child Rearing in Japan". In: SELIN, H. *Parenting Across Cultures: Childrearing, Motherhood and Fatherhood in Non--Western Cultures*. Dordrecht: Springer, 2014.

10   ROTHBAUM, Fred et al. "The Development of Close Relationships in Japan and the United States". *Child Development* 71, n. 5 (2000), pp. 1121-42. DOI: 10.1111/1467-8624.00214.

11   FELDMAN, Ruth. "Parent-Infant Synchrony: Biological Foundations and Developmental Outcomes". *Current Directions in Psychological Science* 16, n. 6 (2007), pp. 340-5. DOI: 10.1111/j.1467-8721.2007.00532.x. GROH, Ashley M et al. "Attachment in the Early Life Course: Meta-Analytic Evidence for Its Role in Socioemotional Development". *Child Development Perspectives* 11, n. 1 (2017), pp. 70-6. DOI: 10.1111/cdep.12213.

12   BARRET, Lisa Feldman. *How Emotions Are Made*. New York: Houghton Mifflin Harcourt, 2017.

13   SHOREY, Shefaly et al. "Prevalence and Incidence of Postpartum Depression Among Healthy Mothers: A Review and Meta-Analysis". *Journal of Psychiatric Research* 104 (2018), pp. 235-48. DOI: 10.1016/j.jpsychires.2018.08.001.

14   NETSI, Elena et al. "Association of Persistent and Severe Postnatal Depression with Child Outcomes". *JAMA Psychiatry* 75, n. 5 (2018), pp. 247-53. DOI: 10.1001/jamapsychiatry.2017.4363.

15   BINA, Rena. "The Impact of Cultural Factors Upon Postpartum Depression". *Health Care for Women International* 29, n. 6 (2008), pp. 568-92. DOI: 10.1080/07399330802089149.

16   HEH, Shu-Shya; COOMBES, Lindsey; BARTLETT, Helen. "The Association Between Depressive Symptoms and Social Support in Taiwanese Women During the Month". *International Journal of Nursing Studies* 41, n. 5 (2004), pp. 573-9. DOI: 10.1016/j.ijnurstu.2004.01.003.

17   BINA, Rena. "The Impact of Cultural Factors Upon Postpartum Depression", op. cit.

18 MANN, Joshua R.; MCKEOWN, Robert E.; BACON, Janice; VESSELINOV, Roumen; BUSH, Freda. "Do Antenatal Religious and Spiritual Factors Impact the Risk of Postpartum Depressive Symptoms". *Journal of Women's Health* 17, n. 5 (2008), pp. 745-55. DOI: 10.1089/jwh.2007.0627.

19 COLLINS, Nancy et al. "Social Support in Pregnancy: Psychosocial of Birth Outcomes and Postpartum Depression". *Journal of Personality and Social Psychology* 65, n. 6 (1993), pp. 1243-58. DOI: 10.1037//0022-3514.65.6.1243.

20 SHAVER, John et al. "Alloparenting and Religious Fertility: A Test of the Religious Alloparenting Hypothesis. *Evolution and Human Behavior* 40, n. 3 (2019), pp. 315-24. DOI: 10.1016/j.evolhumbehav.2019.01.004.

21 CLEMENTS, Andrea D.; ERMAKOVA, Anna. "Surrender to God and Stress: A Possible Link Between Religiosity and Health". *Psychology of Religion and Spirituality* 4, n. 2 (2012), pp. 93-107. DOI: 10.1037/a0025109.

22 CLEMENTS, Andrea D et al. "Social Support, Religious Commitment, and Depressive Symptoms in Pregnant and Postpartum Women". *Journal of Reproductive and Infant Psychology* 34, n. 3 (2016), pp. 247-59. DOI: 10.1080/02646838. 2016.1152626.

23 CHEADLE, Alyssa C. D. et al. THE COMMUNITY AND CHILD HEALTH NETWORK. "Spiritual and Religious Resources in African American Women: Protection from Depressive Symptoms Following Birth". *Clinical Psychological Science* 3, n. 2 (2015), pp. 283-91. DOI: 10.1177/2167702614531581.

2   Os anos de formação: Aprendendo o certo e o errado

1 NORENZAYAN, Ara et al. "The Cultural Evolution of Prosocial Religions". *Behavioral and Brain Sciences* 39 (2016), p. e1. DOI: 10.1017/S0140525X14001356.

2 PURZYCKI, Benjamin Grant et al. "Moralistic Gods, Supernatural Punishment and the Expansion of Human Sociality". *Nature* 530, n. 7590 (2016), pp. 327--30. DOI: 10.1038/nature16980.

3 HARRIS, Paul L.; KOENIG, Melissa A. "Trust in Testimony: How Children Learn About Science and Religion". *Child Development* 77, n. 3 (2006), pp. 505--24. DOI: 10.1111/j.1467-8624.2006.00886.x.

4 CORRIVEAU, Kathleen H.; HARRIS, Paul L. "Choosing Your Informant: Weighing Familiarity and Recent Accuracy". *Developmental Science* 12, n. 3 (2009), pp. 426--37. DOI: 10.1111/j.1467-7687.2008.00792.x.

5 SABBAGH, Mark A.; BALDWIN, Dare A. "Learning Words from Knowledgeable Versus Ignorant Speakers: Links Between Pre-Schoolers' Theory of Mind and Semantic Development". *Child Development* 72, n. 4 (2001), pp. 1054-70. DOI: 10.1111/1467-8624.00334.

6 FAZIO, Lisa K.; RAND, David G.; PENNYCOOK, Gordon. "Repetition Increases Perceived Truth Equally for Plausible and Implausible Statements". *Psychonomic Bulletin and Review* 26 (2019), pp. 1705-10. DOI: 10.3758/s13423-019-01651-4. FAZIO, Lisa K.; PILLAI, Raunak M.; PATEL, Deep. "The Effects of Repetition on Belief in Naturalistic Settings". *PsyArXiv*, 4 jan. 2021. DOI: 10.31234/osf.io/r85mw.

7   FAZIO, Lisa K.; SHERRY, Carrie L. "The Effect of Repetition on Truth Judgements Across Development". *Psychological Science* 31, n. 9 (2020), pp. 1150-60. DOI: 10.1177/0956797620939534.

8   SCHWARZ, Norbert. "Metacognition". In: MIKULINCER, Mario et al. *APA Handbook of Personality and Social Psychology*, vol. 1. Washington, DC: American Psychological Association, 2015, pp. 203-29.

9   FESTINGER, Leon; RIECKEN, Henry; SCHACTER, Stanley. *When Prophecy Fails*. New York: Harper-Torchbooks, 1956.

10   COOPER, Joel. "Cognitive Dissonance Theory". In: LANGE, Paul M. Van; KRUGLANSKI, Arie W.; HIGGINS, E. Tory. *Handbook of Theories of Social Psychology*. Thousand Oaks, CA: Sage Publications, 2012.

11   SCHUBERT, Thomas W. "Your Highness: Vertical Position as Perceptual Symbols of Power". *Journal of Personality and Social Psychology* 89, n. 1 (2005), pp. 1-21. DOI: 10.1037/0022-3514.89.1.1.

12   NIEDEGGEN, Michael et al. "Being Low Prepares for Being Neglected: Verticality Affects Expectancy of Social Participation". *Psychonomic Bulletin and Review* 24 (2017), pp. 574-81. DOI: 10.3758/s13423-016-1115-5.

13   BOMMEL, Tara Van; BOASSO, Alyssa; RUSCHER, Janet B. "Looking Up for Answers: Upward Gaze Increases Receptivity to Advice". *Current Research in Social Psychology* 22, n. 11 (2014), pp. 60-70. Disponível em: https://www.researchgate.net/publication/288186888_Looking_up_for_answers_Upward_gaze_increases_receptivity_to_advice. Acesso em: 13 set. 2024.

14   WOODALL, Gill; BURGOON, Judee K. "The Effects of Nonverbal Synchrony on Message Comprehension and Persuasiveness". *Journal of Nonverbal Behavior* 5 (1981), pp. 207-23. DOI: 10.1007/BF00987460.

15   CAPPELLEN, Patty Van; SAROGLOU, Vassilis; TOTH-GUATHIER, Maria. "Religiosity and Prosocial Behavior Among Churchgoers: Exploring Underlying Mechanisms". *International Journal for the Psychology of Religion* 26, n. 1 (2016), pp. 19-30. DOI: 10.1080/10508619.2014.958004.

16   ALOGNA, Victoria K.; HALBERSTADT, Jamin. "The Divergent Effects of Prayer on Cheating". *Religion, Brain, and Behavior* 10, n. 4 (2020), pp. 365-78. DOI: 10.1080/2153599X.2019.1574881.

17   HOFMAN, Wilhelm et al. "Morality in Everyday Life". *Science* 345, n. 6202 (2014), pp. 1340-3. DOI: 10.1126/science.1251560.

18   SOSIS, Richard; RUFFLE, Bradley J. "Religious Ritual and Cooperation: Testing for a Relationship on Israeli Religious and Secular Kibbutzim". *Current Anthropology* 44, n. 5 (2003), pp. 713-22. DOI: 10.1086/379260.

19   AHMED, Ali M. "Are Religious People More Prosocial? A Quasi-Experimental Study with 'Madrasah' Pupils in a Rural Community in India". *Journal for the Scientific Study of Religion* 48, n. 2 (2009), pp. 368-74. Disponível em: https://www.jstor.org/stable/40405622>.

20   MALHOTRA, Deepak. "(When) Are Religious People Nicer? Religious Salience and the 'Sunday Effect' on Prosocial Behavior". *Judgment and Decision Making* 5, n. 2 (2010), pp. 138-43. Disponível em: http://journal.sjdm.org/10/10216/jdm10216.pdf. Acesso em: 13 set. 2024. EDELMAN, Benjamin. "Red Light States:

Who Buys Online Adult Entertainment?". *Journal of Economic Perspectives* 23, n. 1 (2009), pp. 209-20. Disponível em: http://www.benedelman.org/publications/redlightstates.pdf. Acesso em: 13 set. 2024.

21 CHERNYAK, Nadia et al. "Paying Back People Who Harmed Us but Not People Who Helped Us: Direct Negative Reciprocity Precedes Direct Positive Reciprocity in Early Development". *Psychological Science* 30, n. 9 (2019), pp. 1273--86. DOI: 10.1177/0956797619854975.

22 BLAKE, Peter et al. "Prosocial Norms in the Classroom: The Role of Self-Regulation in Following Norms of Giving". *Journal of Economic Behavior and Organization* 115 (2015), pp. 18-29. DOI: 10.1016/j.jebo.2014.10.004.

23 DUHAIME, Erik P. "Is the Call to Prayer a Call to Cooperate? A Field Experiment on the Impact of Religious Salience on Prosocial Behavior". *Judgment and Decision Making* 10, n. 6 (2015), pp. 593-6. Disponível em: http://journal.sjdm.org/15/15623/jdm15623.pdf. Acesso em: 13 set. 2024.

24 XYGALATAS, Dimitris. "Effects of Religious Setting on Cooperative Behavior: A Case Study from Mauritius". *Religion, Brain, and Behavior* 3, n. 2 (2013), pp. 91-102. DOI: 10.1080/2153599X.2012.724547.

25 SHARIFF, Azim F.; NORENZAYAN, Ara. "God Is Watching You: Priming God Concepts Increases Prosocial Behavior in an Anonymous Economic Game". *Psychological Science* 18, n. 9 (2007), pp. 803-09. DOI: 10.1111/j.1467-9280.2007.01983.x.

26 EMOONS, Robert A. "Emotion and Religion". In: PALOUTZIAN, Raymond F.; PARK, Crystal L. *Handbook of the Psychology of Religion and Spirituality*. New York: Guilford Press, 2005). cappellen, Patty Van. "Rethinking Self-Transcendent Positive Emotions and Religion: Insights from Psychological and Biblical Research". *Psychology of Religion and Spirituality* 9, n. 3 (2017), pp. 254-63. DOI: 10.1037/rel0000101.

27 ALLPORT, Gordon W.; GILLESPIE, James M.; YOUNG, Jacqueline. "The Religion of the Post- War College Student". *Journal of Psychology: Interdisciplinary and Applied* 25, n. 1 (1948), pp. 3-33. DOI: 10.1080/0022 3980.1948.9917361.

28 LAMBERT, Nathaniel M. et al. "Can Prayer Increase Gratitude?". *Psychology of Religion and Spirituality* 1, n. 3 (2009), pp. 139-49. DOI: 10.1037/a0016731.

29 DESTENO, David et al. "Gratitude: A Tool for Reducing Economic Impatience". *Psychological Science* 25, n. 6 (2014), pp. 1262-7. DOI: 10.1177/0956797614529979.

30 DESTENO, David et al. "The Grateful Don't Cheat: Gratitude as a Fount of Virtue". *Psychological Science* 30, n. 7 (2019), pp. 979-88. DOI: 10.1177/0956797619848351.

31 VALDESOLO, Piercarlo; GRAHAM, Jesse. "Awe, Uncertainty, and Agency Detection". *Psychological Science* 25, n. 1 (2014), pp. 170-8. DOI: 10.1177/0956797613501884.

32 PIFF, Paul K. et al. "Awe, the Small Self, and Prosocial Behavior". *Journal of Personality and Social Psychology* 108, n. 6 (2015), pp. 883-99. DOI: 10.1037/pspi0000018.

33 JOYE, Yannick; VERPOOTEN, Jan. "An Exploration of the Functions of Religious Monumental Architecture from a Darwinian Perspective". *Review of General Psychology* 17, n. 1 (2013), pp. 53-68. DOI: 10.1037/a0029920.

34 AQUINO, Karl; MCFERRAN, Brent; LAVEN, Marjorie. "Moral Identity and the Experience of Moral Elevation in Response to Acts of Uncommon Goodness".

Journal of Personality and Social Psychology 100, n. 4 (2011), pp. 703-18. DOI: 10.1037/a0022540. SCHNALL, Simone; roper, Jean. "Elevation Puts Moral Values into Action". *Social Psychological and Personality Science* 3, n. 3 (2012), pp. 373-8. DOI: 10.1177/1948550611423595.

35 THALER, Richard H.; SUNSTEIN, Cass R. *Nudge*. New Haven, CT: Yale University Press, 2008.

36 HALLSWORTH, Michael et al. "The Behavioralist as Tax Collector: Using Natural Field Experiments to Enhance Tax Compliance". *Journal of Public Economics* 148 (2017), pp. 14-31. DOI: 10.1016/j.jpubeco.2017.02.003.

37 WEN, Nicole J.; HERMANN, Patricia A.; LEGARE, Cristine H. "Ritual Increases Children's Affiliation with In-Group Members". *Evolution and Human Behavior* 37, n. 1 (2016), pp. 54-60. DOI: 10.1016/j.evolhum behav.2015.08.002.

3 Ritos de passagem: Ser adulto não é fácil

1 RIGHETTI, Francesca; FINKENAUER, Catrin. "If You Are Able to Control Yourself, I Will Trust You: The Role of Perceived Self-Control in Interpersonal Trust". *Journal of Personality and Social Psychology* 100, n. 5 (2011), pp. 874-86. DOI: 10. 1037/a0021827.

2 ROSENTHAL, Robert; JACOBSON, Lenore. "Pygmalion in the Classroom". *Urban Review* 3 (1968), pp. 16-20; Disponível em: https://link.springer.com/article/ 10.1007/BF02322211. Acesso em: 13 set. 2024. Embora essa descoberta tenha atraído muita surpresa e crítica no início, o trabalho de acompanhamento em mais de 345 pesquisas adicionais apoiou a existência de um efeito Pigmaleão cuja magnitude é moderada por condições sociais. JUSSIM, Lee; HARBER, Kent. "Teacher Expectations and Self-Fulfilling Prophecies: Known and Unknowns, Resolved and Unresolved Controversies". *Personality and Social Psychology Review* 9, n. 2 (2005), pp. 131-55. DOI: 10.1207/s15327957pspr0902_3.

3 MADON, Stephanie; GUYLL, Max; SPOTH, Richard L.; CROSS, Susan E.; HILBERT, Sarah. "The Self-Fulfilling Influence of Mother Expectations on Children's Underage Drinking". *Journal of Personality and Social Psychology* 84, n. 6 (2003), pp. 1188--205. DOI: 10.1037/0022-3514.84.6.1188.

4 _____.; JUSSIM, Lee; GUYLL, Max; NFZIGER, Heather; SALIB, Elizabeth R.; WILLARD, Jennifer; SCHERR, Kyle C. "The Accumulation of Stereotype-Based Self-Fulfilling Prophecies". *Journal of Personality and Social Psychology* 115, n. 5 (2018), pp. 825-4. DOI: 10.1037/pspi0000142.

5 XYGALATAS, Dimitris. "Trial by Fire". *Aeon*, 19 set. 2014. Disponível em: https:// aeon.co/essays/how-extreme-rituals-forge-intense-social-bonds. Acesso em: 13 set. 2021.

6 Ibid. Ver também: MARCI, Carl D.; HAM, Jacob; MORAN, Erin; ORR, Scott P. "Physiologic Correlates of Perceived Therapist Empathy and Social-Emotional Process During Psychotherapy". *Journal of Nervous Mental Disorders* 195, n. 2 (2007), pp. 103-11. DOI: 10.1097/01.nmd.0000253731.71025.fc.

7 SCHAUSS, Hayyim. "History of Bar Mitzvah", *My Jewish Learning*. Disponível em: https://www.myjewishlearning.com/article/history-of-bar-mitzvah. Acesso em: 13 set. 2024. krieger, Suri Levow. "Bar and Bat Mitzvah: History

and Practice". Academy for Jewish Religion. Disponível em: https://ajr.edu/5765journal/krieger5765. Acesso em: 13 set. 2024.

8 CASEY, B. J.; JONES, Rebecca M.; HARE, Todd A. "The Adolescent Brain". *Annals of the New York Academy of Sciences* 1124 (2008), pp. 111-26. DOI: 10.1196/annals.1440.010.

9 DAVIDOW, Juliet Y.; FOERD, Karin; GALVAN, Adriana; SHOHAMY, Daphna. "An Upside to Reward Sensitivity: The Hippocampus Supports Enhanced Reinforcement Learning in Adolescence". *Neuron* 92, n. 1 (2016), pp. 93-9. DOI: 10.1016/j.neuron.2016.08.031.

10 KNIGHT-RIDDER/TRIBUNE. "Experts Say Eagle Scouts Fly Highest in Job Hunt". *Chicago Tribune*, 4 jun. 1995. Disponível em: https://www.chicagotribune.com/news/ct-xpm-1995-06-04-9506040375-story.html. Acesso em: 31 jan. 2021.

4 Transcendendo os vinte e os trinta anos de idade: Amor, conexões e (talvez) êxtase

1 THE CHURCH OF ENGLAND. "Marriage". *The Church of England*. Disponível em: https://www.churchofengland.org/prayer-and-worship/worship-texts-and-resources/common-worship/marriage#mm095. Acesso em: 13 set. 2024.

2 Cântico dos Cânticos (KJV) 1,2-4.

3 CALKINS, Susan D.; KEANE, Susan P. "Cardiac Vagal Regulation Across the Preschool Period: Stability, Continuity, and Implications for Childhood Adjustment". *Developmental Psychobiology* 45, n. 3 (2004), pp. 101-12. DOI: 10.1002/dev.20020.

4 KOK, Bethany E.; FREDRICKSON, Barbara L. "Upward Spirals of the Heart: Autonomic Flexibility, as Indexed by Vagal Tone, Reciprocally and Prospectively Predicts Positive Emotions and Social Connectedness". *Biological Psychology* 85, n. 3 (2010), pp. 432-6. DOI: 10.1016/j.biopsycho.2010.09.005. OVEIS, Christopher; COHEN, Adam B.; GRUBER, June; SHIOTA, Michelle N.; HAIDT, Jonathan; KETNER, Dacher. "Resting Respiratory Sinus Arrhythmia Is Associated with Tonic Positive Emotionality". *Emotion* 9, n. 2 (2009), pp. 265-70. DOI: 10.1037/a0015383.

5 SCHNEIDERMAN, Inna; KRA-ZILBERSTEIN, Yael; LECKMAN, James F.; FELDMAN, Ruth Feldman. "Love Alters Autonomic Reactivity to Emotions", *Emotion* 11, n. 6 (2011), pp. 1314–21. DOI: 10.1037/a0024090.

6 PALUMBO, Richard V.; MARRACCINI, Marissa E; WEYANDT, Lisa L.; WILDER--SMITH, Oliver; MCGEE, Heather A.; LIU, Siwei; GOODWIN, Matthew S. "Interpersonal Autonomic Physiology: A Systematic Review of the Literature". *Personality and Social Psychology Review* 21, n. 2 (2017), pp. 99-141. DOI: 10.1177/1088868316628405.

7 KOBAN, Leonie; RAMAMOORTHY, Anand; KONVALINKA, Ivana. "Why Do We Fall into Sync With Others? Interpersonal Synchronization and the Brain's Optimization Principle". *Social Neuroscience* 14, n. 1 (2019), pp. 1-9. DOI: 10.1080/17470919.2017.1400463.

8   HELM, Jonathan L.; SBARRA, David A.; FERRER, Emilio Ferrer. "Coregulation of Respiratory Sinus Arrhythmia in Adult Romantic Partners". *Emotion* 14, n. 3 (2014), pp. 522-31. DOI: 10.1037/a0035960.

9   SAFRON, Adam. "What Is Orgasm? A Model of Sexual Trance and Climax via Rhythmic Entrainment". *Socioaffective Neuroscience & Psychology* 6, n. 1 (2016). DOI: 10.3402/snp.v6.31763.

10   ÁVILA, santa Teresa de. *The Life of Saint Teresa of Jesus*. Trad. David Lewis. New York: Benziger Brothers, 1904, pp. 165-6.

11   SCHLOSSER, Marco; SPARBY, Terje; VÖRÖS, Sebastjan; JONES, Rebecca; MARCHANT, Natalie L. "Unpleasant Meditation-Related Experiences in Regular Meditators: Prevalence, Predictors, and Conceptual Considerations". *PLoS One* 14, n. 5 (2019): e0216643. DOI: 10.1371/journal.pone.0216643.

12   ROCHA, Thomas. "The Dark Knight of the Soul". *Atlantic*, 25 jun. 2014. Disponível em: https://www.theatlantic.com/health/archive/2014/06/the-dark-knight-of-the-souls/372766. Acesso em: 16 set. 2024.

13   PORGES, Stephen W. "Vagal Pathways: Portals to Compassion". In: SEPPÄLÄ, Emma M.; SIMON-THOMAS, Emiliana; BROWN, Stephanie L.; WORLINE, Monica C.; CAMERON, Daryl; DOTY, James R. *The Oxford Handbook of Compassion Science*. New York: Oxford University Press, 2017, pp. 189-202.

14   DITTO, Blaine; ECLACHE, Marie; GOLDMAN, Natalie. "Short-Term Autonomic and Cardiovascular Effects of Mindfulness Body Scan Meditation". *Annals of Behavioral Medicine* 32 (2006), pp. 227-34. DOI: 10.1207/s15324796abm3203_9. KOK, Bethany E.; COFFEY, Kimberly A.; COHEN, Michael A.; CATALINO, Lahnna I.; VACHARKULKSEMSUK, Tanya; ALGOE, Sara B.; BRANTLEY, Mary; FREDRICKSON, Barbara L. "How Positive Emotions Build Physical Health: Perceived Positive Social Connections Account for the Upward Spiral Between Positive Emotions and Vagal Tone". *Psychological Science* 24, n. 7 (2013), pp. 1123-32. DOI: 10.1177/0956797612470827.

15   BERNARDI, Luciano; SLEIGHT, Peter; BANDINELLI, Gabriele; CENCETTI, Simone; FATTORINI, Lamberto; WDOWCZYC-SZULC, Johanna; LAGI, Alfonso. "Effect of Rosary Prayer and Yoga Mantras on Autonomic Cardiovascular Rhythms: Comparative Study". *BMJ* 323, n. 73 (2001), pp. 1446-9. DOI: 10.1136/bmj.323.7327.1466.

16   MÜLLER, Victor; LINDENBERGER, Ulman. "Cardiac and Respiratory Patterns Synchronize Between Persons During Choir Singing". *PLoS One* 6, n. 9 (2011): e24893. DOI: 10.1371/journal.pone.0024893.

17   PORGES, Stephen W. "Vagal Pathways: Portals to Compassion", op. cit., pp. 199-200.

18   GARRISON, Kathleen A.; ZEFFIRO, Thomas A.; Scheinost, Dustin; Constable, R. Todd; e Brewer, Judson A. "Meditation Leads to Reduced Default Mode Network Activity Beyond an Active Task". *Cognitive, Affective, and Behavioral Neuroscience* 15 (2015), pp. 712-20. DOI: 10.3758/s13415-015-0358-3.

19   BREWER, Judson A.; WORHUNSKY, Patrick D.; GRAY, Jeremy R.; TANG, Yi-Yuan; WEBER, Jochen; KOBER, Hedy. "Meditation Experience Is Associated with Differences in Default Mode Network Activity and Connectivity". *Proceedings*

of the National Academy of Sciences 108, n. 50 (2011), pp. 20254-59. DOI: 10.1073/pnas.1112029108.

20   MONOHARAN, Christopher; XYGALATAS, Dimitris Xygalatas. "How Hearts Align in a Muslim Ritual". *Sapiens*, 15 ago. 2019. Disponível em: https://www.sapiens.org/biology/sufi-ritual-istanbul. Acesso em: 16 set. 2024.

21   CAKMAK, Yusuf O.; EKINCI, Gazanfer; HEINECKE, Armin; ÇAVDAR, Safiye. "A Possible Role of Prolonged Whirling Episodes on Structural Plasticity of the Cortical Networks and Altered Vertigo Perception: The Cortex of Sufi Whirling Dervishes". *Frontiers of Human Neuroscience*, 23 jan. 2017. DOI: 10.3389/fnhum.2017.00003.

22   TYAGI, Anupama; COHEN, Marc. "Yoga and Heart Rate Variability: A Comprehensive Review of the Literature". *International Journal of Yoga* 9, n. 2 (2016), pp. 97-113. DOI: 10.4103/0973-6131.183712.

23   ILLING, Sean. "The Brutal Mirror: What the Psychedelic Drug Ayahuasca Showed Me About My Life". *Vox*, 12 nov. 2019. Disponível em: https://www.vox.com/first-person/2018/2/19/16739386/ayahuasca-retreat-psychedelic-hallucination-meditation. Acesso em: 16 set. 2024.

.24   SAMPEDRO, Frederic et al. "Assessing the Psychedelic 'After-Glow'. In: "Ayahuasca Users: Post-Acute Neurometabolic Function Connectivity Changes Are Associated with Enhanced Mindfulness Capacities". *International Journal of Neuropsychopharmacology* 20, n. 9 (2017), pp. 698-711. DOI: 10.1093/ijnp/pyx036.

25   GRIFFITHS, Roland; RICHARDS, W. A.; MCCANN, U.; JESSE, R. "Psilocybin Can Occasion Mystical-Type Experiences Having Substantial and Sustained Personal Meaning and Spiritual Significance". *Psychopharmacology* 187, n. 3 (2006), pp. 268-83. DOI: 10.1007/s00213-006-0457-5.

26   MACLEAN, Katherine A.; JOHNSON, Matthew W.; GRIFFITHS, Roland. "Mystical Experiences Occasioned by the Hallucinogen Psilocybin Lead to Increases in the Personality Domain of Openness". *Journal of Psychopharmacology* 25, n. 11 (2011): pp. 1453-61. DOI: 10.1177/0269881111420188.

27   JOHNS HOPKINS NEWS AND PUBLICATIONS. "Q&A with Study Authors Roland Griffiths e Robert Jesse on 'Bad Trips'". Disponível em: https://www.hopkins-medicine.org/news/media/qanda_griffiths.html. Acesso em: 1 fev. 2021. BIENEMANN, Bheatrix; RUSCHEL, Nina Stamato; CAMPOS, Maria Luiza; NEGREIROS, Marco Auréllio; MOGRABI, Daniel C. "Self-Reported Negative Outcomes of Psilocybin Users: A Qualitative Analysis". *PLoS One* 15, n. 2 (2020), e0229067.

28   RUMI.ORG. "Rumi: Rumi Quotes and Poems". Disponível em: https://www.rumi.org.uk. Acesso em: 16 set. 2024.

29   TODD, Douglass. "Christian Sex Is Better than Tantric Sex, Says Researcher". *Vancouver Sun*, 26 jul. 2008. Disponível em: https://vancouversun.com/news/staff-blogs/christian-sex-is-better-than-tantric-sex-says- researcher. Acesso em: 1 fev. 2021.

30   BRITANNICA. "Mysticism and Reason". Disponível em: https://www.britannica.com/topic/mysticism/Mysticism-and-reason. Acesso em 16 set. 2024.

31 POLLAN, Michael. "Not So Fast on Psychedelic Mushrooms". *The New York Times*, 10 maio 2019. Disponível em: https://www.nytimes.com/2019/05/10/opinion/denver-mushrooms-psilocybin.html. Acesso em: 16 set. 2024.

32 HUTCHERSON, Cendri A.; SEPPALA, Emma M.; GROSS, James J. "Loving-Kindness Meditation Increases Social Connectedness". *Emotion* 8, n. 5 (2008), pp. 720-4. DOI: 10.1037/a0013237.

33 SCHIFFMAN, Richard. "Psilocybin: A Journey Beyond the Fear of Death?". *Scientific American*, 1 dez. 2016. Disponível em: https://www.scientificamerican.com/article/psilocybin-a-journey-beyond-the-fear-of-death. Acesso em: 16 set. 2024.

5 Tarefas da maturidade I: A manutenção do corpo

1 NATIONAL CENTER FOR HEALTH STATISTICS. "More than One-Third of U.S. Adults Use Complementary and Alternative Medicine According to New Government Survey". *Center for Disease Control and Prevention*, 27 maio 2004. Disponível em: https://www.cdc.gov/nchs/pressroom/04news/adultsmedicine.html. Acesso em: 16 set. 2024.

2 PEW RESEARCH CENTER. "Most Americans Say Coronavirus Outbreak Has Impacted Their Lives". *Pew Social Trends*, 30 mar. 2020. Disponível em: https://www.pewsocialtrends.org/2020/03/30/most-americans-say-coronavirus-outbreak-has-impacted-their-lives. Acesso em: 16 set. 2024.

3 LEVIN, Jeff. "Prevalence and Religious Predictors of Healing Prayer Use in the USA: Findings from the Baylor Religion Survey". *Journal of Religion and Health* 55, n. 4 (2016), pp. 1136-58. DOI: 10.1007/s10943-016-0240-9.

4 PEW RESEARCH CENTER. "Religion's Relationship to Happiness, Civic Engagement, and Health Around the World". *Pew Forum*, 31 jan. 2019. Disponível em: https://www.pewforum.org/2019/01/31/religions-relationship-to-happiness-civic-engagement-and-health-around-the-world. Acesso em: 16 set. 2024.

5 MUELLER, Paul S.; PLEVAK, David; RUMMANS, Teresa A. "Religious Involvement, Spirituality, and Medicine: Implications for Clinical Practice". *Mayo Clinic Proceedings* 76, n. 12 (2001), pp. 1225-35. DOI: 10.4065/76.12.1225.

6 TARAKESHWAR, Nalini; VANDERWERKER, Lauren C.; PAULK, Elizabeth; PEARCE, Michelle J.; KASI, Stanislav V.; PRIGERSON, Holly G. "Religious Coping Is Associated with the Quality of Life of Patients with Advanced Cancer", *Journal of Palliative Medicine* 9, n. 3 (2006), pp. 646-57. DOI: 10.1089/jpm.2006.9.646.

7 MATTHEWS, Dale A el al. "Religious Commitment and Health Status: A Review of the Research and Implications for Family Medicine". *Archives of Family Medicine* 7, n. 2 (1998): 118-24. DOI: 10.1001/archfami.7.2.118.

8 PEW RESEARCH CENTER. Mueller et al., "Religious Involvement, Spirituality, and Medicine: Implications for Clinical Practice", op. cit.

9 COMSTOCK, George W.; PARTRIDGE, Kay B. "Church Attendance and Health", *Journal of Chronic Diseases* 25, n. 12 (1972), pp. 665-72. DOI: 10.1016/0021-9681 (72)90002-1.

10 *Talmud*, Sanhedrin 17b.

11 TARAKESHWAR et al. "Religious Coping is Associated with the Quality of Life", op. cit.

12 COX, Daniel A.; STREETETER, Ryan; WILDE, David. "A Loneliness Epidemic? How Marriage, Religion, and Mobility Explain the Generation Gap in Loneliness". *American Enterprise Institute*, 26 set. 2019. Disponível em: https://www.aei.org/research-products/report/loneliness-epidemic-how-marriage-religion-and-mobility-explain-the-generation-gap-in-loneliness. Acesso em: 16 set. 2024.

13 ROTE, Sunshine; HILL, Terrence D.; ELLISON, Christopher G. "Religious Attendance and Loneliness in Later Life". *Gerontologist* 53, n. 1 (2013), pp. 39-50. DOI: 10.1093/geront/gns063.

14 WOLF, Stewart; BRUHN, John G. *The Power of the Clan: The Influence of Human Relationships on Heart Disease*. New York: Routledge, 1998.

15 GROSSMAN, Ron; LEROUX, Charles. "A New 'Roseto Effect'". *Chicago Tribune*, 11 out. 1996. Disponível em: https://www.chicagotribune.com/news/ct-xpm-1996-10-11-9610110254-story.html. Acesso em: 3 fev. 2021.

16 BRUHN, John G.; WOLF, Stewart. *The Roseto Story: An Anatomy of Health*. Norman: University of Oklahoma Press, 2003.

17 CRAEN, Anton J. M. de; KAPTCHUK, Ted J.; TIJSSEN, Jan G. P.; kleijnen, J. "Placebos and Placebo Effects in Medicine: Historical Overview". *Journal of the Royal Society of Medicine* 92, n. 10 (1999), pp. 511-5. DOI: 10.1177/014107689909201005.

18 FINNISS, Damien G.; KAPTCHUK, Ted J.; MILLER, Franklin; BENEDETTI, Fabrizio. "Biological, Clinical, and Ethical Advances of Placebo Effects". *Lancet* 375, n. 9715 (2010), pp. 686-95. DOI: 10.1016/S0140-6736(09)61706-2.

19 BENEDETTI, Fabrizio et al. "Placebo-Responsive Parkinson Patients Show Decreased Activity in Single Neurons of Subthalamic Nucleus". *Nature Neuroscience* 7 (2004), pp. 587-88. DOI: 10.1038/nn1250.

20 WARTOLOWSKA, Karolina et al. "Use of Placebo Controls in the Evaluation of Surgery: Systematic Review". *BMJ* 348 (2014), g3253. DOI: 10.1136/bmj.g3253.

21 CHEN, Pin-Hao A.; CHEONG, Jin Hyun; JOLLY, Eshin; ELHENCE, Hirsh; WAGER, Tor D.; CHANG, Luke J. "Socially Transmitted Placebo Effects". *Nature Human Behaviour* 3 (2019), pp. 1295-305. DOI: 10.1038/s41562-019-0749-5.

22 KAPTCHUK, Ted J.; MILLER, Franklin G. "Placebo Effects in Medicine". *New England Journal of Medicine* 373 (2015), pp. 8-9. DOI: 10.1056/NEJMp1504023.

23 KAPTCHUK, Ted J.et al. "Placebos Without Deception: A Randomized Control Trial in Irritable Bowel Syndrome". *PLoS One* 5, n. 12 (2010), e15591. DOI: 10.1371/journal.pone.0015591.

24 LEIBOWITZ, Kari A.; HARDEBECK, Emerson J.; GOYER, J. Parker; CRUM, Alia J. "The Role of Patient Beliefs in Open-Label Placebo Effects". *Health Psychology* 38, n. 7 (2019), pp. 613-22. DOI: 10.1037/hea0000751.

25 MA, S. Helen; TEASDALE, John D. "Mindfulness-Based Cognitive Therapy for Depression: Replication and Exploration of Different Relapse Prevention Effects". *Journal of Consulting and Clinical Psychology* 72, n. 1 (2004), pp. 31-40. DOI: 10.1037/0022-006X.72.1.31. creswell, J. David. "Mindfulness-Based Stress Reduction Training Reduces Loneliness and Pro-Inflammatory Gene Expression in Older Adults: A Small Randomized Control Trial". *Brain Behavior and Immunity* 26, n. 7 (2012), pp. 1095-101, DOI: 10.1016/j.bbi.2012.07.006.

26 KOBER, Hedy; BUHLE, Jason; OCHSNER, Kevin N.; WAGER, Tor D. "Let It Be: Mindful Acceptance Down-Regulates Pain and Negative Emotion". *Social Cognitive and Affective Neuroscience* 14, n. 11 (2019), pp. 1147-58. DOI: 10.1093/scan/nsz104.

27 HILLEARY, Cecily. "Veterans with PTSD Find Relief in Native American Rituals". *Voice of America*, 22 mar. 2018. Disponível em: https://www.voanews.com/a/veterans-with-ptsd-find-relief-in-native-american-rituals/4308945.html. Acesso em: 4 fev. 2021.

28 Ibid. Ver também: ASHTON, Adam. "Veterans Find Peace, Purification at American Lake Sweat Lodge in Lakewood". *Tacoma News Tribune*, 10 nov. 2014. Disponível em: https://www.thenewstribune.com/news/local/military/article 25892914.html. Acesso em: 16 set. 2024.

29 CEBOLLA, Ausias; DEMARZO, Marcelo; MARTINS, Patricia; SOLER, Joaquim; GARCIA-CAMPAYO, Javier. "Unwanted Effects: Is There a Negative Side of Meditation? A Multicentre Survey". *PLoS One* 12, n. 9 (2017), e0183137. DOI: 10.1371/journal.pone.0183137. ROCHA, Thomas. "The Dark Knight of the Soul". *Atlantic*, 25 jun. 2014. Disponível em: https://www.theatlantic.com/health/archive/2014/06/the-dark-knight-of-the-souls/372766. Acesso em: 16 set. 2024.

6 Tarefas da maturidade II: A manutenção da alma

1 BROOKS, Arthur C. "Your Professional Decline Is Coming (Much) Sooner That You Think". *Atlantic*, jul. 2019. Disponível em: https://www.theatlantic.com/magazine/archive/2019/07/work-peak-professional-decline/590650. Acesso em 16 set. 2024.

2 BLANCHFLOWER, David G.; OSWALD, Andrew J. "Is Well-Being U-Shaped over the Life Cycle?". *Social Science and Medicine* 66, n. 8 (2008), pp. 1733-49. DOI: 10.1016/j.socscimed.2008.01.030.

3 _____. "Antidepressants and Age: A New Form of Evidence for U-Shaped Well-Being Through Life", *Journal of Economic Behavior and Organization* 127 (2016), pp. 46-58, DOI: 10.1016/j.jebo.2016.04.010.

4 BROOKS, David. *The Second Mountain*. New York: Random House, 2019, p. 19.

5 COX, Daniel; JONES, Robert P. "Chosen for What? Jewish Values in 2012". *Public Religion Research Institute*, 3 abr. 2012. Disponível em: https://www.prri.org/research/jewish-values-in-2012. Acesso em 16 set. 2024.

6 PEW RESEARCH. "Frequency of Meditation by Age Group". *Pew Forum*. Disponível em: https://www.pewforum.org/religious-landscape-study/compare/frequency-of-meditation/by/age-distribution. Acesso em: 16 set. 2024.

7 POWERS, John. *Introduction to Tibetan Buddhism*. Boulder: Snow Lion, 2007, Chapter 10.

8 ROSHI, Joan Halifax. "The Nine Contemplations of Atisha". *Upaya*. Disponível em: https://www.upaya.org/dox/Contemplations.pdf. Acesso em: 16 set. 2024.

9 CARSTENSEN, Laura L. "The Influence of a Sense of Time on Human Development". *Science* 312, n. 5782 (2006), pp. 1913-5. DOI: 10.1126/science.1127488.

10 Ibid.

11 Ibid.

12 FORD, Brett Q. et al. "Culture Shapes Whether the Pursuit of Happiness Predicts Higher or Lower Well-Being". *Journal of Experimental Psychology: General* 144, n. 6 (2015), pp. 1053-62. DOI: 10.1037/xge0000108.

13 CHU, Qiao; GRÜHN, Daniel; HOLLAND, Ashley M. "Before I Die: The Impact of Time Horizon and Age on Bucket-List Goals". *Journal of Gerontopsychology and Geriatric Psychiatry* 31, n. 3 (2018), pp. 151-62. DOI: 10.1024/1662-9647/a000190.

14 *Talmud*, Rosh Hashanah 16b, 32b.

15 KOUCHAKI, Maryam; GINO, Francesca. "Memories of Unethical Actions Become Obfuscated Over Time". *Proceedings of the National Academy of Sciences* 113, n. 22 (2016), pp. 6166-71. DOI: 10.1073/pnas.1523586113.

16 CONDON, Paul; DESBORDES, Gaëlle; MILLER, Willa B.; DESTENO, David. "Meditation Increases Compassionate Responses to Suffering", *Psychological Science* 24, n. 10 (2013), pp. 2125-7. DOI: 10.1177/0956797613485603.

17 LIM, Daniel; CONDON, Paul; DESTENO, David. "Mindfulness and Compassion: An Examination of Mechanism and Scalability". *PLoS One* 10, n. 2 (2015), e0118221. DOI: 10.1371/journal.pone.0118221.

18 DESTENO, David; LIM, Daniel; DUONG, Fred; CONDON, Paul. "Meditation Inhibits Aggressive Responses to Provocations". *Mindfulness* 9, n. 4 (2018), pp. 1117--22. DOI: 10.1007/s12671-017-0847-2.

19 WENG, Helen Y. et al. "Compassion Training Alters Altruism and Neural Responses to Suffering", *Psychological Science* 24, n. 7 (2013), pp. 1171-80. DOI: 10.1177/0956797612469537.

20 FISCHER, Norman. "Making Friends on the Buddhist Path". *Lion's Roar*, 12 maio 2017, Disponível em: https://www.lionsroar.com/friends-buddhist-path. Acesso em: 16 set. 2024.

21 FUNG, Helene H.; LU, Minjie; Isaacowitz, DEREK M. "Aging and Attention: Meaningfulness May Be More Important Than Valence". *Psychology and Aging* 34, n. 1 (2019), pp. 85-90. DOI: 10.1037/pag0000304.

7 Dizendo adeus: Tudo que é vivo morre

1 FOGEL, Alan. "Emotional and Physical Pain Activate Similar Brain Regions". *Psychology Today*, 19 abr. 2012. Disponível em: https://www.psychologytoday.com/us/blog/body-sense/201204/emotional-and-physical-pain-activate-similar-brain-regions. Acesso em: 16 set. 2024.

2 "GAYATRI MANTRA: MEANING AND SIGNIFICANCE". *Times of India*, 9 abr. 2020. Disponível em: https://timesofindia.indiatimes.com/religion/mantras-chants/meaning-and-significance-of-the-gayatri-mantra/articleshow/75065013.cms. Acesso 16 abr. 2024.

3 DURKHEIM, Émile. *The Elementary Forms of the Religious Life*. New York: Free Press, 1965. FREUD, Sigmund. *Civilization and Its Discontents*. New York: Norton, 1961. KIERKEGAARD, Søren. *Fear and Trembling and the Sickness unto Death*. Trad. Walter Lowrie. Princeton, NJ: Princeton University Press, 2013.

4 JONG, Jonathan et al. "The Religious Correlates of Death Anxiety: A Systematic Review and Meta-Analysis". *Religion, Brain and Behavior* 8, n. 1 (2018), pp. 4-20. DOI: 10.1080/2153599X.2016.1238844.

5   NORENZAYAN, Ara; HANSEN, Ian G. Hansen. "Belief in Supernatural Agents in the Face of Death". *Personality and Social Psychology Bulletin* 32, n. 2 (2006), pp. 174-87. DOI: 10.1177/0146167205280251. JONG, Jonathan; HALBERSTADT, Jamin; BLUEMKE, Matthias. "Foxhole Atheism, Revisited: The Effects of Mortality Salience on Explicit and Implicit Religious Belief". *Journal of Experimental Social Psychology* 48, n. 5 (2012), pp. 983-9. DOI: 10.1016/j.jesp.2012.03.005.

6   STANTON, Glen T. "Steven Pinker and WaPo Are Wrong. Belief in Heaven Isn't a Covid Deathwish". *The Federalist*, 28 maio 2020. Disponível em: https://thefed eralist.com/2020/05/28/steven-pinker-and-wapo-are-wrong-belief-in-heaven-isnt-a-covid-death-wish. Acesso em: 16 set. 2024.

7   KUPOR, Daniella M.; LARUIN, Kristin; LEVAV, Jonathan. "Anticipating Divine Protection? Reminders of God Can Increase Nonmoral Risk Taking". *Psychological Science* 26, n. 4 (2015), pp. 374-84. DOI: 10.1177/0956797614563108.

8   GERVAIS, Will M.; MCKEE, Stephanie E.; MALIK, Sarah. "Do Religious Primes Increase Risk Taking? Evidence Against 'Anticipating Divine Protection' in Two Preregistered Direct Replications of Kupor, Laurin, and Levav (2015)". *Psychological Science* 31, n. 7 (2020), pp. 858-64. DOI: 10.1177/0956797620922477.

9   DORFF, Elliot N. *The Jewish Tradition: Religious Beliefs and Healthcare* Decisions. Chicago: Park Ridge Center for the Study of Health, Faith, and Ethics, 1996.

10   RESNICK, Benjamin. "Aninut: Between Death and Burial". *My Jewish Learning*. Disponível em: https://www.myjewishlearning.com/article/*aninut*-between-death-and-burial. Acesso em: 16 set. 2024.

11   WORTMAN, Camille B.; SILVER, Roxanne C. "The Myths of Coping with Loss". *Journal of Consulting and Clinical Psychology* 57, n. 3 (1989), pp. 349-57. DOI: 10.1037/0022-006X.57.3.349.

12   BONANNO, George A. et al. "Resilience to Loss and Chronic Grief: A Prospective Study from Preloss to 18-month Postloss". *Journal of Personality and Social Psychology* 83, n. 5 (2002), pp. 1150-64. DOI: 10.1037/0022-3514.83.5.1150.

13   BECKER, Gerhild et al. "Do Religious or Spiritual Beliefs Influence Bereavement? A Systematic Review". *Palliative Medicine* 21, n. 3 (2007), pp. 207-17. DOI: 10.1177/0269216307077327.

14   WALSH, Kiri et al "Spiritual Beliefs May Affect Outcome of Bereavement: Prospective Study". *BMJ* 324, n. 7353 (2002), p. 1551. DOI: 10.1136/bmj.324.7353.1551.

15   BONANNO, op. cit., pp. 1150-64. Ver também: BONANNO, George A.; WORTMAN, Camille B.; NESSE, Randolph M. "Prospective Patterns of Resilience and Maladjustment During Widowhood". *Psychology and Aging* 19, n. 2 (2004), pp. 260--71. DOI: 10.1037/0882-7974.19.2.260.

16   Ibid.

17   "HOW TO RECITE THE MOURNER'S KADDISH". Disponível em: https://www.torah cafe.com/rabbi-lord-jonathan-sacks/how-to-recite-the-mourners-*kaddish*-video_825a5f3e1.html. Acesso em: 16 set. 2024.

18   SCHEIER, Michael F.; S. 175, Charles. 175. "Self-Focused Attention and the Experience of Emotion: Attraction, Repulsion, Elation, and Depression". *Journal of Personality and Social Psychology* 35, n. 9 (1977), pp. 625-36. DOI: 10.1037/0022-3514.35.9.625.

19 WOOD, Joanne V. et al. "Self-Focused Attention, Coping Responses, and Distressed Mood in Everyday Life". *Journal of Personality and Social Psychology* 58, n. 6 (1990), pp. 1027-36. DOI: 10.1037/0022-3514.58.6.1027.

20 FRANKLIN, Joseph C. et al. "Feeling Worse to Feel Better: Pain-Offset Relief Simultaneously Stimulates Positive Affect and Reduces Negative Affect". *Psychological Science* 24, n. 4 (2012), pp. 521-29. DOI: 10.1177/0956797612458805. HARMON-JONES, Cindy et al. "Pain Offset Reduces Rumination in Response to Evoked Anger and Sadness", *Journal of Personality and Social Psychology* 117, n. 6 (2019), pp. 1189-202. DOI: 10.1037/pspp0000240.

21 DUNN, Elizabeth; NORTON, Michael. *Happy Money: The Science of Smarter Spending*. New York: Simon & Schuster, 2013.

22 LIM, Daniel; DESTENO, David. "Suffering and Compassion: The Links Among Adverse Life Experiences, Empathy, Compassion, and Prosocial Behavior". *Emotion* 16, n. 2 (2016), pp. 175-82. DOI: 10.1037/emo0000144.

23 LIM, Daniel. "Past Adversity Protects Against the Numeracy Bias in Compassion". *Emotion* 20, n. 8 (2020), pp. 1344-56. DOI: 10.1037/emo0000655.

Epílogo

1 LOVETT, Ian. "Institutional Religion's Role is Declining in the U.S.". *The Wall Street Journal*, 17 dez. 2019. Disponível em: https://www.wsj.com/articles/institutional-religions-role-is-declining-in-the-u-s-11576633657. Acesso em: 4 fev. 2021.

2 GOPNIK, Alison. "When Truth and Reason Are No Longer Enough". *Atlantic*, abr. 2018. Disponível em: https://www.theatlantic.com/magazine/archive/2018/04/steven-pinker-enlightenment-now/554054. Acesso em: 16 set. 2024.

3 NOWAK, Martin; HIGHFIELD, Roger. *Supercooperators*. New York: Free Press, 2011.

4 INGRAHAM, Christopher. "Americans Are Becoming Less Happy, and There's Research To Prove It". *Los Angeles Times*, 23 mar. 2019. Disponível em: https://www.latimes.com/science/sciencenow/la-sci-sn-americans-less-happy-20190323-story.html. Acesso em: 16 set. 2024.

5 LIPKA, Michael; GECEWICZ, Claire. "More Americans Now Say They're Spiritual but Not Religious". *Pew Research Center*, 6 set. 2017. Disponível em: https://www.pewresearch.org/fact-tank/2017/09/06/more-americans-now-say-theyre-spiritual-but-not-religious. Acesso em 16 set. 2024.

6 PEW RESEARCH CENTER. "Why Americans Go (and Don't Go) to Religious Services", *Pew Forum*, 1 ago. 2018. Disponível em: https://www.pewforum.org/2018/08/01/why-americans-go-to-religious-services. Acesso em: 16 set. 2024.

7 GREEN, Ema. "Why Orthodox Judaism is Appealing to So Many Millennials". *Atlantic*, 31 mar. 2016. Disponível em: https://www.theatlantic.com/politics/archive/2016/03/orthodox-judaism-millennials/4761. Acesso em: 16 set. 2024.

8 COOPERMAN, Alan; SMITH, Gregory A. "Eight Facts About Orthodox Jews from the Pew Research Survey". *Pew Research Institute*, 17 out. 2013. Disponível em: https://www.pewresearch.org/fact-tank/2013/10/17/eight-facts-about-orthodox-jews-from-the-pew-research-survey. Acesso em 16 set. 2024.

9 LIPKA, Michael. "Mainline Protestants Make Up Shrinking Number of U.S. Adults". *Pew Research Institute*. Disponível em: https://www.pewresearch.org/fact-

tank/2015/05/18/mainline-protestants-make-up-shrinking-number-of-u-s-adults. Acesso em: 16 set. 2024. PITTS, Jonathan M. "Conversions Gradually Transforming Orthodox Christianity". *Baltimore Sun*, 24 jun. 2017. Disponível em: https://www.baltimoresun.com/maryland/bs-md-non-greek-greek-orthodox-priest-20170624-story.html. Acesso em: 4 fev. 2021.

10 FAIRBANKS, Eve. "Behold, the Millennial Nuns". *HuffPost Highline*, 11 jul. 2019. Disponível em: https://www.huffpost.com/highline/article/millennial-nuns. Acesso em: 4 fev. 2021.

11 "DESIGNING WORSHIP SPACES WITH MILLENNIALS IN MIND", *Barna*, 5 nov. 2014. Disponível em: https://www.barna.com/research/designing-worship-spaces-with-millennials-in-mind/#.VFuicvmsVX8. Acesso em: 16 set. 2024.

12 HARRIS, Mark. "Inside the First Church of Artificial Intelligence". *Wired*, 15 nov. 2017. Disponível em: https://www.wired.com/story/anthony-levandowski-artificial-intelligence-religion. Acesso em: 16 set. 2024.

13 SAMUEL, Sigal. "Robot Priests Can Bless You, Advise You, and Even Perform Your Funeral". *Vox*, 13 jan. 2020. Disponível em: https://www.vox.com/future-perfect/2019/9/9/20851753/ai-religion-robot-priest-mindar-uddhism-christ ianity. Acesso em: 16 set. 2024.

14 GERSHON, Livia. "Who Is Santa Muerte?". *JSTOR Daily*, 5 out. 2020. Disponível em: https://daily.jstor.org/who-is-santa-muerte. Acesso em: 16 set. 2024.

15 SACRED DESIGN LAB. "How We Work". Disponível em: https://sacred.design/how-we-work. Acesso em: 16 set. 2024.

Índice remissivo

aceitação, luto e 170
adhan 31, 32
adolescentes, adolescência 75-78, 86-89
– rituais durante a *ver* rituais de maioridade
adventistas do Sétimo Dia 123
ahadith 49
Ainsworth, Mary 100
além, senso do 188
alívio da dor, expectativa e 129
aloparentalidade 45-46
amae 40
American Enterprise Institute 122
andaimes em práticas místicas 101, 104, 106, 107-08, 111-12
aninut 165-66
ansiedade 112-13, 189
zapoio social e 45-46, 47
– crença religiosa e 25-26, 46-47
– depressão pós-parto (DPP) e 43-44
– em relação à morte 158-65
– meditação e 20, 101, 135
– práticas religiosas e 12-13, 120
– técnicas espirituais para reduzi-la 47-48
– tônus vagal e 104
apoio instrumental 170-71, 175
apoio social 47

– depressão pós-parto (DPP) e 44, 45-46
aqiqah 35
arrastamento neural 97
arrependimento *ver* expiação/perdão
ashramas 141-42, 149
assombro 64-65
ateísmo 13, 160-61, 162, 163-64
atenção plena 48, 108, 189
– cura e 134-36
– pesquisa científica sobre 20, 135-36
Atisha 147
atos antiéticos, esquecer versus expiar 152-53
autocontrole 76-77
– exibição ritualizada de 77-89
– moralidade e 61-62, 64
autorrelato em pesquisa 118
avelin 166
ayahuasca 106-08

baby boomers 122
Banisteriopsis caapi 106
bar mitsvá, bat mitsvá 82-84
batismo 84
bebês, rituais envolvendo 31-48
– como alívio dos fardos da maternidade 42-43
– cristãos 35
– depressão pós-parto (DPP) e 43-44

- e necessidade de aceitação 32
- falácia dos custos irrecuperáveis e 39
- islâmico 31, 32, 35, 43
- judaicos 35
- natureza pública dos 39, 41
- no hinduísmo 35, 43
- no xintoísmo 33-35
- seculares (não religiosas) 42
- vínculo pais-criança e 37, 39-42
bebida, práticas religiosas e 118
Bell, Catherine 17
bem-estar 24-25, 36-37, 48, 94-95, 143, 148, 153-54, 155, 172, 187-88, 191
- crença religiosa e 46, 176-77
- práticas religiosas e 14, 16, 22, 23-24, 25, 45, 117, 118, 120-21;
- *ver também* saúde, práticas religiosas e boas ações 151, 155-56
Bonanno, George 168-69
Bowlby, John 100
Brahma, misticismo relacionado a 100
brahmacharya 141
Brooks, Davi 143
Bruhn, John 124
budistas, budismo 47-48, 49, 50, 153-54, 155, 176-77, 186
- ciência e 15
- contemplação da mortalidade em 146-47
- misticismo em 98-99, 99-100
- práticas de meditação em 20, 112, 134-36, 146
- vida após a morte vista pelo 162-63
Buettner, Dan 123

Caaba 52
Cabot, Richard Clarke 128
Caminho do Futuro (WOTF) 185
Câncer:
- métodos tradicionais de cura e 21-22
- práticas religiosas e 120
- psilocibina e 112

Cântico dos Cânticos 92
capacidades cognitivas 86
Carstensen, Laura 148, 156
casamento 91-92
católicos, catolicismo 15, 58, 124-25, 144-45
- confissão no 152-53, 157-58, 161
- confirmação ou crisma no 84-85
- Santa Comunhão no 157-58, 159
- últimos ritos no 157-59, 160, 161-62
- unção dos enfermos no 126, 157-58, 161-62
celebrações de aniversário 34-35
Centro Stanford sobre Longevidade 148-49
cérebro:
- desenvolvimento do, em adolescentes 86
- padrões neurais alterados no 97
- rede de modo padrão do (DMN) 104-05, 106, 108, 109
- *ver também* mente
cerimônias de casamento 91-92
Cerimônia do Nascer do Sol (*Na'ii'ees*) 73-75, 79
certeza, senso de, crença religiosa e 25, 26, 121
chineses, veneração dos mortos pelos 174-75
ciência, cientistas:
- arrogância da/dos 13
- colaboração entre religião e 189-92
Ciência Cristã 117
ciência farmacêutica 21
cirurgias falsas 129-30
Clements, Andrea 46-47
Clínica Mayo 118-20
compaixão 23, 112, 122, 134, 143, 188
- meditação como ferramenta para desenvolver 12, 20, 153-56
- pesquisas sobre 154-56
- sincronia e 172
- sofrimento e 176-77

comunidade 120
- e rituais de maioridade 80
- práticas religiosas para construir 121-22, 180
- *nudges* ritualizados e 68-69
- saúde e 122-25

Concílio Vaticano Segundo 183

conexão:
- com o divino *ver* misticismo
- felicidade e 149-50
- meditação e 111-12, 153-54, 155
- necessidade humana de 12-13, 24, 26-27, 29, 91-93, 110-11, 143, 148, 180, 188
- práticas religiosas e 28, 122-23, 125, 184-85
- rituais e 26-30, 42, 60, 66, 68, 83, 87, 103, 113, 122, 188, 190
- senso de mortalidade e 143, 148, 149, 190
- sexo tântrico e 93-97
- sincronia e 28-29, 83, 87, 96, 103
- substâncias psicoativas e 107
- tônus vagal e 95, 103

confinamento pós-parto 44

confirmação, religiosa 84-85

confissão 152-53, 157-58, 161

conhecimento científico, expansão do 179, 181-82

conhecimento especializado, percepção do 53-54

consciência, estados alterados de 97, 98, 104-05, 106-10, 112-13

contemplatio 102, 103

convergências 22-23
- entre religiões 29-30, 35

Corão 49

correr riscos 164

córtex cingulado anterior (ACC) 25-26

Credo Apostólico 55

crença:
- aspectos sociais da 130-31
- efeito placebo e 128-34
- religiosa *ver* crenças religiosas

crenças religiosas:

- afirmação ritualizada de 55, 56
- ansiedade e 12, 25-26, 46-47, 121
- correr riscos e 164
- dissonância cognitiva e 55-57
- e medo de morrer 160-65
- e "morte" de Deus 179-80
- escolhas e 24-26
- estresse e 26, 46-47, 121, 125, 128
- paternidade e 45-46
- medicina moderna e 117, 121
- saúde e 121

crianças, infância:
- autocontrole e 62
- educação moral na 49-50
- educação religiosa na *ver* educação religiosa
- profecias autorrealizáveis e 77-78

cristãos carismáticos 127-28

cristãos, cristianismo 49-50
- batismo no 84
- confirmação ou crisma no 84-85
- contemplação da mortalidade no 144-45, 146
- meditação no 102-03
- misticismo no 98-100, 101-03
- rituais de cura no 125-28
- rituais envolvendo bebês no 35
- sexo tântrico e 96-97
- sofrimento e 176-78

cristãos pentecostais 127

cuidados com o bebê 33

dalai-lama 15, 20-21, 139

Dawkins, Richard 13, 15

demonstrações intensificadoras de credibilidade (CREDS) 53

Dennett, Daniel 13

Departamento de Assuntos dos Veteranos dos Estados Unidos 137, 138

depressão 43, 112-13, 120
- luto e 167-68, 169
- *ver também* depressão pós-parto (DPP),

depressão pós-parto (DPP) 43-45, 46-47

deus(es), o divino:
- concepções sobre 184, 185-188
- conexão com *ver* misticismo
- grandes 49-52, 82
- "morte" de 179-80

Dez Mandamentos 49

diabéticos 21

Dias Santos do judaísmo 145-46, 151-52

dieta, práticas religiosas e 119

dietas, rituais e 19

dignidade 161

dissonância cognitiva 55-57, 152
- em rituais de maioridade 79-80
- estresse e 56

DMT (N,N-dimetiltriptamina) 106-07

doar, como experiência prazerosa 174-76

doença cardiovascular, práticas religiosas e 119, 124-25

doença de Parkinson 130

doença, oração e 115

dor:
- do luto 157, 166, 168
- em rituais de maioridade 71-75, 78-81, 83, 86-87

Eckhart, Mestre 99

Eclesiastes, Livro do 141

educação religiosa:
- em rituais de maioridade 83
- percepção de conhecimento especializado em 53-54

efeito Pigmalião 77

efeito placebo 128-34

ego, dissolução do 99-100, 104, 105, 106-08, 109-10, 146-47
- *ver também* transcendência

Einstein, Albert 111

elevação 65-66

Eli Lilly 21

elogio fúnebre 169, 175

emoções, moralidade e 63-66, 67

empatia 95-96, 153-54, 177, 181, 189

emuratare 72-73

entrega religiosa 46

epidemias 115, 148, 163, 190

Erikson, Erik 110

escolha, crença religiosa e 24-26

espaços sagrados 65, 103-04, 183

espiritualidade:
- meia-idade como época para priorizar a 141, 143-56
- religião formal versus 182

estágios da vida:
- felicidade e 142
- horizontes de tempo nos 148-49
- ritual e 22-23
- visão hindu dos 141, 149
- *ver também* estágios específicos

estresse 20, 56, 95, 123, 125
- crenças religiosas e 26, 46-47, 121, 128
- da paternidade 32, 43, 44, 46, 48

evangélicos, covid-19 e 163

evolução, como necessidade humana 188

expiação 144, 152, 153
- rituais de 145, 151-53

falácia dos custos irrecuperáveis 38-39

falando em línguas 127-28

Falcon, Craig 138

fé:
- nos fatos científicos 15
- religiosa *ver* crença religiosa

felicidade 181
- conexão e 149-50
- meia-idade e 142-43, 149-50, 156
- práticas religiosas e 13-14, 24, 151
- rituais como *nudges* que favorecem a 151-52

foco em si mesmo 171

fumo, práticas religiosas e 118, 119

Fundação Obama 188

Gayatri Mantra 159-60

generosidade 12, 61-63, 64, 143, 151, 154, 155

Gopnik, Alison 37, 180
gratidão 63-64, 122
gratificação imediata 39
Griffiths, Roland 112-13
grihastha 141
grupos etários 72

Harris, Sam 13
hatsuzekku 34
Henrich, Joseph 51
hina 34
hinduísmo 50, 165, 162-63,
 – estágios da vida segundo o
  141-42, 149
 – misticismo no 99-100, 105-06
 – rituais de luto no 171, 173
 – rituais envolvendo bebês no
  35, 43
 – rituais ligados a morte no 159-60
 – vida após a morte segundo o
  159-60
horizontes de tempo 148-49
hormônios, no vínculo pais-filhos 37

I Ching 43
icaros 108
ideologia 15-16, 190-91
 – *ver também* teologias
idosos, atividade religiosa e 122-23
Igreja Reformada Holandesa 117
Iluminismo 179
Inácio de Loyola, santo 146
Indígenas norte-americanos, rituais
 de suadouro dos 137-39
infância, rituais ligados à 34-35
 – função de *nudges* 67-69
 – orações na 52-53, 68
 – *ver também* rituais envolvendo
  bebês
intimidade sexual 92-97, 110-11
Illing, Sean 107
Imitação de Cristo, A (Tomás de
 Kempis) 146
imposição das mãos 126-27, 131-32

inteligência artificial (IA), práticas
 religiosas baseadas em 185-86
Islã 49-50
 – chamado para a oração no 62
 – misticismo no 105
 – rituais de luto no 173
 – rituais envolvendo bebês no
  31, 32, 35, 43
ítalo-americanos 124-25

Japão 33
 – vínculo mãe-filho no 39-42
 – *ver também* xintoísmo
Jesus Cristo 159, 176-77
Jó, Livro de 171-72
João, Evangelho de 159
judaísmo 49-50
 – bar mitsvá, bat mitsvá no 82-84
 – contemplação da mortalidade no
  145-46
 – estilo de vida saudável
  promovido pelo 121, 164
 – grandes Dias Santos no 145-46,
  151-52
 – humanista 184-85
 – rituais de luto no 165-67, 170-73,
  175, 176
 – rituais envolvendo bebês no 35
judaísmo humanista 184-85
judaísmo, ortodoxo 119, 183-84
 – medicina moderna e 117
justificação de esforços 79-80

kaddish 167, 170
kami 33
Kannon 186
karma 50
Kober, Hedy 135-36
kriah 166

Laboratório de Design de Rituais 18
Laboratório de Design Sagrado (SDL)
 187-88
lectio divina 102, 103
Legare, Cristine 68

leucemia 21
Levandowski, Anthony 185
Lim, Daniel 177
linfoma de Hodgkin 21
Loma Linda, Califórnia 123
longevidade, práticas religiosas e 123
LSD 111
luto:
- aceitação e 170
- concepções errôneas sobre estágios do 167-68
- depressão e 167-68, 169
- dor do 157, 166, 168
- e retorno gradual à vida cotidiana 172-73
- foco em si mesmo e 171
- pesquisa científica sobre o 167-69, 170
- resiliência e 168-69

maariv 52
mães:
- como cuidadoras principais de seus filhos 39-40, 42-43
- depressão pós-parto (DPP) em 43-44
- isolamento de 47
- rituais para aliviar o fardo de ser 42-43
- vínculo de bebês com 36-37
Martin, Dorothy 55
Maryland, Universidade de 129, 130
medicina:
- crenças religiosas e 117, 121
- práticas de cura tradicionais na 21, 116
medicina tradicional chinesa 116
meditação 189
- ansiedade e 20, 101, 135
- budista 20, 112, 134-36, 139, 146
- como ferramenta para desenvolver compaixão 12, 20, 153-56
- conexão e 111-12, 153-54, 155
- controle da respiração na 102

- cura 134-36, 139
- formas cristãs de 102-03
- frequência cardíaca e 103
- meia-idade e 144
- perdão e 155
- pesquisa científica sobre 20, 154-55
- transcendência e 111-12
meditatio 102
Meghiya Sutta 157
meia-idade:
- como época na qual priorizar sabedoria e espiritualidade 141, 143-56
- felicidade e 142-43, 149-50, 156
- meditação e 144
- saúde e *ver* saúde, práticas religiosas e
- senso crescente de mortalidade na 143-50
mente:
- como máquina de fazer previsões 24, 46, 104, 128-29
- sobrecarga de escolhas na 24-25
- *ver também* cérebro
Merton, Robert K. 77
milagres, falta de evidências científicas comprovando 116
millennials 122
minchá 52
Mindar 186
minyan 167, 171, 172
Missa:
- estudos científicos sobre a 59-60
- modernização da 183
mitsvás 166, 167, 170-71
moksha 141
moralidade, comportamento moral:
- autocontrole e 61-62, 64
- correlação entre participação religiosa e 61
- e crença em deuses grandes 49-52
- emoções e 63-66

- ensinamentos religiosos sobre 49-50
- estudos científicos sobre 60-61, 62-63
- *nudges* ritualizados e 59-69
- religiões formais e 179-81
- rituais de maioridade e 82-85

mortalidade, senso crescente da 143-50, 152, 156, 190

morte, crença religiosa e medo da 160-65

morte, rituais ligados à 157-65
- católicos 157-59, 160, 161-62
- dignidade e 161
- hindus 159-60
- perdão e 158, 164-65

mortos, veneração dos 174-75

taxa de mortalidade, práticas religiosas e 118-19

medicina ayurvédica 43, 116

medicina popular 116

método científico 13

misticismo 93
- "andaimes" no 101, 104, 106, 107-08, 111-12
- ayahuasca e 106-08
- budista 98-99, 99-100
- casamento e 91-92
- cogumelos mágicos e 108-10
- conexão com o divino como objetivo do 98-100
- cristão 98-100, 101-03
- hindu 99-100, 105-06
- ordens religiosas e 93
- pesquisas científicas sobre 102-03, 104-06, 109-10
- sensação de segurança no 100-01
- transcendência e *ver* transcendência,

movimento:
- em preces ritualizadas 57-58
- *ver também* sincronia

movimento da Santa Muerte 186-87

Mulher Mutável (*Asdzáá Nádleehé*) 73-75

namakarana 35

National Social Life, Health and Aging Project 122-23

nervo vago 94, 104

New Medical Dictionary, A (1785) 128

Nietzsche, Friedrich 179-80

Nobre Caminho Óctuplo 49

Nove Contemplações de Atisha 147

Novo Iluminismo, O (Pinker) 180

nudges, ritualizados 59-69

obiiwai 33

ocitocina 37

okuizome 34

omiyamairi 34, 35

onein 165-66

onusa 34

oração:
- como tecnologia 52
- doença e 115

oração, ritualizada:
- efeitos cardíacos e respiratórios da 102-03
- movimento e 57-58
- na infância 52-53, 68
- no cristianismo 52-53, 58
- no Islã 52-53, 58
- no judaísmo 52-53, 57, 58, 167
- posição do corpo na 58
- repetição na 54-57
- sincronia na 58-59

ordens religiosas 101

oshichiya 33, 35

pais 37, 43

pais, paternidade 37-38
- crenças religiosas e 45-48
- custos emocionais, físicos e financeiros da paternidade 37-39
- estresse da 32, 43, 44, 46, 48
- falácia dos custos irrecuperáveis e 38-39
- *ver também* vínculo, pai-filho

pandemia de covid-19 115, 163, 190

Paso del Fuego (ritual de caminhada sobre o fogo) 80-81
pensamento corporificado 57-58
perdão 143, 145-46, 151, 152-56, 158, 164-65
pertencimento *ver* conexão
pervinca-rosa 21
pesquisa científica:
- autorrelato na 118
- práticas religiosas e 11-17
- sobre a condição humana 11-12
- *ver também* tópicos específicos

Pew Research Center 118, 181-82
Phillips, Sue 188
Pinker, Steven 13, 163, 180
Pollan, Michael 111
posição do corpo 57-58
povo Apache 73-75, 79
povo maasai 72-73, 79, 80
povo mazateca 108-09
povo sateré-mawé 71-72, 73, 79, 86
práticas religiosas:
- ansiedade e 12-13, 120
- bem-estar e 14, 16, 22, 23-24, 25, 45, 117, 118, 120-21
- conexão e 28, 122-23, 125, 184-85
- felicidade e 13-14, 24, 151
- IA e 185-86
- interesse renovado em formas tradicionais de 183-84
- movimento da Santa Muerte e 186-87
- mudança de readequação 185
- na construção de comunidades 121-22, 185
- pesquisa científica e 11-17
- reformulação em 185-89
- saúde e *ver* saúde, práticas religiosas e
- sincronia e 28-29
- teologia versus 14
- *ver também* rituais

profecias autorrealizáveis 77-78, 84
psicologia, mudança de mentalidade como objetivo da 18-19

Psychotria viridis 106
Psilocybe aztecorum 108
psilocibina (cogumelos mágicos) 108-12

Quaresma 152, 156
Quarta-feira de Cinzas 144-45

reação de luta ou fuga 94, 161-62
rede de modo padrão (DMN) 104-05, 106, 108, 109
religiões:
- aspectos negativos das 16-17
- colaboração entre ciência e 189-92
- condição humana e 12
- convergências entre 29-30, 35
- formais 179-82

religioprospecção 21-24, 189-92
repetição, na oração ritualizada 54-57
resiliência 11, 12, 78-79, 117, 168-69
Resnick, rabino Benjamin 166
respiração 94, 96-97, 102-03
rituais 17-18
- como *nudges* ver *nudges*, ritualizados
- conexão e 26-30, 42, 60, 66, 68, 83, 87, 103, 113, 122, 188, 190
- criação de 188
- de cura *ver* rituais de cura
- de expiação 151-53
- de luto, *ver* luto, rituais de 19
- de morte, *ver* morte, rituais de, definição de 17
- e contemplação da mortalidade 143-46, 150
- efeitos comportamentais imediatos de 59-60, 62
- espaços sagrados e 103-04
- estágios da vida e 22-23; *ver também* estágios específicos da vida
- experimento com 19
- modernização de 183
- mudança de mentalidade como objetivo de 18

- pesquisa científica sobre 23-24, 80-81
- sincronia em *ver* sincronia
- transcendência e 111-12

rituais de alimentação 34

rituais de atribuição de nome 33, 35-36
- convergência de várias religiões nos 35

rituais de cura 125-34
- ativos versus passivos 134
- efeito placebo em 132-33
- imposição das mãos em 126-27, 131-32
- meditação e 134-36, 139
- percepção de perícia em 132
- rituais de suadouro 137-39

rituais de luto 157, 165-78
- apoio instrumental nos 170-71, 175
- como forma de manter uma conexão com os entes queridos mortos 174-75
- como *nudges* 175
- doações nos 174, 175-76
- elogio fúnebre nos 169, 175
- hindus 171, 173
- judaicos 165-67, 171, 173, 175, 176
- no Islã 173
- postura corporal e 172
- veneração dos mortos nos 174-75
- vestimenta e 166-67, 176

rituais de maioridade 76, 161
- comunidade e 80
- demonstração de autocontrole nos 77-89
- dissonância cognitiva nos 79-80
- dor nos 71-75, 78-81, 83, 86-87
- e transições graduais para a vida adulta 85-89
- elementos intelectuais e morais nos 82-85
- incremental 87-88
- maximização da eficácia dos 86-89

- profecias autorrealizáveis nos 78

rituais de suadouro, TEPT e 137-39

Ritualwell 19

Roseto, Pensilvânia 124-24

Rosh Hashaná 145, 151

Rumi 110

sabedoria, meia-idade como época de priorizar a 141, 143-56

Sacks, rabino Lorde Jonathan 170

salah 52, 58

sannyasa 141

Santa Comunhão 157-58

SARS, surto de 2003 148

saúde, e crença religiosa 121

saúde mental:
- práticas religiosas e 119-20
- solidão e 122-23, 125

saúde, práticas religiosas e 115-39, 164
- com função preventiva 115-16, 117-25
- com uso terapêutico 116, 125-34
- comunidade e 122-25
- doença cardiovascular e 119, 124-25
- longevidade e 123
- pesquisa científica sobre 118
- taxas de mortalidade e 118-19
- *ver também* rituais de cura; saúde mental; bem-estar

Schwartz, Barry 25

Scouts BSA 88-89

Segunda Montanha, A (Brooks) 143

seitas, dissonância cognitiva e 55-56

sexo tântrico 93-97, 111

Shabat 17

shacharit 52

Shahada 55

Shantideva 47-48

sheloshim 165, 173, 176

Shemá 55

shichigosan 35

shivá 165, 166-67, 169-173, 176
- versões não religiosas da 175

significado, busca por 11-12, 30, 92, 117, 144, 187

símbolos, religiosos, como *nudges* 62-63

sincronia 58-59, 87, 108, 109, 122
- compaixão e 172
- conexão e 28-29, 83, 87, 96, 103
- crença religiosa e 28-29
- em rituais 27-29, 81, 83
- na vida monástica 101
- pesquisa científica sobre 27-29, 58-59
- sexo tântrico e 96
- tônus vagal e 101, 103

síndrome do intestino irritável 132

sistema endócrino, tônus vagal e 95

sociedade, complexidade da, e crença em deuses grandes 49-51, 82

sofrimento 176-77

solidão:
- práticas religiosas e 122-23
- rituais na redução da 26-29
- saúde física e 26-27, 123, 125

substâncias psicoativas 106-13

sucesso, visão ocidental sobre o 180-81

sufis 105

Sunstein, Cass 66

Svoboda, Gordon 21

tahnik 31

Talmude 121, 151

taoísmo 174

taxa de batimentos cardíacos 94, 95-97, 103

tecnologias espirituais 29, 181, 189-92
- bem-estar e 14, 16
- como caminho para descobrir o que Deus deseja, 52
- Laboratório de Design Sagrado e 187-88
- oração como 52
- pesquisa científica sobre 23-24
- separação entre teologias e 96-97
- *ver também* misticismo; práticas religiosas; rituais

templo budista Kodaiji 186

teologias 14, 181, 182-83, 184
- práticas religiosas versus 13
- separação das tecnologias espirituais das 96-97

teoria polivagal (PVT) 94

ter Kuile, Casper 188

terapia de exposição prolongada 138-39

Teresa D'Ávida, Santa 99-100

teshuvá 145, 151

Thaler, Richard 66

Thurston, Angie 188

tocandiras ou formigas-bala 71-72

Tomás de Kempis 146, 156

tônus vagal 95-96, 102, 103, 104, 105-06, 107-08, 113

transcendência 97, 99-100, 104, 105, 107-08
- como objetivo das práticas místicas 111-12
- *ver também* ego, dissolução do,

transtorno de estresse pós-traumático (TEPT) 136-39

tsedacá 151

Übermensch 179, 180

últimos ritos 157-59, 160, 161-62

Unetanneh Tokef 145-46

unção dos enfermos 126, 157-58, 161-62

unitarismo universalista 184

Universidade Stanford 133

Universidade Johns Hopkins 109

Van Cappellen, Patty 59-60

vanaprastha 141-42, 143

viático 158-59, 161-62

Victoria, Universidade de Wellington 28

vida após a morte, crença em 162-64

vida boa, aprendendo a viver 11-12, 189-90

vida monástica 101, 104

viddui 145, 151, 153

viés de confirmação 128-29

viés de verdade ilusória 55

vimblastina 21

vincristina 21

vínculo 100-01

vínculo, pais e filhos 36-37

   – rituais e 37, 39-42

virtude *ver* moralidade,

   comportamento moral

waumat 71

Wolf, Stewart 124

xamãs 101, 108-09

xintoísmo 33-35, 36, 39, 42

Xygalatas, Dimitris 80-81, 83

Yom Kippur 143-46, 151, 156

zonas azuis 123

zue yue zi 43, 44

Fontes GT SUPER, NEIN e NEUE HAAS
Papel LUX CREAM 60 G/M²
Impressão IMPRENSA DA FÉ